高等职业教育汽车类专业规划教材

Qiche Shiyong yu Weihu
汽车使用与维护

（第2版）

交通职业教育教学指导委员会　组织编写
王福忠　主　编

U0328626

人民交通出版社股份有限公司
China Communications Press Co.,Ltd.

内 容 提 要

本书是高等职业教育汽车类专业规划教材。主要内容包括：指导客户选购汽车、新车上路手续办理、汽车合理使用、一级维护、二级维护、常见故障判断、汽车维护实训，共7个学习任务。

本书主要供高等职业院校汽车营销与服务、汽车运用与维修技术等专业教学使用。

图书在版编目(CIP)数据

汽车使用与维护 / 王福忠主编. —2版. —北京：人民交通出版社股份有限公司,2018.12
ISBN 978-7-114-15156-9

Ⅰ.①汽… Ⅱ.①王… Ⅲ.①汽车—使用方法—高等职业教育—教材②汽车—车辆修理—高等职业教育—教材 Ⅳ.①U472

中国版本图书馆 CIP 数据核字(2018)第 267032 号

书　　名：	汽车使用与维护（第2版）
著 作 者：	王福忠
责任编辑：	时　旭
责任校对：	刘　芹
责任印制：	张　凯
出版发行：	人民交通出版社股份有限公司
地　　址：	(100011)北京市朝阳区安定门外外馆斜街3号
网　　址：	http://www.ccpress.com.cn
销售电话：	(010)59757973
总 经 销：	人民交通出版社股份有限公司发行部
经　　销：	各地新华书店
印　　刷：	北京市密东印刷有限公司
开　　本：	787×1092　1/16
印　　张：	15.5
字　　数：	367千
版　　次：	2014年11月　第1版 2018年12月　第2版
印　　次：	2018年12月　第2版　第1次印刷　总第5次印刷
书　　号：	ISBN 978-7-114-15156-9
定　　价：	38.00元

(有印刷、装订质量问题的图书由本公司负责调换)

交通职业教育教学指导委员会
汽车运用与维修专业指导委员会

主 任 委 员：魏庆曜
副主任委员：张尔利　马伯夷
委　　　员：王凯明　王晋文　刘　锐　刘振楼
　　　　　　刘越琪　许立新　吴宗保　张京伟
　　　　　　李富仓　杨维和　陈文华　陈贞健
　　　　　　周建平　周柄权　金朝勇　唐　好
　　　　　　屠卫星　崔选盟　黄晓敏　彭运均
　　　　　　舒　展　韩　梅　解福泉　詹红红
　　　　　　裴志浩　魏俊强　魏荣庆

第 2 版前言

本书自 2014 年出版以来,在教学、科研和培训工作中发挥了很大的作用,深受使用院校师生的好评。由于汽车工业发展迅速,特别是一些与汽车相关的法律、法规和技术标准也进行了大量更新,故启动了本书的修订工作。修订后的教材最大限度地融合了最新的与汽车相关的法律、法规和标准,更新、增加、删减、合并和调整了一些内容和图表,也更正了原书中的错误。

具体修订内容如下:

(1) 学习任务 1 中,完善了客户信息卡,增加了试乘试驾协议书、价格估算表、车贷费用明细、所需贷款申请材料等内容。

(2) 学习任务 2 中,对机动车销售统一发票进行了更换,加入了承保环节最新的电子保单试行办法,用新实行的汽车保险条款规定和缺陷汽车召回管理条例替换了原书中旧的保险条款和管理条例。

(3) 学习任务 3 中,按照最新标准《车用汽油》(GB 17930—2016)修改相关内容。

(4) 学习任务 4、5 中,根据最新标准《汽车维护、检测、诊断技术规范》(GB/T 18344—2016)增加了日常维护作业项目及技术要求,调整了一级、二级维护的定义以及维护基本作业项目及技术要求,增加了二级维护进厂检测项目及要求。

(5) 学习任务 6 中,删去了汽车故障的定义和分类,增加了汽车故障诊断的基本原则,替换了不清晰的图片;新增了部分设备介绍,发动机常见故障诊断、底盘常见故障诊断、汽车电器常见故障诊断中的诊断流程图作了微调。

参加本书修订的人员有:山东交通职业学院于敬(修订学习任务 1)、彭莹(修订学习任务 2)、纪世才(修订学习任务 3)、李勇(修订学习任务 4、5)、肖尧(修订学习任务 6)、王浩伟(修订学习任务 7)。山东交通职业学院王福忠担任本书主编,负责全书的统稿审核工作。

限于编者经历和水平,书中难免有疏漏和错误之处,恳请广大读者提出宝贵建议,以便进一步修改和完善。

编 者
2018 年 10 月

目 录

学习任务 1　指导客户选购汽车 ·· 1

　一、知识准备 ·· 1

　二、任务实施 ·· 15

　　项目 1　车辆主要技术参数和配置解读 ·· 15

　　项目 2　通过角色扮演完成交车 ·· 18

　　项目 3　制订购车方案 ··· 21

　三、学习评价 ·· 25

　四、拓展学习 ·· 28

学习任务 2　新车上路手续办理 ·· 34

　一、知识准备 ·· 34

　二、任务实施 ·· 55

　　项目 1　办理机动车保险 ··· 55

　　项目 2　办理家庭自用轿车上牌手续 ··· 60

　三、学习评价 ·· 63

　四、拓展学习 ·· 66

学习任务 3　汽车合理使用 ·· 71

　一、知识准备 ·· 71

　二、任务实施 ·· 101

　　项目 1　正确使用自动变速器 ··· 101

　　项目 2　正确使用防抱死制动系统（ABS） ···································· 105

项目3　正确使用增压器 ·· 106

三、学习评价 ··· 108

四、拓展学习 ··· 113

学习任务4　一级维护 ··· 117

一、知识准备 ··· 117

二、任务实施 ··· 125

项目1　更换机油和机油滤清器 ··· 125

项目2　检查蓄电池 ··· 127

项目3　检查制动系统 ·· 128

三、学习评价 ··· 130

四、拓展学习 ··· 134

学习任务5　二级维护 ··· 137

一、知识准备 ··· 137

二、任务实施 ··· 146

项目1　检查与更换冷却液 ·· 146

项目2　检查制动器 ··· 148

项目3　更换制动液 ··· 150

项目4　更换燃油滤清器 ··· 152

项目5　更换火花塞 ··· 153

三、学习评价 ··· 154

学习任务6　常见故障诊断 ·· 159

一、知识准备 ··· 159

二、任务实施 ··· 179

项目1　发动机加速不良故障诊断 ·· 179

项目2　发动机起动困难故障诊断 ·· 185

项目3　车辆行驶跑偏故障诊断 ··· 190

项目4　发动机不能起动故障诊断 ·· 193

项目5　发电机指示灯常亮故障诊断 ··· 198

三、学习评价 ·· 203

四、拓展学习 ·· 208

学习任务7　汽车维护实训 ·· 214

一、知识准备 ·· 214

二、任务实施 ·· 217

　　项目1　汽车一级维护作业 ··· 217

　　项目2　汽车二级维护作业 ··· 227

三、学习评价 ·· 235

参考文献 ·· 237

学习任务1　指导客户选购汽车

工作情境描述

李先生为某外企主管,年收入15万元左右,欲购一辆15万~18万元的乘用车,主要用于上下班代步。以客户李先生购车为例,制订出一个完整的购车方案,指导客户购买新车。

学习目标

通过本任务学习,应能:

1. 运用汽车使用性能指标对汽车进行评价,并引导客户认识到对自己最有影响的性能指标;
2. 运用汽车使用价值分析算法为客户提供各种不同汽车使用价值的优劣比较;
3. 针对客户的个人情况做出至少两种不同的购车方案,供客户选择;
4. 运用汽车车况检查的方法帮助客户进行新车验收。

学习时间

6学时。

学习引导

一、知识准备

(一)汽车主要技术参数及性能

在选购汽车前,需要查阅诸如使用说明、产品介绍之类的资料,通过分析比较各车型的主要技术参数和使用性能指标以选购满意的汽车。对于没有接触过汽车的用户,在购买汽车之前需要了解一些汽车常识,这样在选择时,会有很大的帮助。每次去销售商处看车时,都会得到车型的参数表,下面介绍一些常见的术语及参数,如图1-1、图1-2所示。

1. 汽车主要技术参数、常用术语及配置

1)尺寸参数

汽车的尺寸参数如图1-1所示。

(1)车长:是垂直于车辆纵向对称平面并分别抵靠在汽车前、后最外端凸出部位的两垂面之间的距离。简单地说,就是汽车长度方向两极端点间的距离。

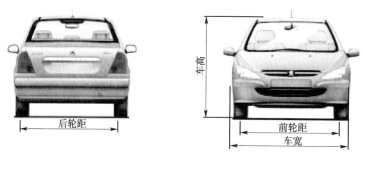

图 1-1　汽车尺寸参数

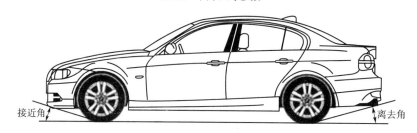

图 1-2　汽车通过性参数

（2）车宽：是平行于车辆纵向对称平面并分别抵靠车辆两侧固定凸出部位的两平面之间的距离。简单地说，就是汽车宽度方向两极端点间的距离。

（3）车高：是车辆支撑平面与车辆最高凸出部位相抵靠的水平面之间的距离。简单地说，就是从地面到汽车最高点的距离。

（4）轴距：轴距是指通过车辆同一侧相邻两车轮的中点，并垂直于车辆纵向对称平面的两垂线之间的距离。简单地说，就是汽车（或轮式拖拉机）前轴中心到后轴中心的距离。

（5）轮距：车轮在车辆支撑平面（一般就是地面）上留下的轨迹的中心线之间的距离。如果车轴的两端是双车轮时，轮距是双车轮两个中心平面之间的距离。汽车的轮距有前轮距和后轮距之分，前轮距是前面两个车轮中心平面之间的距离，后轮距是后面两个车轮中心平面之间的距离，两者可以相同，也可以有所差别。一般来说，轮距越宽，驾驶舒适性越高，但是有些国产轿车没有转向助力的，如果前轮距过宽其转向盘就会很"重"，影响驾驶的舒适性。此外，轮距还对汽车的总宽、总重、横向稳定性和安全性有影响。

（6）前悬：指轮中心与车前端的水平距离。前悬的长度应足以固定和安装发动机、散热器、转向器等。但也不宜过长，否则汽车的接近角过小，上坡时容易发生触头现象，影响汽车的通过性。

(7)后悬:后悬是指通过最后两车轮中心的垂面与抵靠在车辆最后端(包括后拖钩、车牌及任何固定在车辆后部的刚性部件),并且垂直于车辆纵向对称平面的垂面之间的距离。后悬长度与轴荷分配有关。后悬也不宜过长,以免使汽车的离去角过小而引起上、下坡时触地,同时转弯也不灵活。

2)性能参数

(1)最小离地间隙:汽车在满载(允许最大荷载质量)的情况下,其底盘最凸出部位与水平地面的距离。最小离地间隙反映的是汽车无碰撞通过有障碍物或凹凸不平地面的能力。

(2)接近角:是指在汽车满载静止时,汽车前端凸出点向前轮所引切线与地面的夹角。即水平面与切于前轮轮胎外缘(静载)的平面之间的最大夹角,前轴前面任何固定在车辆上的刚性部件不得在此平面的下方。

(3)离去角:是指汽车满载、静止时,自车身后端凸出点向后车轮引切线与路面之间的夹角,即水平面与切于车辆最后车轮轮胎外缘(静载)的平面之间的最大夹角,位于最后车轮后面的任何固定在车辆上的刚性部件不得在此平面的下方。它表征了汽车离开障碍物(如小丘、沟洼地等)时,不发生碰撞的能力。离去角越大,则汽车的通过性越好。相对于接近角用在爬坡时,离去角则是适用在下坡时。一路下坡,当车辆前轮已经行驶到平地上,后轮还在坡道上时,后保险杠会不会卡在坡道上,关键就在于离去角。离去角越大,车辆就可以由越陡的坡道上下来,而不用担心后保险杠卡住动弹不得。

(4)最小转弯半径:最小转弯半径是指当转向盘转到极限位置,汽车以最低稳定车速转向行驶时,外侧转向轮的中心平面在支撑平面上滚过的轨迹圆半径。它在很大程度上表征了汽车能够通过狭窄弯曲地带或绕过不可越过的障碍物的能力。转弯半径越小,汽车的机动性能越好。

(5)最高车速:汽车在平直道路上行驶时能达到的最大速度。

(6)最大爬坡度:汽车满载时的最大爬坡能力。

(7)平均燃料消耗量:汽车在道路上行驶时每百公里平均燃料消耗量。

(8)车轮数和驱动轮数:车轮数以轮毂数为计量依据,n 代表汽车的车轮总数,m 代表驱动轮数。

3)质量参数

汽车的质量参数主要包含汽车的装载质量、整备质量、总质量、整备质量利用系数和轴荷分配等。

(1)汽车的装载质量:乘用车主要用于载运乘客及其随身行李物品,一般以座位数计算,包括驾驶员座位在内最多不超过9个座位;商用车中的客车是以载客量计;载货汽车则以其在良好的硬路面上行驶时所装载货物质量的最大限额(t)计。

(2)汽车的整备质量:汽车在加满燃料、润滑油、工作液(如制动液)及发动机冷却液并装备(随车工具及备胎等)齐全后,但未载人、载货时的总质量。

(3)汽车的总质量:是指汽车装备齐全,并按规定装满客(包括驾驶员)、货时的质量。

汽车总质量的确定:

对于轿车,汽车总质量 = 整备质量 + 驾驶员及乘员质量 + 行李质量。

对于客车,汽车总质量 = 整备质量 + 驾驶员及乘员质量 + 行李质量 + 附件质量。

对于货车,汽车总质量＝整备质量＋驾驶员及助手质量＋行李质量。

(4)最大轴载质量(kg):汽车单轴所承载的最大总质量。与道路通过性有关。

(5)汽车的轴荷分配:是指汽车的质量分配到前后轴上的比例,一般以百分比表示,它分为空载和满载两组数据。

4)常用术语

(1)发动机排量:简称排量,是发动机各缸工作容积的总和,单缸排量 V_h 和缸数 i 的乘积。而汽缸工作容积则是指活塞从上止点到下止点所扫过的气体容积,又称为单缸排量,它取决于缸径和活塞行程。排量是较为重要的结构参数,它能全面衡量发动机的性能。发动机的性能指标和排量密切相关,一般来说,汽车的排量越大,功率也就越高。

(2)压缩比:汽缸总容积与燃烧室容积的比值。同排量、同级别的汽车,压缩比高,发动机的功率就更大。通常,压缩比越高,选用的汽油牌号也越高。

(3)缸径×行程:缸径是汽缸的直径,行程是活塞运行到上止点和下止点之间的距离。

(4)额定功率:额定功率一般指汽车能够连续输出的有效功率,也就是在正常的工作条件下可以持续工作的最大功率。

(5)最大转矩:发动机的转矩是指从发动机曲轴端输出的转矩。在功率固定的条件下它与发动机转速成反比关系,转速越快转矩越小,反之越大,它反映了汽车在一定范围内的负载能力。

5)车辆配置

(1)自动变速器(AT):AT是"Automatic Transmission"的缩略语,相对于手动变速器(MT)而言,挡位的切换不需要驾驶员操作,自动变速器能根据道路条件、发动机输出功率、车速等信息控制换挡执行机构在最佳时间将变速器挡位自动换至最适宜的挡位。自动变速器具有驾驶舒适、能减少驾驶员疲劳的优点,已成为现代轿车配置的一种发展方向。装有自动变速器的汽车能根据路面状况自动变速变矩,驾驶员可以全神贯注地注视路面交通而不会被换挡搞得手忙脚乱。

(2)无级变速器(CVT):Continuously Variable Transmission技术即无级变速技术,它采用传动带和工作直径可变的主、从动轮相配合来传递动力,可以实现传动比的连续改变,从而得到传动系统与发动机工况的最佳匹配。

(3)前置前驱(FF):即发动机前置、前轮驱动,这是轿车(含微型、经济型汽车)上比较流行的驱动形式,但载货汽车和大客车基本上不采用该形式。这种驱动形式目前主要在发动机排量为2.5L以下的乘用车上得到广泛应用。

(4)前置后驱(FR):即发动机前置、后轮驱动,这是一种最传统的驱动形式。国内外大多数货车(含皮卡)、部分轿车(尤其是高级轿车)和部分客车都采用这种驱动形式,但采用该形式的小型车很少。

(5)四轮驱动:所谓四轮驱动,又称全轮驱动,是指汽车前后轮都有动力,可按行驶路面状态不同而将发动机输出转矩按不同比例分布在前后所有的车轮上,以提高汽车的行驶能力,一般用4×4或4WD来表示。如果你看见一辆车上标有上述字样,那就表示该车辆拥有四轮驱动的功能。

(6)动力转向:汽车所使用的动力转向系统,基本上是经修改的手动转向系统,主要是增加一个助力器,以帮助驾驶员。

(7)防抱死制动系统(ABS):ABS 是"Anti - Lock Brake System"的缩略语。在没有 ABS 时,如果紧急制动一般会使轮胎抱死,由于抱死之后轮胎与地面是滑动摩擦,所以制动距离会变长。如果前轮锁死,汽车失去侧向转向力,容易跑偏;如果后轮锁死,后轮将失去侧向抓地力,容易发生甩尾。特别是在积雪路面,当紧急制动时,更容易发生上述情况。

ABS 是通过控制制动油压的收放,来达到对车轮抱死的控制。其工作过程实际上是抱死—松开—抱死—松开的循环工作过程,使车辆始终处于临界抱死的间隙滚动状态。但是在一些电影特技场景中,有的汽车是不装 ABS 的,所以我们才能看到它们侧滑、甩尾等多种高难度的刺激场面。对于一些想追求驾驶刺激的高级赛车手,他们同样不喜欢给汽车装上 ABS。终究一点,ABS 不是给特级演员和高级赛车手设计的,而是针对一般驾驶员,以保证他们驾车的安全。20 世纪 90 年代汽车配置中最受关注的要属 ABS 了,而到了现在,ABS 已是新车的标准配备。

(8)电子制动力分配系统(EBD):EBD 是"Electric Brake force Dis - tribution"的缩略语。汽车制动时,如果四只轮胎附着地面的条件不同,比如,左侧轮附着在湿滑路面,而右侧轮附着于干燥路面,四个车轮与地面的摩擦力不同,在制动时(四个车轮的制动力相同)就容易产生打滑、倾斜和侧翻等现象。EBD 的功能就是在汽车制动的瞬间,高速计算出四个轮胎由于附着不同而导致的摩擦力数值,然后调整制动装置,使其按照设定的程序在运动中高速调整,达到制动力与摩擦力(牵引力)的匹配,以保证车辆的平稳和安全。当紧急制动车轮抱死的情况下,EBD 在 ABS 动作之前就已经平衡了。每一个车轮的有效地面抓地力,可以防止出现甩尾和侧移,并缩短汽车制动距离。EBD 实际上是 ABS 的辅助功能,它可以改善提高 ABS 的功效。所以在安全指标上,汽车的性能又多了"ABS + EBD"。目前国内车型中广本奥德赛、派力奥、西耶那等,都在制动中说明是"ABS + EBD"。

(9)牵引力控制系统(TCS):牵引力控制系统(Traction Control System),又称循迹控制系统。它的功能是能够侦知轮胎贴地性的极限,在轮胎即将打滑的瞬间,自动降低或切断传到该车轮上的动力,使之保持循迹性。汽车在光滑路面制动时,车轮会打滑,甚至使方向失控。同样,汽车在起步或急加速时,驱动轮也有可能打滑,在冰雪等光滑路面上还会使方向失控而发生危险。TCS 就是针对此问题而设计的。TCS 依据电子传感器探测到从动轮速度低于驱动轮时(这是打滑的特征),就会发出一个信号,调节点火时间、减小气门开度、降挡或制动车轮,从而使车轮不再打滑。TCS 可以提高汽车行驶稳定性,提高加速性,提高爬坡能力。原来只是豪华轿车上才安装 TCS,现在许多普通轿车上也有。TCS 如果和 ABS 相互配合使用,将进一步增强汽车的安全性能。TCS 和 ABS 可共用车轴上的轮速传感器,并与车载电脑连接,不断监视各轮转速,当在低速发现打滑时,TCS 会立刻"通知"ABS 动作来减低此车轮的打滑。若在高速发现打滑时,TCS 立即向车载电脑发出指令,指挥发动机降速或变速器降挡,使打滑车轮不再打滑,防止车辆失控甩尾。TCS 是一种较为高级的电子设备,但是它的特性是约束驾驶员规规矩矩地行车,而不能把汽车性能的极限发挥出来,所以不太适合跑车。

(10)电子稳定程序(ESP):电子稳定程序(Electronic Stability Program),通常是支援 ABS 及 ASR(驱动防滑系统,又称牵引力控制系统)的功能。它通过对从各传感器传来的车辆行驶状态信息进行分析,然后向 ABS、ASR 发出纠偏指令,来帮助车辆维持动态平衡。ESP 可以使车辆在各种状况下保持最佳的稳定性,在转向过度或转向不足的情形下效果更加明显。ESP

一般需要安装转向传感器、车轮传感器、侧滑传感器、横向加速度传感器等。ESP可以监控汽车行驶状态,并自动向一个或多个车轮施加制动力,以保持汽车在正常的车道上运行,甚至在某些情况下可以进行每秒150次的制动。目前ESP有3种类型:能向4个车轮独立施加制动力的四通道或四轮系统;能对两个前轮独立施加制动力的双通道系统;能对两个前轮独立施加制动力和对后轮同时施加制动力的三通道系统。ESP最重要的特点就是它的主动性,如果说ABS是被动地做出反应,那么ESP却可以做到防患于未然。

(11)车身主动控制系统(ABC):ABC使汽车对侧倾、俯仰、横摆、跳动和车身高度的控制都能更加迅速、精确。车身的侧倾小,车轮外倾角度变化也小,轮胎就能较好地保持与地面垂直接触,提高轮胎对地面的附着力,以充分发挥轮胎的驱动制动作用。而ABC的出现克服了悬架设定舒适性和操控性之间的矛盾,最大限度地接近消费者对车辆在这两方面的要求。

(12)自动制动差速器(ABD):ABD是制动力系统的一个新产品,它的主要作用是缩短制动距离,和ABS、EBD等配合使用。当紧急制动时,汽车会向下点头,汽车的质心前移,而相应汽车的后轮所承担的重力就会减少,严重时可以使后轮失去抓地力,这时相当于只有前轮在制动,会造成制动距离过长。而ABD可以有效防止这种情况,它可以通过检测全部车轮的转速发现这一情况,相应地减少后轮制动力,以使其与地面保持有效的摩擦力,同时将前轮制动力加至最大,以达到缩短制动距离的目的。ABD与ABS的区别在于,ABS是保证在紧急制动时车轮不被抱死,以达到安全操控的目的,并不能有效地缩短制动距离;而ABD则是通过EBD在保证车辆不发生侧滑的情况下,允许将制动力加至最大,以有效地缩短制动距离。

(13)ASR加速防滑控制系统(Accelerate Slip Regulation)或加速稳定保持系统(Acceleration Stability Retainer)。顾名思义就是防止驱动轮加速打滑的控制系统,其目的就是要防止车辆尤其是大功率的汽车,在起步、再加速时驱动轮打滑的现象,以维持车辆行驶方向的稳定性,保持好的操控性及最适当的驱动力。它的原理并不复杂:当电脑检测到某个驱动轮打滑时,就会自降低发动机的输出功率,并对打滑的车轮施加制动,直到车轮恢复正常的转动。不管多么高级的轿车,它和地面接触的都只有几十平方厘米的面积,也就是4条轮胎的接地面积,如果车轮打滑得不到控制,汽车就会失控。别以为只有制动时车轮抱死会出危险,起步时车轮打滑一样会出问题。

(14)制动辅助系统(BAS):在紧急情况下有90%的汽车驾驶员踩制动踏板时不够果断,制动辅助系统正是针对这一情况而设计,它可以从驾驶员踩制动踏板的速度中探测到车辆行驶中遇到的情况,当驾驶员在紧急情况下迅速踩制动踏板,但踩踏力又不足时,此系统便会协助,并在不到1s的时间内把制动力增至最大,缩短在紧急制动的情况下的制动距离。

(15)下坡行车辅助控制系统(DAC):与发动机制动的道理相同,为了避免制动系统负荷过大,减轻驾驶员负担,下坡行车辅助控制系统在分动器位于L位置;车速5~25km/h并打开DAC开关的条件下,不踩加速踏板和制动踏板,下坡行车辅助控制系统可以自动把车速控制在适当水平。下坡行车辅助控制系统工作时停车灯会自动点亮。

(16)车身动态控制系统(DSC):BMW自主开发的DSC控制系统中集成了ASC自动稳定控制系统和牵引力控制系统,能够通过对出现滑转趋势的驱动轮进行选择制动来控制驱动轮的滑转状态,从而相应地对车辆起到稳定作用。而在冰雪路面、沙漠或沙砾路面上,驾驶员只需按下一个按钮就可以使车辆进入DTC模式,从而增强车辆在上述路面上的牵引力。同时,由于DSC动态稳定控制系统的干预响应极限稍微延长,车辆的牵引力和驱动力也随之增大,驾驶员能够享受到非同寻常的运动驾驶体验。DSC动态稳定控制系统的另一个功能是CBC弯道制动控制系统,能够在转弯轻微制动时通过非对称的制动力控制消除车辆转向过度趋势。

(17)坡道起车控制系统(HAC):霍尔效应式车速传感器既可以感知车速又可以感知转子的旋转方向,并且灵敏度很高(0km/h即可感知)。当挡位置于前进挡,而车轮产生后退趋势时(上坡时驱动力不足),此系统自动施加制动力于车轮,当车轮又向前运动时自动释放制动力。此系统可以帮助驾驶员提高在坡路驾驶时的安全操作。

(18)陡坡缓降控制系统(HDC):它能主动感测坡道的斜度及路面状况,自动控制抓地力、制动力及速度,以便在前进、后退时完全控制速度、稳定性及安全性,驾驶员无须分心掇酌加速及制动,只要操纵好转向盘即可安全通过险恶地形。HDC在陡峭的坡段上可以维持最佳的速度控制。

(19)紧急制动辅助装置(EBA):在正常情况下,大多数驾驶员开始制动时只施加很小的力,然后根据情况增加或调整对制动踏板施加的制动力。如果必须突然施加大得多的制动力,或驾驶员反应过慢,这种习惯会阻碍他们及时施加最大的制动力。EBA通过驾驶员踩踏制动踏板的速率来理解EBA的制动行为,如果EBA察觉到制动踏板的制动压力恐慌性增加,EBA会在几毫秒内启动全部制动力,其速度要比大多数驾驶员移动脚的速度快得多。EBA可显著缩短紧急制动距离并有助于防止在停停走走的交通中发生追尾事故。EBA监控制动踏板的运动。EBA一旦监测到踩踏制动踏板的速度陡增,而且驾驶员继续大力踩踏制动踏板,EBA就会释放出储存的18MPa的液压施加最大的制动力。驾驶员一旦释放制动踏板,EBA就转入待机模式。

由于更早地施加了最大的制动力,紧急制动辅助装置可显著缩短制动距离。

(20)电子差速锁(EDS):它是ABS的一种扩展功能,用于鉴别汽车的车轮是不是失去着地摩擦力,从而对汽车的加速打滑进行控制。同普通车辆相比,带有EDS的车辆可以更好地利用地面附着力,从而提高车辆的运行性,尤其在倾斜的路面上,EDS的作用更加明显。但EDS有速度限制,只有在车速低于40km/h时才会启动,主要是防止起步和低速时打滑。

(21)车载卫星定位导航系统(GPS):GPS是以全球24颗定位人造卫星做基础,向全球各地全天候地提供三维位置、三维速度等信息的一种无线电导航和定位系统。GPS的定位原理是:用户接收卫星发射的信号,从中获取卫星与用户之间的距离、时钟校正和大气校正等参数,通过数据处理确定用户的位置。现在,民用GPS的定位精度可达10m以内。GPS具有的特殊功能很早就引起了汽车界人士的关注,当美国在海湾战争后宣布开放一部分GPS后,汽车界立即抓住这一契机,投入资金开发汽车导航系统,对汽车进行定位和导向显示,并迅速投入使用。

2. 汽车主要性能指标

汽车的使用性能是指汽车能适应各种使用条件而发挥最大工作效率的能力。汽车主要性能包括动力性、燃油经济性、制动性、操纵稳定性、行驶平顺性、通过性、排放及噪声污染等。

1)动力性

汽车的动力性可用三个指标来评定,即汽车的最高车速、加速能力和爬坡能力。这是汽车首要的使用性能。汽车必须有足够的平均速度才能正常行驶。汽车必须有足够的牵引力才能克服各种行驶阻力,正常行驶。这些都取决于动力性的好坏。

(1)汽车的最高车速。指汽车满载在良好水平路面(沥青铺设路面)上能达到的最高行驶速度。

(2)汽车的加速能力。指汽车在各种使用条件下迅速增加汽车行驶速度的能力。加速过程中加速用的时间越短、加速度越大和加速距离越短的汽车,加速性能就越好。

(3)汽车的上坡能力。上坡能力用汽车满载时以最低挡位在坚硬路面上等速行驶所能克服的最大坡度来表示,称为最大爬坡度。它表示汽车最大牵引力的大小。

不同类型的汽车对上述三项指标要求各有不同。轿车与客车偏重于最高车速和加速能力,载货汽车和越野汽车对最大爬坡度要求较严。但不论何种汽车,必须具备一定的平均速度和加速能力。

2)燃料经济性

为降低汽车运输成本,要求汽车以最少的燃料消耗,完成尽量多的运输量。汽车以最少的燃料消耗量完成单位运输工作量的能力,称为燃料经济性,评价指标为每行驶100km消耗掉的燃料量(L)。

3)制动性

汽车具有良好的制动性是安全行驶的保证,也是汽车动力性得以很好发挥的前提。汽车制动性有下述三方面的内容。

(1)制动效能。制动效能是指汽车迅速降低行驶速度直至停车的能力。制动效能是制动性能最基本的评价指标。它是由一定初速度下的制动时间、制动距离和制动减速度来评定。汽车的制动效能除和汽车技术状况有关外,还与汽车制动时的速度以及轮胎和路面的情况有关。由于制动距离与行车安全有直接关系,因此,交通安全管理部门常将制动距离作为制定安全法规的依据。

(2)制动效能的恒定性。在短时间内连续制动后,制动器温度升高导致制动效能下降,称为制动器的热衰退,连续制动后制动效能的稳定程度称为制动效能的恒定性。

(3)制动时方向的稳定性。制动时方向的稳定性是指汽车在制动过程中不发生跑偏、侧滑和失去转向的能力。当左右侧制动力不一样时,容易发生跑偏;当车轮"抱死"时,易发生侧滑或者失去转向能力。为防止上述现象发生,现代汽车设有电子防抱死装置,防止紧急制动时车轮抱死而发生危险。

4)操纵性和稳定性

汽车的操纵性是指汽车对驾驶员转向指令的响应能力,直接影响到行车安全。轮胎的气压和弹性,悬架装置的刚度以及汽车重心的位置都对该性能有重要影响。汽车的稳定性是汽车在受到外界扰动后恢复原来运动状态的能力,以及抵御发生倾覆和侧滑的能力。对于汽车来说,侧向稳定性尤为重要。当汽车在横向坡道上行驶、转弯以及受其他侧向力时,容易发生侧滑或者侧翻。汽车的重心越低,稳定性越好。合适的前轮定位角度使汽车具有自动回正和保持直线行驶的能力,提高了汽车直线行驶的稳定性。如果装载超高、超载,转弯时车速过快,横向坡道角过大以及偏载等,容易造成汽车侧滑及侧翻。

5)舒适性

在行驶过程中,路面不平会造成汽车的振动,使乘客感到疲劳和不舒适,或者损坏货物,而且振动还会影响汽车的使用寿命。汽车在行驶中对路面不平的降振程度,称为汽车的行驶平顺性。当汽车速度超过此界限时,就会降低乘坐舒适性,使人感到疲劳不舒服。该界限值越高,说明平顺性越好。货车采用"疲劳—降低工效界限"车速特性。汽车车身的固有频率也可作为平顺性的评价指标。从舒适性出发,车身的固有频率在600~850Hz的范围内较好。载客汽车要求具有优良的行驶平顺性。轮胎的弹性、性能优越的悬架装置、座椅的降振性能以及尽量小的非悬架质量,都可以提高汽车的行驶平顺性。

汽车空调系统是实现对车厢内空气进行制冷、加热、换气和空气净化的装置。空调系统可以为乘车人员提供舒适的乘车环境,降低驾驶员的疲劳强度,提高行车安全。空调装置已成为衡量汽车功能是否齐全的标志之一。

汽车音响最基本的条件——有回放声音的功能。汽车音响主要包括主机、扬声器、功放三部分。主机是汽车音响中最重要的组成部分,就好像人的大脑,要发出什么样的声音,需由大脑来控制。目前流行的主机有CD主机、MP3加CD主机和CD/DVD主机,一般使用最多的是车载CD主机。

6)通过性

在一定的载质量下,汽车能以较高的平均速度通过各种坏路及无路地带和克服各种障碍物的能力,称为汽车的通过性。各种汽车的通过能力是不一样的。轿车和客车由于经常在市内行驶,通过能力就差。而越野汽车、军用车辆、自卸汽车和载货汽车,就必须有较强的通过能力。

采用宽断面胎、多胎可以减小滚动阻力;较深的轮胎花纹可以增加附着系数而不容易打滑,全轮驱动的方式可使汽车的动力性得以充分的发挥;结构参数的合理选择,可以使汽车具有优良的克服障碍的能力,如较大的最小离地间隙、接近角、离去角、车轮半径和较小的转弯半径、横向和纵向通过半径等,都可提高汽车的通过能力。

7)其他使用性能

(1)操纵轻便性。驾驶汽车时需要根据操作的次数、操作时所需要的力、操作时的方便情况以及视野、照明、信号等来评价操纵轻便性。汽车具有良好的操纵轻便性,不但可以减轻驾驶员劳动强度和紧张程度,也是安全行驶的保证。采用动力转向、制动增加装置、自动变速器以及膜片离合器等,使操纵轻便性得以明显改善。

(2)机动性。市区内行驶的汽车,经常行驶于狭窄多弯的道路,机动性显得尤为重要。机动性主要用最小转弯半径来评价。转弯半径越小,机动性越好。

(3)装卸方便性。与车厢的高度、可翻倒的栏板数目以及车门的数目和尺寸有关。

8)汽车的排放污染和噪声污染

汽车主要有三个排放污染源:一是发动机排气管排出的燃烧废气(柴油车还排放大量的颗粒物);二是曲轴箱排放物;三是燃料蒸发排放物。这些排放物对环境的污染极大,对人类身体产生严重的不良影响。随着城市汽车保有量的增加,汽车噪声已成为城市环境中最主要的噪声源。为了有效地控制城市的交通噪声,各国都制定了各种机动车的噪声标准及限值。

(二)制订购车方案

在解读车辆技术参数的基础上,需要综合分析同级别、同类型汽车的性价比,从而制订符合购车人需求的购车方案。

1. 购车费用与使用费用

汽车已经渐渐走进中国家庭,成为人们生活中的好助手。但是人们在购车前都想知道购车、养车需要花费多少,最朴素的想法是买得起车也得养得起车。消费者购车前要把全部费用弄清楚,有助于指定优质的购车方案,以达到放心购车、放心使用的目的。

汽车价格的构成主要有四个要素:汽车生产成本、汽车流通费用、国家税金和汽车企业利润。消费者在选购汽车时,习惯于将购车价格作为选择的主要标准。而实际上,除了考虑购车费用外,还需考虑使用费用。

1) 汽车售价

国产汽车按国家有关定价规定,各主要车型由企业定价后报物价主管部门批准备案后生效。汽车经销商一般会根据汽车的品种与档次、市场供求状况、经营利润和增值税等项目确定汽车的售价。汽车的售价并不等于购车人买车时的全部投入,如果要使汽车获得上路行驶的"资格",还需缴纳其他相应的费用。

2) 车辆购置附加税

车辆购置附加税由国家税务局征收,纳税人购置应税车辆,应当向车辆登记注册地的主管税务机关申报纳税。税率统一为计税价格,进口汽车需缴纳相当于车价10%的费用;国产汽车需缴纳相当于不含增值税部分的车价10%的费用,即车价除以1.17后的10%。

3) 保险费

非营业性国产乘用车保险费年收费标准如下:

(1) 机动车交通事故责任强制险。家用6座以下为950元/年;家用6座以上为1100元/年。目前,该项险种实行强制保险,车主只有投保本险种方可到车辆管理所办理牌证,保障限额最高为12.2万元。

(2) 车辆损失险。基本保险费240元,另加车价的1.2%的保险费。

(3) 第三者责任险。按投保限额分档,投保限额有5万元、10万元、20万元、50万元、100万元及100万元以上不超过1000万元6个档次,所需要的保费也由低到高差别很大。以山东省潍坊市某保险公司为例,普通家用轿车投保5万元、10万元、20万元、50万元花费分别为710元、1026元、1270元、1721元。

(4) 其他险种。例如全车盗抢险:占车价的1%左右;车上人员责任险:核定座位数6座以下的按照额定座位数投保,保险费为投保额的6.5%;不计责任免赔特约险:保险费为(车辆损失险+第三者责任商业险)×20%。

汽车商业保险属于车主自选范围,对于初次开车的新手一般建议在经济许可范围内购买"全险",包括车辆损失险、不计责任免赔特约险、第三者责任险、车上人员责任险、全车盗抢险、划痕险、玻璃单独破损险共计7种保险。而对于行车5年左右的人来说,有了熟练的驾驶经验可以只投保车辆损失险和第三者责任险。保险费用依照车型及价格有所不同,一般来说10万元左右的新车上"全险"大概需要每年5000元。

4) 牌证费

汽车牌证费的统一收费标准为154元。另外,汽车移动证、车辆行驶证等也需缴纳相应的费用。

5) 车船使用税

车船使用税是对行驶于公共道路的车辆和航行于国内河流、湖泊或领海口岸的船舶,按照其种类(如机动车辆、非机动车辆、载人汽车、载货汽车等)、吨位和规定的税额计算征收的一种使用行为税。

总之,以一辆车价为12万元左右的中级轿车来讲,要一次性付款把它买下来并办齐各项手续,要再花 2 万~3 万元的附加费,总计 14 万~15 万元。

2. 养车费用

买车,对于一些家庭来说已经不是奢侈的梦想。但是提到养车,就足以让很多家庭对这一梦想望而却步。之所以如此多的人热衷投资楼市,因为房子可以增值。但是汽车却是一天天在贬值,再加上油料价格的上涨、停车费的上涨、维修费的增加……养一辆车确实需要一笔不小的开支。那么,养车究竟要花费多少?家庭应该如何根据自己的经济情况来选购车呢?

养车费用可分固定费用和变动费用两部分。固定费用在购车费用中有的已经提到,主要有车船使用税、保险费、年检费等,对于一辆 10 万元左右的家庭轿车,每年的固定费用在 5000 元左右。变动费用有以下几种。

(1)油料费。油料包括汽(柴)油、润滑油、齿轮油、制动液等。一般按每年行驶 1.5 万 km,百公里耗油 10L 计算(市区路况),全年耗汽油 1500L,每升按 7 元计算,一年的汽油费约 10500 元;润滑油按汽油耗量的 1% 计算,一年 15L,每升 10 元,需 150 元;齿轮油、制动液约 250 元。油料费总计 10900 元左右。

(2)正常维修费。汽车正常使用过程中,维护和总成大修等是不可避免的,各项修理的开支额度与汽车的品牌、档次直接相关。以一辆中档轿车为例:汽车大修工时人工费为 5000~7000 元;发动机总成大修工时费约为 2000 元,还不包括要更换的配件;以检查、调整为主的二级维护工时费,乘用车约为 600 元。车辆易损件以及必须定期更换的零件,如 3 种滤清器(空气滤清器、汽油滤清器、润滑油滤清器)的滤芯,每年最少要更换一次;蓄电池的正常使用寿命一般为 2 年左右(免维护蓄电池约 4 年);轮胎的使用寿命一般为 3 年左右,寿命里程为 8 万~10 万 km;制动片使用寿命为 7 万~12 万 km,再加上电器等配件,每年需 1500~2500 元的零配件费用。

汽车维护一般是每 5000km 一次,行驶到 2 万 km 需要"大维护"一次。维护的费用与汽车的价格有关,高档车维护费用相对较高。一般来说 10 万元左右的汽车维护一次基本费用 300~500 元,2 万 km 的"大维护"费用可能需要 800~1000 元。

(3)年检费。车辆检测审验费大约为 200 元,每 2 年一次。

(4)停车费。在大中城市,汽车的停车费也是一笔不小的开支,各个地区的停车费标准也有明显差异,目前在上海地区商用车停车费基本上为 10 元/h,而外滩的半岛酒店停车费高达 80 元/h。如果按每月 200~1000 元计算,一年也要 2400~12000 元。

(5)其他费用。违章罚款、过路费、过桥费、意外修理,这笔开支也不小。

综上所述,对于家庭轿车,每年的养车费用为 1.2 万~3 万元,平均每月 1000~2500 元。

(三)择优选购汽车

马斯洛理论把需求由较低层次到较高层次分成生理需要、安全需要、社交需要、尊重需要和自我实现需要五类,如图 1-3 所示。各层次需要的基本含义如下:

(1)生理需要。这是人类维持自身生存的最基本要求,包括饥、渴、衣、住等方面的要求。如果这些需要得不到满足,人类的生存就成了问题。从这个意义上说,生理需要是

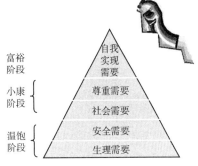

图 1-3 马斯洛需要层次理论

推动人们行动最强大的动力。马斯洛认为,只有这些最基本的需要满足到维持生存所必需的程度后,其他的需要才能成为新的激励因素,而到了此时,这些已相对满足的需要也就不再成为激励因素了。

(2)安全需要。这是人类要求保障自身安全、摆脱事业和丧失财产威胁、避免职业病的侵袭、接触严酷的监督等方面的需要。马斯洛认为,整个有机体是一个追求安全的机制,人的感受器官、效应器官、智能和其他能量主要是寻求安全的工具,甚至可以把科学和人生观都看成是满足安全需要的一部分。当然,当这种需要一旦相对满足后,也就不再成为激励因素了。

(3)感情需要。这一层次的需要包括两个方面的内容。一是友爱的需要,即人人都需要伙伴之间、同事之间的关系融洽或保持友谊和忠诚;人人都希望得到爱情,希望爱别人,也渴望接受别人的爱。二是归属的需要,即人都有一种归属于一个群体的感情,希望成为群体中的一员,并相互关心和照顾。感情上的需要比生理上的需要更加细致,它和一个人的生理特性、经历、教育、宗教信仰都有关系。

(4)尊重需要。人人都希望自己有稳定的社会地位,要求个人的能力和成就得到社会的承认。尊重的需要又可分为内部尊重和外部尊重。内部尊重是指一个人希望在各种不同情境中有实力、能胜任、充满信心、能独立自主,总之,内部尊重就是人的自尊。外部尊重是指一个人希望有地位、有威信,受到别人的尊重、信赖和高度评价。马斯洛认为,尊重需要得到满足,能使人对自己充满信心,对社会满腔热情,体验到自己活着的价值。

(5)自我实现需要。这是最高层次的需要,它是指实现个人理想、抱负,发挥个人的能力到最大程度,完成与自己的能力相称的一切事情的需要。也就是说,人必须干称职的工作,这样才会使他们感到最大的快乐。马斯洛提出,为满足自我实现需要所采取的途径是因人而异的。自我实现的需要是在努力实现自己的潜力,使自己越来越成为自己所期望的人物。

基本观点有:

(1)五种需要像阶梯一样从低到高,按层次逐级递升,但这样次序不是完全固定的,可以变化,也有种种例外情况。

(2)一般来说,某一层次的需要相对满足了,就会向高一层次发展,追求更高一层次的需要就成为驱使行为的动力。相应的,获得基本满足的需要就不再是一股激励力量。

(3)五种需要可以分为两级,其中生理需要、安全需要和感情需要都属于低一级的需要,这些需要通过外部条件就可以满足;而尊重需要和自我实现需要是高级需要,它们是通过内部因素才能满足的,而且一个人对尊重和自我实现的需要是无止境的。同一时期,一个人可能有几种需要,但每一时期总有一种需要占支配地位,对行为起决定作用。任何一种需要都不会因为更高层次需要的发展而消失。各层次的需要相互依赖和重叠,高层次的需要发展后,低层次的需要仍然存在,只是对行为的影响程度大大减小。

(4)马斯洛和其他的行为科学家都认为,一个国家多数人的需要层次结构,是同这个国家的经济发展水平、科技发展水平、文化和人民受教育的程度直接相关的。在不发达国家,生理需要和安全需要占主导的人数比例较大,而高级需要占主导的人数比例较小;在发达国家,则刚好相反。

马斯洛的需要层次理论给我们很大的启示,只有满足消费者需求的产品,才是有市场的。作为销售人员,你要做的一项重要工作就是要了解不同消费者的消费需求,抓住他们的消费心理,介绍给他们符合其消费需求的产品。

销售人员可以通过提问发现顾客购车的动机是什么,从而根据其动机来说服顾客。通常,顾客购车有六大动机:

(1)安全:主动安全和被动安全。
(2)性能:车辆在实际驾驶中的表现。
(3)创新:技术革新、尖端设备。
(4)舒适:驾驶与乘坐舒适性、行驶平顺性、隔音性、便利性。
(5)经济:性价比、最优惠价格,维修便利。
(6)认同:自我与个性的表现、别人的看法与评价。

销售人员可以根据顾客最看重的动机,用本店汽车的优势去吸引顾客。

(四)汽车车况检查

汽车车况检查见表1-1。

汽车车况检查一览表　　　　表1-1

检查项目	
1. 作业准备	
(1)轮胎气压计、扭力扳手、21in套筒、万用表、工具。	□
(2)座椅套、翼子板布、转向盘套、脚垫、布、垫板。	□
(3)安装随车附件。	□
2. 目视检查	
(1)检查警告灯、蜂鸣器(钥匙、前照灯)。	□
(2)检查发动机的机动性、稳定性、异响及振动。	□
(3)电器件的工作状况。	
①前照灯、示廓灯、雾灯、控制台灯光。	□
②尾灯、牌照灯、后雾灯。	□
③制动灯、倒车灯、光束调整系统。	□
④转向灯、危险报警闪光灯。	□
⑤刮水器、清洗器喷嘴、喇叭。	□
⑥除雾器、点烟器。	□
⑦音响(调频)、时钟(设为正确时间)。	□
⑧遮阳板、化妆灯。	□
⑨室内灯。	□
⑩天窗动作。	□
⑪座椅加热情况。	□
(4)检查车内后视镜、门后视镜(调整为正常状态)。	□
(5)检查角度及高度可调转向盘的动作。	□
(6)检查储物箱及杯架、烟灰缸。	□
(7)检查座椅、安全带的运作、污损情况。	□
(8)检查发动机舱盖、行李舱、加油口盖的开启情况。	□
(9)检查车门玻璃的动作情况。	□
(10)检查车门、门锁、遥控门锁、智能系统的工作情况。	□
(11)检查儿童门锁。	□
(12)检查行李舱灯。	□
(13)行李舱内衬、垫板的检查。	□
(14)检查备胎的气压和安装情况。	□

续上表

内容	□
(15)检查千斤顶、工具、三角牌和牵引挂钩等。	□
(16)检查发动机舱盖、车门的安装间隙、段差。	□
3.检查发动机舱	
(1)检查油液的量及其质量。	□
①发动机油。	□
②转向助力油。	□
③自动变速器油。	□
④制动液、离合器液。	□
⑤刮水器清洗液、防冻液。	□
⑥蓄电池电解液。	□
(2)检查油类的渗透情况。	□
(3)检查蓄电池极桩的安装情况。	□
(4)测量蓄电池的电压。	□
(5)检查蓄电池充电情况。	□
4.下部检查	
(1)确认轮胎螺母的拧紧力矩。	□
(2)调整轮胎的气压。	□
(3)检查轮胎的损坏情况。	□
(4)安装随车附件。	□
(5)拆除前弹簧隔垫、制动器防锈罩。	□
(6)检查油液类的渗漏情况。	□
(7)检查安装紧固情况。	□
(8)检查损伤、生锈情况。	□
5.路试	
(1)检查踏板的游隙、高度和踩后余量。	□
(2)检查发动机的起动性、平稳性、异响和振动。	□
(3)行驶性能。	□
(4)检查仪表、指示灯的工作情况。	□
(5)检查离合器、传动桥。	□
(6)检查制动性能、异响、驻车制动。	□
(7)检查转向情况。	□
(8)检查异响、噪声、振动、平稳性。	□
(9)检查暖风,空调。	□
(10)自动变速器的检查。	□
(11)检查卫星导航系统。	□
(12)检查定速度装置工作情况。	□
6.最终检查、清洁	
(1)取下不要的标签及覆盖物。	□
(2)检查内装部分的安装、有无损坏情况。	□
(3)确认驾驶员手册等相关资料。	□
(4)安装轮毂盖。	□
(5)洗车、清扫驾驶室。	□
(6)检查漆面的不良、损坏情况。	□
(7)检查外装部分的安装、损坏情况。	□

二、任务实施

项目1 车辆主要技术参数和配置解读

1. 项目说明

李先生为某外企主管,年经济收入15万~18万元,到某丰田4S店购买一汽丰田卡罗拉 GL 1.6LAT 或卡罗拉 GL-S 1.8L 轿车。根据李先生的实际情况,向其解读卡罗拉轿车产品介绍单所列的汽车主要技术参数和配置。

2. 技术要求与标准

(1) 每两个学员相互配合能在45min内完成此项目。
(2) 技术标准(表1-2)。

技术标准　　　　　　　　　　　　　　　　　　　　　　　表1-2

项目	要求	项目	要求
衣着	穿深色西服,扣好纽扣,佩戴工作证	业务流程	熟练,应变能力强
语言表达	讲普通话,与客户沟通、交流顺畅	产品解读	正确,重点突出

3. 设备器材

(1) 一汽丰田卡罗拉 GL 1.6LAT 或 GL-S 1.8L 轿车。
(2) 所需单证。

4. 作业准备

(1) 检查车辆的运行状况。　　　　　　　　　　□任务完成
(2) 准备好所需单证。　　　　　　　　　　　　□任务完成

5. 操作步骤

按表1-3逐项向客户解读卡罗拉两种型号轿车的汽车主要技术参数和配置。

卡罗拉轿车产品汽车主要技术参数和配置　　　　　　　表1-3

主要技术参数		卡罗拉 GL 1.6L 型	卡罗拉 GL-S 1.8L 型
质量参数	整备质量(kg)	MT1270/AT1290	MT1305/AT1320
	总质量(kg)	1770	1790
	行李舱容积(L)	450	450
尺寸参数	车长(mm)	4545	4555
	车宽(mm)	1760	1760
	车高(mm)	1490	1490
尺寸参数	轴距(mm)	2600	2600
	轮距(mm)	1535/1535	1525/1520
	最小转弯半径(m)	5.2	5.2
	最小离地间隙(mm)	160	160

续上表

主要技术参数		卡罗拉 GL 1.6L 型	卡罗拉 GL-S 1.8L 型
发动机技术参数	型号	1ZR-FE	2ZR-FE
	类型	4缸直列顶置双凸轮轴电喷16气门	
	排气量(cm^3)	1598	1798
	压缩比	10.2:1	10.0:1
	缸径×行程(mm×mm)	80.5×78.5	80.5×88.3
	最大功率[kW/(r/min)]	90/6000	103/6000
	最大转矩[(N·m)/(r/min)]	154/5200	173/4000
	最高车速(km/h)	MT195/AT180	MT205/CVT180
	燃油供给装置	EFI	EFI
	变速器类型	5MT/4AT	6MT/CVT
	油箱容积(L)	55	55
	百公里油耗(L/100km)	MT6.9/AT6.9	MT6.9/CVT6.7
制动、悬架、驱动方式	制动系统(前/后)	通风盘式(带真空助力)/盘式(带真空助力)	
	悬架系统(前/后)	麦弗逊式悬架/拖曳臂式悬架	
	驱动方式	前轮驱动	
外观	前照灯	●卤素	●卤素
	前照灯清洗装置	—	—
	带镀铬装饰前雾灯	●	●
	组合式尾灯	●	●
	LED 高位制动灯	●	●
	车尾镀铬装饰条	—	—
	车侧防蹭装饰条	●同色	●同色
	挡泥板	—	—
	外侧门把手	●同色	●同色
	车窗下方镀铬装饰条	—	—
	车身同色电动后视镜	●	●
	电动车窗	●	●
	镀铬前格栅	●	●
	前侧扰流板大包围	—	●
	后侧扰流尾翼	—	●

学习任务1 指导客户选购汽车

续上表

主要技术参数		卡罗拉 GL 1.6L 型	卡罗拉 GL-S 1.8L 型
内饰	中控台面板	●	●
	指针式仪表板	—	—
	自发光式仪表板	●	●
	仪表板灯光控制系统	●	●
	可上下前后调节式转向盘	●树脂	●真皮
	变速器挡把	●树脂	●真皮
	前阅读灯	●	●
	车内照明灯	●	●
	迎宾照明系统	●	●
	驾驶席车门内侧下方照明灯	—	●
	电动门窗	●	●
	遮阳板(带化妆镜、带滑盖)	●	●
	脚垫	●	●
	后窗遮阳帘	—	—
	行李舱照明灯	●	●
座椅	座椅材质	●织物	●高级织物
	6:4分割可倒式后排座椅	●	●
	WIL概念座椅	●	●
	ISO-FIX标准儿童座椅固定装置	●	●
安全	ABS(带EBD)	●	●
	BA(制动辅助系统)	●	●
	制动优先系统	●	●
	VSC(车身稳定性控制系统)	—	—
	前排ELR三点式安全带	●	●
	前排ELR三点式安全带	●	●
	前照灯自动控制系统	—	—
	SRS空气囊	●	●
	侧部SRS空气囊及窗帘式SRS空气囊	—	—
	电子防盗系统(带警报)	●	●
	前排座椅安全带未系报警	●	●
	倒车测距雷达	—	—
	自动防炫目车内后视镜	—	—

续上表

主要技术参数		卡罗拉 GL 1.6L 型	卡罗拉 GL-S 1.8L 型
操控装置	间歇式刮水器	●	—
	驾驶席调节装置	●4方向、手动	●6方向、手动
	驾驶席电动腰撑	—	—
	EPS电子助力转向系统	●	●
	定速巡航控制系统	—	—
	倒车诱导显示屏	—	—
	中央控制门锁	●	●
	智能钥匙及一键起动系统	—	—
	遥控门开启装置	●	●
	手动空调	●	—
	自动空调	—	●
	空气过滤装置	●	●
音响及电子导航系统	音响系统	●单碟CD	●单碟CD
	扬声器		

注：●代表有此配置；—表示无此配置。

项目2 通过角色扮演完成交车

1.项目说明

李先生决定购买卡罗拉1.8L运动型汽车。通过角色扮演完成向李先生交车，确保用户对整个销售过程完全满意。

2.技术要求与标准

(1)每两个学员通过角色扮演能在60min内完成此项目。

(2)技术标准(表1-4)。

技 术 标 准　　　　　　　　　　　　　　　　表1-4

项目	要求	项目	要求
衣着	穿深色西服，扣好纽扣，佩戴工作证	业务流程	熟练，应变能力强
语言表达	讲普通话，与客户沟通、交流顺畅		

3.设备器材

(1)电源诊断仪。

(2)常用工具。

(3)所用单据。

(4)电话。

(5)卡罗拉1.8L运动型汽车一辆。

4.作业准备

(1)检查电源诊断仪的运行状况。　　　　　　　　　　　　□任务完成

(2)准备好常用工具。　　　　　　　　　　　　　　　　　□任务完成

(3)准备好所需单证。　　　　　　　　　　　　　　　　　□任务完成

学习任务1 指导客户选购汽车

5. 操作步骤

按表1-5、表1-6逐项完成,每做完一项可在前面(或后面)做标记。

交　车　表　　　　　　　　　　　　　　　　　　　表1-5

新车类型		订单号码	
(1)交车前准备		□ 合格证	
	□ 交车前3天的电话预约		□ 保险单
	□ 交车前1天的电话预约		□ 车检证明新车检查完毕
	□ 付款状况的确认		□ 驾驶员手册
	□ 车辆检查和清洁确认(　月　日实施)		□ 保修手册及网通一览表
	□ 陪同顾客到新车准备区		□ 安全驾驶注意事项
	□ 交车区和参与人员的确认		□ 清洁车辆(烟灰缸等)
(2)顾客接待			□ 安置车厢内脚垫
	□ 迎接顾客		□ 检查内饰颜色,无划痕、污渍
	□ 交车内容概述		□ 确认电动装置能正常工作
(3)费用与文件说明			□ 确认随车附件和工具
	□ 购车费用说明(合同)		□ 确认订购装备
	□ 开具发票和出门证		□ 设定收音机频道和时钟
	□ 上牌手续和票据说明(上牌手续与费用清单)		□ 确认DVD电子语音导航系统的运行状况
	□ 关于保险的说明(保险单)		□ 车辆钥匙＿＿＿把,遥控器＿＿＿把。
	□ 车辆维护说明(驾驶员手册、维护手册)		销售人员
	□ 免费维护的说明(维护手册)		销售经理
	□ 保修事项说明(保修手册)		车辆颜色
	□ 售后服务说明		VIN
(4)车辆验收与操作说明			顾客姓名
	□ 车辆验收(见新车交付表1-6)		以上内容准确无误,验收完毕。
	□ 精品附件确认(新车订购单)		
	□ 操作说明(新车交付表)		
	□ 安全事项说明(安全注意事项)		交车时间
	□ 3日内跟踪电话确认		始：
	车辆确认		迄：
□ 发票			

新 车 交 付 表 表1-6

项目	完成	项目	完成
车辆外部介绍		防盗报警功能(※)	□
车辆外观完好、清洁	□	选装的外部附件(※)	□
中控门锁	□	行李舱介绍	
遥控器	□	行李舱门开启/锁止	□
行李舱照明	□	收音机ICD机口	□
行李舱固定环(※)	□	收放机音量自调节(※)	□
行李网(※)	□	多功能显示屏参数调整及功能选择(※)	□
行李舱的两侧储物盒	□	车窗玻璃升降功能(※)	□
备胎位置及更换车轮方法	□	车钥匙忘记后的声音提醒	□
建议使用的燃油	□	倒车雷达(※)	□
发动机舱介绍		安全气囊/气帘(※)	□
发动机舱打开方法	□	ESP/ABS/EBD/BA(※)	□
发动机油液面观察方法	□	超速报警/限速器(※)	□
冷却液液面观察方法	□	定速巡航(※)	□
助力转向液液面观察方法	□	儿童安全注意事项	□
风窗清洗液液面观察方法	□	各种灯光/组合开关的使用	□
制动液液面观察方法	□	前照灯的高度调节(※)	□
蓄电池电解液观察方法	□	前照灯延时照明(※)	□
惯性开关(※)	□	前照灯清洗(※)	□
附加熔断丝	□	前后刮水器－喷淋(※)	□
车辆铭牌	□	刮水器自动调节(※)	□
后排座椅介绍		夜间驾驶模式(※)	□
后座椅的折叠、拆卸方法	□	仪表板亮度调节	□
后地板储物盒(※)	□	手动变速器挡位(※)	□
前座椅靠背后搁板(※)	□	自动变速器(※)	□
CD机盒盖的打开/关闭(※)	□	点火－点烟器－烟缸	□
后照明灯	□	顶灯－阅读灯	□
儿童安全门锁	□	杂物存放空间	□
手动车门锁止	□	遮阳板、梳妆镜	□
驾驶位置介绍		出风口及风量调节	□
前座椅调整	□	冷/热空气混合	□
转向盘调整	□	空调启动/关闭	□
安全带调整	□	各类仪表/显示屏介绍	
头枕调整	□	组合仪表的显示和指示灯□	□
车内/外后视镜的调整	□	行车电脑(多功能显示屏)(※)	□
驻车制动	□	空调仪表(※)	□
香水挥发器(※)	□		

注:※代表有此配置。

项目3　制订购车方案

1. 项目说明

李先生为外企主管,年收入15万~18万元,到某丰田4S店看车,想购车。主要用于上下班代步,偶尔用于公务。以协助客户购车为例,根据李先生的实际情况,帮助其制订购车方案。

2. 技术要求与标准

(1)每两个学员相互配合能在45min内完成此项目。

(2)技术标准(表1-7)。

技　术　标　准　　　　　表1-7

项　目	要　求	项　目	要　求
衣着	穿深色西服,扣好纽扣,佩戴工作证	业务流程	熟练,应变能力强
语言表达	讲普通话,与客户沟通、交流顺畅	购车方案	合理,客户满意

3. 设备器材

(1)计算机。

(2)汽车销售教学软件。

(3)所需单证。

(4)打印机。

4. 作业准备

(1)检查计算机及销售软件的运行状况。　　　□任务完成

(2)准备好所需单证。　　　□任务完成

(3)检查打印机的运行状况。　　　□任务完成

5. 操作步骤

(1)到店接待。出门迎接客户,根据客户意愿到车前或者坐下谈,专注接待,提供三种以上饮料、糖果、WIFI密码等,销售顾问服务礼仪规范、姿态自然从容、声音清晰。

(2)客户需求分析。主动邀请客户接受产品介绍,了解客户需求,看客户想进一步了解哪几个车型。通过和客户交流,了解客户的用车时间、使用者、购车用途、看车经历、爱好兴趣、车型或配置、预算、是否二手车置换等,根据客户描述,推荐合适的车型并阐述推荐理由,并填写表1-8。

根据客户的实际情况和个人喜好,帮助客户推荐适合的车辆,有以下几点需要注意:

①学会倾听。通过了解,你要从客户的语言中捕捉有效信息。了解客户需求,留心倾听客户所说的内容,等客户说完后讲述自己的意见。客户讲话时,不能叉着手脚或是背对着客户,接触的过程中要考虑到客户的疑虑,比如说"丰田能提供给我合适的车吗?""丰田看重我这个客户吗?""这个销售人员愿意照顾我的利益吗?"

②让客户建立信心。其中包括品牌、4S店及销售人员个人的形象、在仪表着装方面,销售人员需要自己注意的有:穿好一汽丰田指定的制服、佩戴胸牌、整理好头发、保持手和指甲清洁、皮鞋擦拭干净、同事之间互相检查、避免身上有让人不愉快的气味等,销售顾问学会适当赞美,能巧妙专业地回应客户需求。

表 1-8

区域										
本卡已录入系统 客户信息卡 销售顾问　　建卡日期　　年　月　日　　来访时段　　:　　至　:										
客户姓名				先生 女士		电话			微信号	
拟购方式	首次 换购 添购		贷款	是 否		客户方便联系时间	工作日　周末 上午　下午　晚间		客户方便联系方式	电话 微信
首次接触方式	展厅　致电　互联网　活动 社交媒体　一汽–大众下发					信息来源	转介绍　电台广播　广告　营销活动　车展 微信/QQ　短彩信　邮寄资料　E-mall			
报价		进店类型		预约首次到店 非预约首次到店 预约再次到店 非预约再次到店		客户职业			兴趣爱好	
需求分析	购车用途	私用 公用		使用人	（人）	预购日期		（级）	购车预算	
	关注本品	车型/排量/配置/颜色/内饰				竞争车型	车型/　排量/　配置			
		车型/排量/配置/颜色/内饰					是否已看车	是否	是否已试驾	是否
车辆展示	关注大类	外观　内饰　　　舒适　空间　安全　　　配置　动力　经济　操控								
	具体关注点									
	客户异议点									
试乘试驾	是　　否　　试驾时间:　　月　　日　　:　　至　:									
提供方案	金融　　　　保险　　　　　　　附件精品 二手车(车型:　　　里程:　　　使用年限:　　　　　)									
洽谈成交	订单		交车		备注					
下次任务　邀约　回访　试驾　交车　　　　预计时间　　月　　日（　　时/上午/下午） 联系理由										

（3）车辆展示。在使用六方位绕车介绍完整流程,商品知识介绍正确,能突出本品牌的优

势,同行人员多,也要兼顾同行人员。针对客户的主要关注点介绍车辆,如空间、动力等,与客户有互动,注意客户感受和反馈,专业知识准确,能正确、全面解答客户异议,要求销售顾问回答问题条理清晰、应变能力强。

(4)试乘试驾。主动推荐试乘试驾、阐述试乘试驾的好处。告诉客户汽车仅从外观、配置、空间是看不出好坏的,汽车的发动机、制动、悬架减振都需要在驾驶过程中,才能体验出来。介绍试乘试驾路线、流程、时间(大于15min),跟客户签订试乘试驾协议(表1-9),如实填写。

表1-9

试乘试驾协议
编号:_____
甲方:_____
乙方:_____
应乙方要求,甲方同意乙方进行试乘试驾,经双方协商就试乘试驾有关事宜达成协议如下:
一、试驾车型:_____ 底盘号:_____ 车况:_____
陪驾员:_____
试驾时间:____年____月____日____时____分至____时____分
二、试驾路线:该试驾路线公司制定为_____。
三、乙方试乘试驾过程中应注意并遵守的事项:
1.必须持有真实有效的、驾龄一年以上的驾驶执照。
2.驾驶过程中服从陪驾员的指导,按指定的线路和速度实行。认真听取陪驾员对行使路线、操作规程、安全注意等事项的讲解,做到明确了解,保证遵守。
3.在陪驾员的指导下正常操控车内设施,因乙方原因对驾驶车造成损坏的,乙方赔偿全部损失。
4.在试驾过程中,乙方应当严格执行车辆驾驶操作规程及交通法律法规,因违法、操作不当等乙方原因造成处罚或发生事故造成损失的,乙方承担全部赔偿责任。
5.以下内容请乙方选择填写:
乙方驾驶技术: □熟练 □不熟练
若乙方希望试乘试驾的车辆没有,以其他车辆替代试乘试驾车辆时,乙方:
□同意选用同等级车型代替 □同意选用更高级的车型代替 □不同意代替
陪驾员在签订本协议前,已向乙方详细讲解了下列事项,对此乙方保证遵守:
□行使路线 □车辆性能 □操作规范 □注意事项 □合法驾驶 □服从指挥
四、其他
1.甲方应当保证车辆尤其是安全配置处于良好运行状态,适于试乘试驾,因车辆质量原因造成的一切损失由甲方承担。
2.关于试驾车型包括但不限于此协议第一条所列内容,关于试驾路线包括但不限于此协议第二条所列内容。
3.因本协议的解释和执行等发生的争议,双方应尽可能协商解决,协商不成,由甲方所在地的法院管辖处理。
试驾人签名:_____ 身份证号码:_____
联系电话:_____ 联系地址:_____
工作单位:_____ 日期:_____
(试驾人驾驶证复印件附协议背面)

(5)报价成交,促成交易。这是在销售员和客户建立充分信任后再展开的,通常关系到销售能否顺利成交,同时客户比较多的异议也会出现在这个阶段,因此销售员应该详细解说所有相关文件并考虑到客户的实际需求和他/她所关心的问题。报价单上要向客户详细解释议价、价格、税、牌、险等。贷款方案要明确年限、比例、月供、利息等。保险分险种、金额、服务等,填写价格估算表(表1-10),有的需要填写车贷费用明细(表1-11)。要求销售顾问对客户进行快

速、清晰的报价,并经客户确认,包括一些优惠政策,一并介绍清楚,适当的赞扬客户的关注与细心并专业解答,能站在客户的立场看待问题,对客户的决定表现出尊重。

表1-10

价格估算表
□车型(配置、颜色备注):
□车辆成交价:
□首付比例:
□首付款:
□贷款期限:
□保费:
□购置税:
□延长保修:
□上牌费:
□期初一次性付款:
□月供:
○销售顾问姓名:
○销售顾问联系电话:
○金融保险经理姓名:○金融保险经理联系电话(汽车金融热线):

表1-11

车贷费用明细	所需贷款申请材料
首付款: 购置税: 保险: OBD(三年全车盗抢险): 人身意外险: 代收保费: 金融服务费: 抵押服务费: 挂牌: 合计: 车价: 贷款额: 贷款期限: 月供: 销售顾问: 联系电话:	个人申请贷款: □参与贷款人员的身份证、驾驶证、结婚证、户口本。 □房产证证明材料(房产证或购房合同等)。 □收入证明材料(单位证明、6个月流水明细)。 □私营业主需提供:营业执照、组织机构代码证、公司账户近半年的对账单或存折、业务合同等。 □家访期间,客户可能需要提供证明其信用状况的其他材料。 除以上材料外,金融公司在申贷过程中,很有可能需要您提供其他材料。尽早提供相关材料会大大缩短我们的申贷时间。
	企业申请贷款: □营业执照、组织机构代码、公司章程、近三年的经审计的财务报表,公司账户近半年的对账单等。 □法人代表作为共同借款人,提供法人代表的身份证、住房证明材料。

(6)新车交付。全过程注意车辆交付的流程和细节的掌握。

(7)离店。感谢客户,有可能的话互加微信。

(8)后续跟进。48h内致电客户,根据购车的状态与客户进行沟通。未购车的问清楚未购车的原因是什么、打消客户疑虑、询问试驾的感受、已购车辆的询问用车的感受等,全程有礼貌、热情主动,沟通专业有说服力。

三、学习评价

1. 理论考核
1) 判断题
(1) 汽车的整备质量是指汽车在加满燃料、润滑油、工作液(如制动液)及发动机冷却液并装备(随车工具及备胎等)齐全后的总质量。( )
(2) 压缩比是指汽缸总容积与燃烧室容积的比值。同排量、同级别的汽车,压缩比高,发动机的功率就更大。通常,压缩比越高选用的汽油牌号也越低。( )
(3) 第三者责任险属于商业险。( )
(4) 最高车速是指汽车在市内上行驶时能达到的最大速度。( )
(5) 最大爬坡度是指汽车空载时的最大爬坡能力。( )
(6) 平均燃料消耗量:汽车在道路上行驶时每百公里平均燃料消耗量。( )
(7) 车轮数和驱动轮数:车轮数以轮毂数为计量依据,m 代表汽车的车轮总数,n 代表驱动轮数。( )
(8) 前悬是指前轮中心与车前端的水平距离,前悬的长度应足以固定和安装发动机、散热器、转向器等。但也不宜过长,否则汽车的接近角过小,上坡时容易发生触头现象,影响汽车的通过性。( )
(9) 汽车的加速能力是指汽车在各种使用条件下迅速增加汽车行驶速度的能力。加速过程中加速用的时间越短、加速度越大和加速距离越短的汽车,加速性能就越好。( )
(10) 汽车的上坡能力用汽车满载时以最低挡位在坚硬路面上等速行驶所能克服的最大坡度来表示,称为最大爬坡度。它表示汽车最大牵引力的大小。( )

2) 选择题(不定项选择)
(1) 属于汽车的尺寸参数有( )。
  A. 车长   B. 车高   C. 轴距   D. 后悬
(2) 汽车的质量参数主要包含汽车的( )等。
  A. 装载质量   B. 整备质量   C. 总质量   D. 后悬
(3) 汽车的主要性能包括( )。
  A. 动力性   B. 燃油经济性 C. 制动性   D. ABS
(4) 第三者责任险按投保限额分档,投保限额有包含( )在内6个档次。
  A. 5万元   B. 10万元   C. 20万元   D. 100万元
(5) 油料包括( )。
  A. 汽(柴)油 B. 润滑油   C. 齿轮油   D. 制动液
(6) 电子稳定程序简称( )。
  A. ESB   B. ESP   C. ABS   D. EBD
(7) 车辆购置附加税,特别是国产汽车需缴纳相当于不含增值税部分的车价10%的费用,即车价除以( )后的10%。
  A. 2.14   B. 3.17   C. 1.14   D. 1.17
(8) 试乘试驾并作概述。请试驾客户必须出示( ),办理试乘试驾的手续,在《试驾同意书》上签字。

　　A. 身份证　　　　B. 警官证　　　　C. 驾驶证　　　　D. 银行卡

（9）五方位绕车第一个指车辆左前方（　　）处。

　　A. 45°　　　　　B. 75°　　　　　C. 60°　　　　　D. 90°

（10）仪表着装方面销售人员需要自己注意的有（　　）等。

　　A. 穿好指定的制服　　　　　　　B. 佩戴胸牌

　　C. 保持手和指甲清洁　　　　　　D. 皮鞋擦拭干净

3）简答题

（1）汽车的主要性能指标有哪些？

（2）汽车的动力性可用哪几个指标来评定？

（3）马斯洛理论把需求分为哪几类？

（4）养车费用包括哪些？

（5）制订购车方案的步骤有哪些？

2. 技能考核

（1）车辆技术参数和配置解读项目评分表见表1-12。

车辆技术参数和配置解读项目评分表　　　　　　　　　　　　　　　表1-12

基本信息	姓名		学号		班级		组别	
	规定时间		完成时间		考核日期		总评成绩	
任务工单	序号	步骤		完成情况		标准分	评分
				完成	未完成		
	1	考核准备 材料： 工具设备：				10	
	2	尺寸及质量参数				5	
	3	发动机参数				10	
	4	制动、悬架、驱动方式参数				5	
	5	外观配置情况				5	
	6	内饰配置情况				5	
	7	座椅配置情况				5	
	8	安全配置情况				10	
	9	操控装置配置情况				10	
	10	音响及电子导航系统配置情况				5	
安全						10	
5S						5	
团队协作						5	
沟通表达						5	
工单填写						5	

(2) 通过角色扮演完成交车项目评分表见表 1-13。

通过角色扮演完成交车项目评分表　　　　　　　　　　　表 1-13

基本信息	姓名		学号		班级		组别	
	规定时间		完成时间		考核日期		总评成绩	
任务工单	序号	步骤		完成情况		标准分	评分
				完成	未完成		
	1	考核准备： 材料： 工具设备：				10	
	2	交车前准备				10	
	3	顾客接待				10	
	4	费用与文件说明				10	
	5	车辆验收与操作说明				10	
	6	新车交付表				10	
	7	车辆确认				10	
安全						10	
5S						5	
团队协作						5	
沟通表达						5	
工单填写						5	

(3) 制订购车方案项目评分表见表 1-14。

制订购车方案项目评分表　　　　　　　　　　　表 1-14

基本信息	姓名		学号		班级		组别	
	规定时间		完成时间		考核日期		总评成绩	
任务工单	序号	步骤		完成情况		标准分	评分
				完成	未完成		
	1	考核准备： 材料： 工具设备：				10	
	2	了解顾客需求				25	
	3	制订购车方案				25	
	4	汽车保险				5	
	5	其他费用				5	
安全						10	
5S						5	
团队协作						5	
沟通表达						5	
工单填写						5	

四、拓展学习

(一) 车辆的选购原则

车辆是现代化汽车运输企业运营物质的技术基础,是运输企业的主要生产设备。组织运输生产首先要有合适的车辆。因此,应根据运输市场情况及当地的社会运力、油料供应、运量、运距和道路、气候等社会和自然条件,制定车辆发展规划,择优选购,合理配置车辆,并做好车辆的分配和投用前的技术准备工作,充分发挥车辆的效能,提高运输单位的经济效益。

对于运输企业,应根据运输生产需要和运行条件,综合对车辆适应性及可靠性、动力性、经济性、维修方便性和产品质量等因素,进行择优购置车辆。择优选购车辆是关系到运输单位和个人主要生产设备优劣的关键问题,应进行技术经济论证,避免盲目购置。要从实际出发,量力而行,按需选购,讲究实用可靠,尽可能达到少投入多产出,综合经济效益好的目的。车辆能适应当地道路、气候条件,就说明车辆适应性好。缩短维修时间,减少维修费用,说明维方便性好。同类型车辆燃油经济性差异尽管很小,但长期积累,节约数量也相当可观,应对燃油经济性进行比较选择;车辆使用寿命长,显然是产品质量好的重要标志之一。因此,在选购车时,应从车辆的售价、适应性、可靠性、维修方便性、使用寿命和燃油经济性等方面综合考虑。

1. 生产适用原则

生产适用原则包含三层含义:一是选购的车辆要符合经营需求,选购的车辆用得着,为此选购车辆之前应首先考虑具体的运输任务和经营要求,避免盲目购置造成闲置,同时制定企业车辆发展规划,做到有计划购置,努力保持运力与运量基本平衡,避免盲目增加运力;二是要充分考虑到车辆使用条件,如营运区域内的道路、桥梁、渡口、地形、环境条件和自然气候条件等,避免购置的车辆用不上,或者不能充分发挥其效能,造成不必要浪费;三是根据市场运营情况,适时调整车辆配置构成,合理选配不同类型和不同档次车辆,以达到最佳配比关系,适应市场需求。

1) 依据用途选型

汽车是一种应用范围非常广泛的现代化交通运输工具,而我国地域辽阔,各地区的条件千差万别,各行业为了适应其运输使用条件,对所需汽车的结构和形式要求也就各不相同。总体上讲,汽车运输可分为人员运输和货物运输。

从人员运输的角度看,对应需要的车型有客车、轿车、越野车等。而不同的乘坐人员,不同运输需要,又可把车型细分为微型客车、小型客车、中型客车、大型客车和特大型客车。

从货运的角度看,对应所需要车型就更为广泛。基本分类有普通货车、越野货车、自卸车和牵引车等。

2) 根据地理、道路和气候条件选型

自然条件对车辆行驶性能发挥有很大的制约作用,甚至有些自然环境会使车辆完全失去使用条件。不同的车型、同一车型配备不同的装置或选用不同参数指标,在同一自然环境下其行使能力和使用效果会有很大的差别。

(1) 高原地区。在正常海拔(一般不低于 3000m),汽车的发动机能正常工作。但在海拔上升到一定高度时,由于气压和空气密度下降,造成发动机汽缸充气不足,汽缸压力下降,发动机功率随之下降。同时由于充气不足,混合气变浓,燃油燃烧不充分,油耗增加。由于大气压力降低,发动机冷却液温度在远低于100℃就会沸腾,引起散热器中冷却液的蒸发损耗量增大,冷却效果减弱。汽车厂家为适应高原地区对车辆发动机性能的要求,对汽车发动机的系统进行相应改进,或者制造高原型汽车。

(2)道路条件复杂地区。良好道路条件会使车辆的运行效率大增,而复杂道路条件会对汽车的使用性能提出更高的要求。

(3)多雨地区。对于货物运输,如果没有有效避雨措施,会对某些物品造成极大损害,进而使财产受损。所以,经常在多雨地区行驶的车辆,应选择密封性好、具有防雨功能的厢式车或者高栏板带篷布的载货汽车,如EQ5090XF厢式车等。

(4)高温地区。气候条件决定着汽车所选用发动机和蓄电池等的性能指标和选装件的取舍。高温条件会对汽车各系统的工作状况有很大影响。

在高温条件下,外界气温高,发动机工作温度与大气温差小,导致冷却系统散热困难,发动机容易过热,降低了汽缸的充气系数,使压缩行程汽缸内平均有效压力下降,导致燃油燃烧不良,发动机功率下降;润滑油黏度降低,使相对运动的零件间润滑油压力下降、润滑性能变差,从而加剧零件磨损,且使机体变热;高温下,液体挥发加快,易使供油系统产生气阻,使发动机油耗量增加。另外,在高温和通风条件不好的情况下长时间驾车,驾驶员容易疲劳。因此,常在高温地区使用的车型,应注意选用通风性良好、带晶体管汽油泵、散热器容积大和可选装空调装置的汽车。客运公司在选购客车时,要充分考虑乘客的舒适性,选购空调客车,虽然投资增加,但日后可以得到回报。

(5)高寒地区。高寒地区低温条件对汽车各系统的工作状况也有很大影响。

在低温条件下,润滑油黏度增大,各相对运动的零件阻力增大;蓄电池电解能力降低,使蓄电池工作能力降低;燃料的蒸发性变差,使发动机起动困难,燃油消耗量增加;润滑系统工作不良还会使各相对运动的零件磨损加剧。另外,高寒气候会使道路被冰雪覆盖,对汽车的制动性能和防滑性能提出更高的要求。所以,在高寒地区选择车型时,应注意选用保暖性好、蓄电池容量大、带暖风装置、带辅助起动装置和预热装置的汽车,同时加装防滑链。

2.经济合理原则

合理的选型,就是为了使汽车有一个较长经济使用寿命,且在运行期内有最好的经济回报。上述目的的实现,既要考虑到车辆的购置费用低,又要考虑到车辆在日后使用过程中维持运转费用低,即寿命周期总费用最低。运输经营的利润的高低、投资回收周期的长短,都是需要考虑的因素。

国家报废标准规定的汽车使用年限只是为企业提取固定的资产折旧提供依据,运输企业由于其更新投资能力、从事运营的利润率高低和投资回收周期的不同,确定汽车的经济使用寿命也不会相同。如投资回收能力强、周期短,可选用大型高效的进口车辆,且适当缩短车辆的经济使用周期,做到大投入、多产出、高效益。如基建工程的大型自卸车、城市高速公路运营的大型豪华客车。在选型时都应遵循高标准、高效率和高利润原则,使车辆的经济寿命周期与产品更新换代同步。而对于更新投资能力差、投资回收时间长的企业,在汽车选型时应考虑选用性能适中、有较好的可维护性的车辆,并适当通过精心使用和维护,延长汽车的经济使用寿命。

3.维修方便性原则

1)使用、管理和维修的水平

汽车使用、管理和维修能力的强弱,对所选车型的性能有重大影响。一辆性能再好的汽车,随行驶里程增加,技术状况也会逐渐变坏。为了延长汽车的使用寿命,并使之经常处于良好技术状况,就要合理地使用、正确地维修。汽车本身性能好、有适宜的运行条件,汽车的维修工作量就会小一些,维修费用就少一些,反之就会多一些。而此目标的实现,依赖于高水平的使用、管理和维修技术,先进的维修设备和充足零配件供应。

现代汽车的发展,对汽车使用、管理、维修人员的技术与管理水平的要求越来越高,特别是对高级轿车和结构复杂的特种专用车辆的使用与维修水平要求更高。在我国,汽车的维护与修理制度强调检测诊断设备使用的重要性。虽然在汽车实际使用中汽车维护与修理手段和水平千差万别,但是,采用的检测诊断和修理设备不同、维修人员水平的高低,对于汽车维护与修理质量的影响非常大,尤其对于那些高级轿车和一些特种专用车辆影响就更大。

所以,在选购车辆时,除考虑满足性能和使用要求外,还应结合本企业的使用、管理水平,本企业和本地区配套的维护与修理企业的设备和技术水平,参考确定所选车型。车辆技术水平越先进,设备越复杂,需维护和修理设备的人员水平越高,特别是一些进口高级轿车,需专门的检测诊断设备才能进行维护与修理,维修的方便性较差,所以购车应和本企业和地区的维修水平相适应。

2)配件的供应

在用汽车完好率和配件的供应情况,同样对选型至关重要。在用汽车的完好率高低,除了与本车品质和使用水平等有关外,还与配件供应和配件品质有直接关系。国产汽车配件供应充足,配件品质容易识别,价格也较合理。一些进口汽车,由于批量少,进货渠道多种多样,配件供应不够充足,品质和价格的差异也很大,所以购车时应注意选择配件供应充足的车型。对于进口汽车,还应注意车辆的进货渠道和售后服务。

4. 技术先进原则

技术先进原则是指车辆在当前和今后一个时期内,主要的使用性能指标和技术性能指标是先进的或比较先进的,能够体现出车辆优越的动力性及安全性、可靠性、乘坐舒适性、操作方便性和节能环保性等。

(二)消费者购买行为

消费者购买行为是指消费者为满足其个人或家庭生活而发生的购买商品的决策过程。消费者购买行为是复杂的,其购买行为的产生是受到其内在因素和外在因素的相互促进交互影响的。企业营销通过对消费者购买的研究,来掌握其购买行为的规律,从而制定有效的市场营销策略,实现企业营销目标。

1. 消费者购买的特征

企业要在市场竞争中能够适应市场、驾驭市场必须掌握消费者购买的基本特征。

1)消费市场广阔,购买者多而分散

购买涉及每一个人和每个家庭,购买者多而分散。为此,消费市场是一个人数众多、幅员广阔的市场,人人皆需。由于消费者所处地理位置各不相同,闲暇时间不一致,造成购买地点和购买时间的分散性。

2)购买量少,多次购买

消费者购买是以个人和家庭为购买和消费单位的,由于受到消费人数、需要量、购买力、储藏地点、商品保质期等诸多因素影响,消费者为了保证自身的消费需要,往往购买批量小、批次多,购买频繁。

3）购买的差异性、多元化

消费者购买因受年龄、性别、职业、收入、文化程度、民族、宗教等因素影响,其需求有很大的差异性,对商品的要求也各不相同,而且随着社会经济的发展,消费者的消费习惯、消费观念、消费心理不断发生变化,从而导致消费者购买差异性大、购买多元化。

4）大多属于非专家购买

绝大多数消费者缺乏相应的专业知识、价格知识和市场知识,尤其是对某些技术性较强、操作比较复杂的商品,显得知识缺乏。在多数情况下消费者购买时往往受感情的影响较大。因此,消费者很容易受广告宣传、商品包装、装潢及其他促销方式的影响,产生购买冲动。

5）购买的流动性大

在市场经济如此发达的今天,人口在地区间的流动性较大,因而导致消费购买的流动性大,消费者购买经常在不同产品、不同地区及不同企业之间流动。

6）购买的周期性

有的商品消费者需要常年购买、均衡消费,如牛奶、蔬菜等生活必需商品;有的商品消费者需要季节购买或节日购买,如一些服装、节日消费品;有的商品消费者需要等商品的使用价值基本消费完毕才重新购买,如家用电器。这就表现出消费者购买行为有一定的周期性可循。

7）购买的时代特征

消费者常常受到时代精神、社会风俗习俗导向,从而对消费产生一些新的需要。如 APEC 会议以后,唐装成为时代风尚,随之流行起来;又如社会对知识的重视,对人才需求量增加,从而使人们对书籍、文化用品的需要明显增加。这些显示出购买的时代特征。

2. 根据消费者的购买态度划分的购买类型

(1) 习惯型。指消费者由于对某种商品或某家商店信赖、偏爱而产生的经常、反复的购买。由于经常购买和使用,他们对这些商品十分熟悉,体验较深,再次购买时往往不再花费时间进行比较选择,注意力稳定集中。

(2) 理智型。指消费者在每次购买前对所购商品,要进行较为仔细研究比较。购买感情色彩较少,头脑冷静,行为慎重,主观性较强,不轻易相信广告、宣传、承诺、促销方式及售货员的介绍,主要靠商品质量、款式。

(3) 经济型。指消费者购买时特别重视价格,对于价格反应特别灵敏。购买时,无论是选择高档商品,还是中低档商品,首选的是价格,他们对"大甩卖""清仓""血本销售"等低价促销最感兴趣。一般来说,这类消费者与自身经济状况有关。

(4) 冲动型。指消费者容易受商品的外观、包装、商标或其他促销刺激而产生的购买行为。购买一般都是以直观感觉为主,从个人的兴趣或情绪出发,喜欢新奇、新颖、时尚产品,购买时不愿做反复的选择比较。

(5) 疑虑型。指消费者具有内倾性心理特征,购买时小心谨慎和疑虑重重。购买一般缓慢、费时多。常常是"三思而后行",常常会犹豫不决而中断购买,购买后还会疑心是否上当受骗。

(6) 情感型。这类消费者购买多属情感反应,往往以丰富的联想力衡量商品的意义,购买时注意力容易转移,兴趣容易变换,对商品外表、造型、颜色和命名都较重视,以是否符合自己的想象作为购买的主要依据。

(7)不定型。这类消费者购买多属尝试性,其心理尺度尚未稳定,购买时没有固定的偏爱,在上述六种类型之间游移,这种类型的购买者多数是独立生活不久的青年人。

3. 影响消费者购买行为的因素

影响消费者购买行为的内在因素很多,主要有消费者的个体因素与心理因素。购买者年龄、性别、经济收入、教育程度等因素会在很大程度上影响着消费者的购买行为。

消费者心理是消费者在满足需要活动中的思想意识,它支配着消费者的购买行为。影响消费者购买的心理因素有动机、感受、态度、学习。

1)动机

(1)需要引起动机。需要是人们对于某种事物要求或欲望。就消费者而言,需要表现为获取各种物质需要和精神需要。马斯洛"需要五层次"理论,即生理需要、安全需要、社会需要、尊重需要和自我实现的需要。需要产生动机,消费者购买动机是消费者内在需要与外界刺激相结合使主体产生一种动力而形成的。

(2)心理性购买动机。心理性购买动机是指人们由于心理需要而产生的购买动机。根据对人们心理活动的认识,以及对情感、意志等心理活动过程的研究,发现人们的购买动机不同,购买行为必然是多样的、多变的。要求企业营销深入细致地分析消费者的各种需求和动机,针对不同的需求层次和购买动机设计不同的产品和服务,制定有效的营销策略,获得营销成功。

2)感受

消费者购买如何行动,还要看他对外界刺激物或情境的反映,这就是感受对消费者购买行为的影响。感受是人们的感觉和知觉。

3)态度

态度通常指个人对事物所持有的喜欢与否的评价、情感上的感受和行动倾向。作为消费者态度对消费者的购买行为有着很大的影响。企业营销人员应该注重对消费者态度的研究。

4)学习

学习是指由于经验引起的个人行为的改变。即消费者在购买和使用商品的实践中,逐步获得和积累经验,并根据经验调整自己购买行为过程。学习是通过驱策力、刺激物、提示物、反应和强化的相互影响、相互作用而进行的。

5)相关群体

相关群体是指那些影响人们的看法、意见、兴趣和观念的个人或集体。研究消费者行为可以把相关群体分为两类:参与群体与非所属群体。

6)社会阶层

社会阶层是指一个社会按照其社会准则将其成员划分为相对稳定的不同层次。不同社会阶层的人,他们的经济状况、价值观念、兴趣爱好、生活方式、消费特点、闲暇活动、接受大众传播媒体等各不相同。这些都会直接影响他们对商品、品牌、商店的看法,以及购买习惯和购买方式。

7)家庭状况

一家一户组成了购买单位,企业营销中应关注家庭对购买行为的重要影响。研究家庭中不同购买角色的作用,可以利用有效营销策略,使企业的促销措施引起购买发起者的注意,诱发主要购买者兴趣,使决策者了解商品,解除顾虑,建立购买信心,使购买者购置方便。研究家庭生命周期对消费购买的影响,企业营销可以根据不同的家庭生命周期阶段实际需要,开发产品和提供服务。

8) 社会文化状况

每个消费者都是社会的一员,其购买行为必然受到社会文化因素的影响,文化因素有时对消费者购买行为起着决定性的作用。企业营销必须予以充分的关注。

4. 消费者购买决策过程

消费者购买是较复杂决策过程,其购买决策过程一般可分为以下五个阶段,并制定相应的营销策略。

1) 确认需要

当消费者意识到对某种商品有需要时,购买过程就开始了。消费者需要可以由内在因素引起,也可以是由外在因素引起。此阶段企业必须通过市场调研,认定促使消费者认识到需要的具体因素。

2) 寻求信息

在多数情况下,消费者还要考虑买什么品牌商品,花多少钱,到哪里去买等问题,需要寻求信息,了解商品信息。寻求的信息一般有:产品品质、功能、价格、牌号、已经购买者的评价等。

3) 比较评价

消费者进行比较评价的目的是能够识别哪一种品牌、类型的商品最适合自己的需要。消费者对商品比较评价,是根据搜集的资料,对商品属性做出的价值判断。消费者对商品属性的评价因人、因时、因地而异,有的评价注重价格,有的注重质量,有的注重品牌或式样等。企业营销首先要注意了解并努力提高本企业产品的知名度,使其列入消费者比较评价范围之内,才可能被选为购买目标。同时,还要调查研究人们比较评价某类商品时所考虑的主要方面,并突出进行这些方面宣传,对消费者购买选择产生最大影响。

4) 决定购买

消费者通过对可供选择的商品进行评价,并做出选择后,就形成购买意图。在正常情况下,消费者通常会购买他们最喜欢的品牌。但有时也会受其他因素的影响而改变购买决定。

5) 购后评价

消费者购买商品后,购买的决策过程还在继续,他要评价已购买商品。企业营销须给予充分的重视,因为它关系到产品今后的市场和企业的信誉。

学习任务 2　新车上路手续办理

工作情境描述

张先生为某高校教师,年龄30岁,月收入6000余元。张先生到某丰田4S店购买了一辆卡罗拉轿车。轿车主要是家庭自用。张先生希望能经常搭载亲友及同事自驾出游。由于没有车库,车辆只能停放在小区内,且小区为开放式小区。新车购置价13万元,有电子防盗,无新增设备。请协助客户办理汽车上牌手续,选择汽车投保方案,并代办保险业务。

学习目标

通过本任务学习,应能:

1. 熟练办理汽车上牌手续;
2. 根据客户的实际情况,选择恰当的投保方案,并办理车辆保险的相关手续。

学习时间

6学时。

学习引导

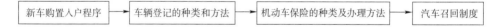

新车购置入户程序 → 车辆登记的种类和方法 → 机动车保险的种类及办理方法 → 汽车召回制度

一、知识准备

(一)新车购置入户程序

根据《中华人民共和国道路交通安全法》第八条的规定,国家对机动车实行登记制度。机动车经公安机关交通管理部门登记后,方可上道路行驶。尚未登记的机动车,需要临时上道路行驶的,应当取得临时通行牌证。驾驶机动车上道路行驶,应当悬挂机动车号牌,放置检验合格标志、保险标志,并随车携带机动车行驶证。

1. 机动车注册登记必须具备的手续

申请注册登记时,机动车所有人应当填写申请表,校验机动车,并提交以下证明、凭证。

(1)机动车所有人的身份证明。

(2)购车发票等机动车来历证明。

(3)机动车整车出厂合格证明或者进口机动车进口凭证。

(4)车辆购置税的完税证明或者免税凭证。

(5)机动车第三者责任强制保险凭证。

(6)法律、行政法规规定应当在机动车注册登记时提交的其他证明、凭证。

不属于经海关进口的机动车和国务院机动车产品主管部门规定免予安全技术检验的机动车,还应当提交机动车安全技术检验合格证明。

2. 新车上牌具体操作方法

新车上牌手续的一般流程如图2-1所示,上牌的地点一般在地市级或县区级车管所。目前,一些汽车交易市场、4S店为了促销,推出了"一条龙"服务,相关的手续都可以由其代办。

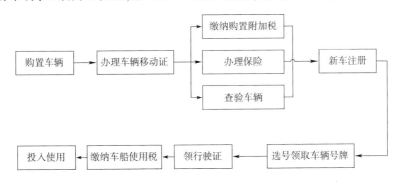

图2-1 汽车上牌手续的流程

1)购置车辆

客户在选好车型并缴纳购车款后,汽车经销商会为"准车主"提供厂家的质量合格证并开具购车发票。购车发票(参见图2-2),共分为六联,第一联发票联(购货单位付款凭证),印为棕色;第二联抵扣联(购货单位扣税凭证),印为绿色;第三联报税联(车购税征收单位留存),印为紫色;第四联注册登记联(车辆登记单位留存),印为蓝色;第五联记账联(销货单位记账凭证),印为红色;第六联存根联(销货单位留存),印为黑色。在开具购车发票时,需要提供购车人的姓名和身份证号码,客户务必要认真核对,确保信息准确无误。

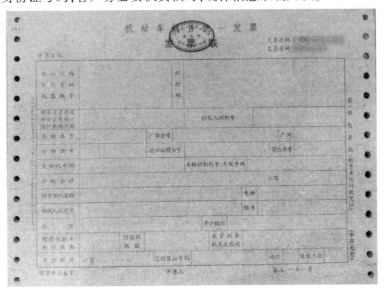

图2-2 机动车销售统一发票

2) 缴纳车辆购置税

车辆购置税是对在我国境内购置规定车辆的单位和个人征收的一种税。现行车辆购置税法的基本规范,是从 2001 年 1 月 1 日起实施的《中华人民共和国车辆购置税暂行条例》。车辆购置税的纳税人为购置(包括购买、进口、自产、受赠、获奖或以其他方式取得并自用)应税车辆的单位和个人,征税范围为汽车、摩托车、电车、挂车、农用运输车。车辆购置税的税率为 10%,车辆购置税税率的调整,由国务院决定并公布。应纳税额的计算公式为:应纳税额 = 计税价格 × 税率。

纳税人购买自用应税车辆的计税价格,为纳税人购买应税车辆而支付给销售者的全部价款和价外费用,不包括增值税税款,也就是按《机动车销售统一发票》上开具的价费合计金额除以 $(1 + 17\%)$ 作为计税依据,乘以税率即为应缴纳的税款。车辆购置税完税证明如图 2-3 所示。

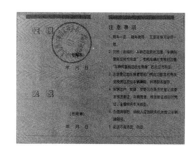

图 2-3 车辆购置税完税证明

《中华人民共和国车辆购置税暂行条例》还规定了一些免征车辆购置税的情形。

(1)外国驻华使馆、领事馆和国际组织驻华机构及其外交人员自用的车辆。

(2)中国人民解放军和中国人民武装警察部队列入军队武器装备订货计划的车辆。

(3)设有固定装置的非运输车辆,如挖掘机、平地机、叉车、装载车(铲车)、起重机(吊车)、推土机等工程机械。

(4)国务院规定予以免税或者减税的其他情形的。

车辆购置税征收范围见表 2-1。

车辆购置税征收范围 表 2-1

应税车辆		具 体 范 围
汽车		各类汽车
摩托车	轻便摩托车	最高设计时速不大于 50km/h,发动机汽缸总排量不大于 50cm^3 两个或者三个车轮的机动车
	二轮摩托车	最高设计时速大于 50km/h,或者发动机汽缸总排量大于 50cm^3 两个车轮的机动车
	三轮摩托车	最高设计时速大于 50km/h,或者发动机汽缸总排量大于 50cm^3,空车质量不大于 400kg 的三个车轮的机动车
电车	无轨电车	以电能为动力,由专门输电电缆线供电的轮式公共车辆
	有轨电车	以电能为动力,在轨道上行驶的公共车辆

续上表

应税车辆		具体范围
汽车		各类汽车
挂车	全挂车	无动力设备,独立承载,由牵引车辆牵引行驶的车辆
	半挂车	无动力设备,与牵引车辆共同承载,由牵引车辆牵引行驶的车辆
农用运输车	三轮农用运输车	柴油发动机,功率不大于7.4kW,载质量不大于500kg,最高车速不大于40km/h的三个车轮的机动车
	四轮农用运输车	柴油发动机,功率不大于28kW,载质量不大于500kg,最高车速不大于50km/h的四个车轮的机动车

缴纳车辆购置税时,首先要在车辆购置税征稽所免费领取一张《车辆购置税纳税申报表》,只需在表格左下方的"申请人签名处"填上与机动车销售统一发票上的购货单位(人)一栏一致的名字即可,其他不用填写。填好后随机动车销售统一发票报税联原件、机动车销售统一发票发票联复印件、机动车合格证复印件、车主身份证复印件一起交给办理人员。待办理人员算出具体税额后,即可缴纳购置税。

3)办理机动车保险

自2006年7月1日起,在中华人民共和国境内道路上行驶的机动车的所有人或者管理人,应当依照《中华人民共和国道路交通安全法》的规定投保机动车交通事故责任强制保险(以下简称交强险)。现行的交强险标志式样如图2-4、图2-5所示。

图2-4 内置型交强险保险标志

图2-5 便携型交强险保险标志

中国银行保险监督管理委员会关于发布《保险电子签名技术应用规范(JRT 0161—2018)》行业标准的通知,电子保单是指保险公司借助遵循PKI体系的数字签名软件和企业数字证书为客户签发的具有保险公司电子签名的电子化保单。

车险电子保单包括商业车险电子保单、交强险电子保单、电子交强险标志。车险电子保单分为Web页面方式和格式化文件(PDF)两种。保单由保单的投保资料、保单号码、保险单生效日期、保险金额、保单条款组成。车险消费者投保成功后无需前往保险公司或中介机构领取保险单证,节约了出行时间和成本;进行批改、退保或理赔时,无需提供纸质保险单证,简化了服务流程。

电子保单与纸质保单具有同等法律效力,车主通过网上车险平台为车险投保时,一定要仔细谨慎,千万不可粗枝大叶。选择安全可靠、保障性强的保险公司,且在投保后务必要进行机动车保险单真伪查询,确保其真实性。

如果车辆出险,市民只需要向客服提供车辆或被保险人的关键信息进行报案即可,无需提供保险单号。

4)缴纳车船使用税

车船税是指对在我国境内应依法到公安、交通、农业、渔业、军事等管理部门办理登记的车辆、船舶,根据其种类,按照规定的计税依据和年税额标准计算征收的一种财产税。从2007年7月1日开始,有车族需要在投保交强险时缴纳车船税。

《中华人民共和国车船税法(草案)》已于2012年1月1日起施行。根据规定,车辆的适用税额由省、自治区、直辖市人民政府按照国务院的规定,在《中华人民共和国车船税法》所附《车船税税目税额表》规定的税额幅度内确定。《车船税税目税额表》见表2-2。

车船税税目税额表 表2-2

税 目		计税单位	年基准税额(元)	备 注
乘用车[按发动机汽缸容量(排气量)分档]	≤1.0L	每辆	60~360	核定载客人数9人(含)以下
	1.0~1.6L(含)		360~660	
	1.6~2.0L(含)		660~960	
	2.0~2.5L(含)		960~1620	
	2.5~3.0L(含)		1620~2640	
	3.0~4.0L(含)		2640~3600	
	>4.0L		3600~5400	
商用车	客车	每辆	480~1440	核定载客人数9人以上,包括电车
	货车	整备质量每吨	16~120	(1)包括半挂牵引车、挂车、客货两用汽车、三轮汽车和低速载货汽车等; (2)挂车按照货车税额的50%计算
其他车辆	专用作业车	整备质量每吨	16~120	不包括拖拉机
	轮式专用机械车	整备质量每吨	16~120	
摩托车		每辆	36~180	
船舶	机动船舶	净吨位每吨	3~6	拖船、非机动驳船分别按照机动船舶税额的50%计算;游艇的税额另行规定

5）办理车辆临时通行牌证

客户在提车前需办理车辆移动证或临时号牌（图2-6），否则不能驾驶车辆上道路行驶。若在本市购车，需持机动车所有人身份证原件和复印件、整车出厂合格证明或者进口机动车进口凭证复印件、机动车交通事故责任强制保险单复印件、机动车来历证明复印件，到所在地车管所办理移动证，并按移动证上规定的时间和路线行驶。如需跨地区、市行驶的，需持机动车所有人身份证原件和复印件、整车出厂合格证明或者进口机动车进口凭证复印件、机动车交通事故责任强制保险单复印件、机动车来历证明复印件到出发地车管所申请办理临时牌照，并按指定路线在规定的有效时间内驶回车主所在地。

a)　　　　　　　　　　b)

图2-6　临时号牌
a) 正面；b) 反面

6）查验车辆

为加强和规范《道路机动车辆生产企业及产品公告》（以下简称《公告》）管理，严格机动车登记工作，2008年11月，工业和信息化部与公安部联合发布了《关于进一步加强道路机动车辆生产企业及产品公告管理和注册登记工作的通知》（工信部联产业〔2008〕319号）。

根据规定，各地公安机关交通管理部门要按照《机动车运行安全技术条件》（GB 7258—2017）、《汽车、挂车及汽车列车外廓尺寸、轴荷及质量限值》（GB 1589—2016）、《机动车登记规定》（公安部令第124号）及《机动车查验工作规程》（GA 801—2014）等规定查验车辆，审核机动车所有人提交的有关资料，办理机动车注册登记。审核机动车所有人提交的有关资料，应包括核查和比对《公告》信息、随车配发的机动车整车出厂合格证、机动车外部彩色相片和车辆识别代号拓印膜。

对符合要求的，要收存相关资料，按规定办理机动车注册登记。对未按规定列入《公告》或超过《公告》有效期出厂，或车辆技术参数不符合有关国家标准，或车辆技术参数和相片与《公告》不一致，或车辆识别代号拓印膜和实际车辆不一致的产品，不予办理注册登记。对违规产品取证后按照《机动车查验工作规程》（GA 801—2014）记录具体信息，并录入机动车登记信息系统。

自2010年10月1日起，所有轿车产品以及经工业和信息化部批准、具备生产一致性保证能力的企业生产的其他乘用车、两轮摩托车等车辆产品，在办理机动车注册登记前，不再要求进行机动车安全技术检验。但出厂后两年内未申请注册登记，或者注册登记前发生交通事故的，仍应当进行安全技术检验。

发动机号和车架号是机动车生产商在车辆发动机和车架上打印的号码，以丰田卡罗拉轿车为例，车辆的发动机号、车辆识别代号如图2-7、图2-8所示。

图 2-7　发动机号

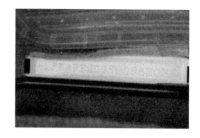
图 2-8　车辆识别代号

车辆识别代号(VIN)是 Vehicle Identification Number 的简称,是为了识别车辆而指定的一组字码组成的代号,代号由制造厂按照一定的规则,依据本厂的实际而制定,是车辆的身份证。国家标准《道路车辆—识别代号(VIN)》与《道路车辆—世界制造厂识别代号》(WMI)标准配套使用,在全国范围内规范车辆的生产,为管理提供依据。车辆识别代号由一组字母和阿拉伯数字组成,共 17 位,又称 17 位编码。

车辆识别代号(VIN)由三部分组成:世界制造厂识别代号(WMI)、车辆说明(VDS)、车辆指示(VIS)。如图 2-8 所示,车辆识别代号(VIN)为 LFM APE2C990098203。

WMI 为 1~3 位,主要识别车辆制造厂信息。其中,第一位是表明地理区域的字母或数字,如:L 代表中国,J 代表日本,K 代表韩国,T 代表瑞士,3 代表墨西哥,V 代表法国,4 代表美国,R 代表中国台湾,W 代表德国,6 代表澳大利亚,Y 代表瑞典,9 代表巴西,Z 代表意大利等。第二位是表明一个特定地区内的国家的字母或数字;第三位是表明特定制造厂的字母或数字。对完整车辆和/或非完整车辆年产量≥500 辆的车辆制造厂,WMI 码由上述三位字码组成(图 2-9)。对于年产量<500 辆的制造厂,WMI 码的第三位字码为数字 9,此时 VIS 码的第三位、第四位、第五位字码将与 WMI 的三位字码一起作为世界制造厂识别代号(图 2-10)。

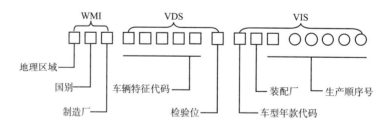

图 2-9　完整车辆和/或非完整车辆年产量≥500 辆的车辆制造厂车辆识别代号

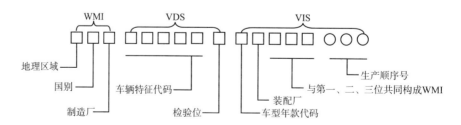

图 2-10　完整车辆和/或非完整车辆年产量<500 辆的车辆制造厂车辆识别代号

国产汽车生产厂商使用 VIN 码前三位表示汽车制造商名称,如图 2-8 所示,该车 VIN 码前三位 LFM 代表天津一汽丰田汽车有限公司。部分国产汽车制造商代码见表 2-3。

部分国产汽车制造商代码 表 2-3

代码	汽车制造商	代码	汽车制造商
LFM、LTV	天津一汽丰田汽车有限公司	LSJ	上海汽车股份有限公司
LVG	广州丰田汽车有限公司	LJU	上海华普汽车有限公司
LSG	上海通用汽车有限公司	LZW	上汽通用五菱汽车股份有限公司
LFV	一汽—大众汽车有限公司	LSV	上海大众汽车有限公司
LFP、LTJ	天津一汽夏利汽车股份有限公司	LS5	重庆长安汽车股份有限公司
LH1	一汽海马汽车有限公司	LBV	华晨宝马汽车有限公司
LBE	北京现代汽车有限公司	LVS	长安福特马自达汽车有限公司
LGX	比亚迪汽车有限公司	LDN、LTN	东南(福建)汽车工业有限公司
LVH	东风本田汽车有限公司	LJ1	安徽江淮汽车集团有限公司
LHG	广州本田汽车有限公司	LKH	哈飞汽车股份有限公司
LGD	东风汽车股份有限公司	LTA	河北中兴汽车制造有限公司
LJD	东风悦达起亚汽车有限公司	LJX	江铃汽车股份有限公司
LDC	神龙汽车有限公司	LSY	沈阳华晨金杯汽车有限公司
LVV	奇瑞汽车有限公司	L6T	浙江吉利汽车有限公司
LE4	北京奔驰—戴姆勒·克莱斯勒汽车有限公司	LVF	江西昌河铃木汽车有限责任公司

部分进口车厂商使用 VIN 码前 3 位组合代码表示特定的品牌,如 TRU/WAU 代表奥迪(Audi)、1YV/JM1 代表马自达(Mazda)、4US/WBA/WBS 代表宝马(BMW)、WDB 代表梅赛德斯奔驰(Mercedes Benz)、2HM/KMH 代表现代(Hyundai)、VF3 代表标致(Peugeot)、SAJ 代表捷豹(Jaguar)、WP0 代表保时捷(Porsche)、SAL 代表路虎(Land Rover)、YK1/YS3 代表萨博(Saab)、YV1 代表沃尔沃(Volvo)。

VDS 由六位字码组成,主要是识别车辆的一般特性,其代号顺序由制造厂决定。如果制造厂不用其中的一位或几位字码,应在该位置填入制造厂选定的字母或数字占位。

VIS 由八位字码组成。其中,第一位字码指示车型年份,年份代码 30 年循环一次(表 2-4)。如图 2-9 所示,VIN 码 VIS 码第一位为 9,即表明该车为 2009 年生产;第二位字码可以用来指示装配厂,若无装配厂,制造厂可规定其他内容;如果制造厂生产的某种类型的车辆产量≥500 辆,第三位至第八位字码表示生产顺序号;如果年产量<500 辆,则第三、第四、第五位字码应与 WMI 的三位字码一起来表示一个车辆制造厂,最后三位表示生产顺序号(图 2-10)。

标识年份的字码　　　　　　　　　　　表2-4

年份	代码	年份	代码	年份	代码	年份	代码
1971	1	1981	B	1991	M	2001	1
1972	2	1982	C	1992	N	2002	2
1973	3	1983	D	1993	P	2003	3
1974	4	1984	E	1994	R	2004	4
1975	5	1985	F	1995	S	2005	5
1976	6	1986	G	1996	T	2006	6
1977	7	1987	H	1997	V	2007	7
1978	8	1988	J	1998	W	2008	8
1979	9	1989	K	1999	X	2009	9
1980	A	1990	L	2000	Y	2010	A

车辆识别代号应标示于车辆的指定位置,可直接打刻在车架上(图2-8),对于无车架车身而言,可以直接打刻在不易拆除或更换的车辆结构件上。车辆识别代号应尽量标示在车辆右侧的前半部分、易于看到且能防止磨损或替换的车辆结构件上(玻璃除外),如受结构限制,也可放在便于接近和观察的其他位置。车辆识别代号还应标示在产品铭牌上(图2-11,两轮摩托车和轻便摩托车可除外)。M1、N1类车辆的车辆识别代号还应永久地标示在仪表板上靠近风窗立柱的位置(图2-12)。车辆制造厂至少应在一种随车文件中标示车辆识别代号。

图2-11　产品铭牌　　　　　　　　图2-12　车辆识别代号的标示

7) 注册登记

车主应携带车辆购置税完税证明副联、机动车销售统一发票注册登记联、身份证原件和复印件、交强险保单副本、随车配发的机动车整车出厂合格证、机动车外部彩色相片和车辆识别代号拓印膜到车管所投递资料,审批挂牌。到达车管所后,领取机动车注册登记申请表并签字,然后递交相关资料进行审核,办理机动车注册登记。

8) 申领机动车号牌和行驶证

(1) 申领机动车号牌。

根据《机动车登记规定》的规定,自2008年10月以后,全国实行机动车号牌个性化自主选择和先前选号牌规定同时并行的规则,推行机动车所有人自行编排机动车号码工作。自编号是指机动车所有人可以自主选择车牌号码的字母和数字的组合。车主在确定选取号牌的方式后,可登录网上车管所的"网上自主编排号牌号码系统"或到车管所、新车发牌点办公大厅,查询、选取自己喜好和满意的号牌号码。办号牌当天,机动车所有人带齐相关证件,到业务受理窗口告知工作人员自己选定的自选号牌。如果该号牌尚无人使用,即可办理相应手续。因为自选号牌随机性比较大,无法预先制作,只能在机动车所有人办理完登记手续后另行制作。

(2)领取行驶证。

机动车行驶证是由公安机关车辆管理机关依法对机动车进行注册登记核发的证件,是机动车取得合法行驶权的凭证,也是旧机动车过户、转籍必不可少的证件。机动车行驶证样式如图 2-13 所示。

```
          中华人民共和国机动车行驶证
      号牌号码_____车辆类型_____
      所有人_____
      住址_____
      品牌型号_____使用性质_____
      发动机号码_____
      发证机关章          车辆识别代号_____
      注册登记日期_____发证日期_____
```

```
          中华人民共和国机动车行驶证副页
      号牌号码_____车辆类型_____
      总质量_____整备质量_____
      核定载质量_____准牵引总质量_____
      核定载客_____驾驶室共乘_____
      货箱内              后轴钢板
      部尺寸              弹簧片数_____
      发动机号_____
      外廓尺寸_____
      检验记录_____
```

图 2-13 机动车行驶证式样

根据《中华人民共和国机动车行驶证证件》的规定,为了防止伪造行驶证,证芯材料采用专用纸张,嵌入了类似于人民币上使用的荧光纤维和开窗式彩色金属线,提高造假难度;采用防伪印刷,荧光套印证件专用章;行驶证副页上增加了唯一的序列号,用于区分有效证件,可杜绝多次补、换证和套用行驶证现象;改进塑封套的防伪技术,使用先进的、自主知识产权的双变色技术等。

(3)领取机动车登记证书。

机动车登记证书是机动车的"户口本",所有机动车的详细信息及机动车所有人的资料都记载在上面。机动车所有人申请办理机动车各项登记业务时均应出具机动车登记证书;当登记信息发生变动时,机动车所有人应当及时到车辆管理所办理相关手续;当机动车所有权转移时,原机动车所有人应当将机动车登记证书随车交给现机动车所有人。现在机动车登记证书还可作为有效资产证明,到银行办理抵押贷款。机动车登记证书的式样如图 2-14 所示。

机动车登记证书编号：××××××××

注册登记摘要信息栏

I	1.机动车所有人/身份证名称/号码			
	2.登记机关		3.登记日期	4.机动车登记编号

过户、转入登记摘要

II	机动车所有人/身份证名称/号码			
	登记机关		登记日期	机动车登记编号
III	机动车所有人/身份证名称/号码			
	登记机关		登记日期	机动车登记编号
IV	机动车所有人/身份证名称/号码			
	登记机关		登记日期	机动车登记编号
V	机动车所有人/身份证名称/号码			
	登记机关		登记日期	机动车登记编号
VI	机动车所有人/身份证名称/号码			
	登记机关		登记日期	机动车登记编号
VII	机动车所有人/身份证名称/号码			
	登记机关		登记日期	机动车登记编号

注册登记机动车信息栏

5.车辆类型		6.车辆品牌	
7.车辆型号		8.车身颜色	
9.车辆识别代号/车架号		10.国产/进口	
11.发动机号		12.发动机型号	
13.燃料种类		14.排量/功率	mL/ kW
15.制造厂名称		16.转向形式	
17.轮距	前 后 mm	18.轮胎数	
19.轮胎规格		20.钢板弹簧数	后轴 片
21.轴距	mm	22.轴数	33.发证机关章
23.外廓尺寸	长 宽 高 mm		
24.货箱内部尺寸	长 宽 高 mm		
25.总质量	kg	26.核定载质量	kg	34.发证日期
27.核定载客	人	28.准牵引总质量	kg
29.驾驶室载客	人	30.使用性质	
31.车辆获得方式		32.车辆出厂日期	

图2-14 机动车登记证书样式

(二)车辆登记的种类和方法

机动车登记共分为注册登记、变更登记、转移登记、抵押登记和注销登记五大类。

1. 注册登记

根据《机动车登记规定》可知，初次申领机动车号牌、行驶证的，机动车所有人应当向住所地的车辆管理所申请注册登记。申请注册登记的，机动车所有人应当填写申请表，交验机动车，并提交机动车所有人的身份证明、购车发票等机动车来历证明、机动车整车出厂合格证明或者进口机动车进口凭证、车辆购置税完税证明或者免税凭证、机动车交通事故责任强制保险凭证、车船税纳税或者免税证明及法律、行政法规规定应当在机动车注册登记时提交的其他证明、凭证。不属于经海关进口的机动车和国务院机动车产品主管部门规定免予安全技术检验的机动车，还应当提交机动车安全技术检验合格证明。车辆管理所应当自受理申请之日起2日内，确认机动车，核对车辆识别代号拓印膜，审查提交的证明、凭证，核发机动车登记证书、号牌、行驶证和检验合格标志。

2. 变更登记

根据《机动车登记规定》，已注册登记的机动车有下列情形之一的，机动车所有人应当向登记地车辆管理所申请变更登记。

(1) 改变车身颜色的。

(2) 更换发动机的。

(3) 更换车身或者车架的。

(4) 因质量问题更换整车的。

(5) 营运机动车改为非营运机动车或者非营运机动车改为营运机动车等使用性质改变的。

(6) 机动车所有人的住所迁出或者迁入车辆管理所管辖区域的。

申请变更登记的，机动车所有人应当填写申请表，交验机动车，并提交以下证明、凭证。

(1) 机动车所有人的身份证明。

(2) 机动车登记证书。

(3) 机动车行驶证。

(4) 属于更换发动机、车身或者车架的，还应当提交机动车安全技术检验合格证明。

(5) 属于因质量问题更换整车的，还应当提交机动车安全技术检验合格证明，但经海关进口的机动车和国务院机动车产品主管部门认定免予安全技术检验的机动车除外。

车辆管理所应当自受理之日起1日内，确认机动车，审查提交的证明、凭证，在机动车登记证书上签注变更事项，收回行驶证，重新核发行驶证。车辆管理所办理第(3)项、第(4)项和第(6)项规定的变更登记事项的，应当核对车辆识别代号拓印膜。

3. 转移登记

根据《机动车登记规定》，已注册登记的机动车所有权发生转移的，现机动车所有人应当自机动车交付之日起30日内向登记地车辆管理所申请转移登记。机动车所有人申请转移登记前，应当将涉及该车的道路交通安全违法行为和交通事故处理完毕。

申请转移登记时，现机动车所有人应当填写申请表，交验机动车，并提交现机动车所有人的身份证明、机动车所有权转移的证明、凭证、机动车登记证书、机动车行驶证，属于海关监管的机动车，还应当提交《中华人民共和国海关监管车辆解除监管证明书》或者海关批准的转让证明，属于超过检验有效期的机动车，还应当提交机动车安全技术检验合格证明和交通事故责任强制保险凭证。

4. 抵押登记

根据《机动车登记规定》，机动车所有人将机动车作为抵押物抵押的，应当向登记地车辆管理所申请抵押登记；抵押权消灭的，应当向登记地车辆管理所申请解除抵押登记。

申请抵押登记时，机动车所有人应当填写申请表，由机动车所有人和抵押权人共同申请，并提交下列证明、凭证。

(1)机动车所有人和抵押权人的身份证明。

(2)机动车登记证书。

(3)机动车所有人和抵押权人依法订立的主合同和抵押合同。

车辆管理所应当自受理之日起1日内，审查提交的证明、凭证，在机动车登记证书上签注抵押登记的内容和日期。

申请解除抵押登记的，机动车所有人应当填写申请表，由机动车所有人和抵押权人共同申请，并提交下列证明、凭证。

(1)机动车所有人和抵押权人的身份证明。

(2)机动车登记证书。

人民法院调解、裁定、判决解除抵押的，机动车所有人或者抵押权人应当填写申请表，提交机动车登记证书、人民法院出具的已经生效的《调解书》《裁定书》或者《判决书》，以及相应的《协助执行通知书》。

车辆管理所应当自受理之日起1日内，审查提交的证明、凭证，在机动车登记证书上签注解除抵押登记的内容和日期。

5. 注销登记

根据《机动车登记规定》，已达到国家强制报废标准的机动车，机动车所有人向机动车回收企业交售机动车时，应当填写申请表。报废的校车、大型客车、货车及其他营运车辆应当在车辆管理所的监督下解体。

机动车回收企业应当在机动车解体后7日内将申请表、机动车登记证书、号牌、行驶证和《报废机动车回收证明》副本提交车辆管理所，申请注销登记。车辆管理所应当自受理之日起1日内，审查提交的证明、凭证，收回机动车登记证书、号牌、行驶证，出具注销证明。

除上述规定的情形外，机动车有下列情形之一的，机动车所有人应当向登记地车辆管理所申请注销登记。

(1)机动车灭失的。

(2)机动车因故不在我国境内使用的。

(3)因质量问题退车的。

机动车所有人申请注销登记的，应当填写申请表，并提交以下证明、凭证：

(1)机动车登记证书。

(2)机动车行驶证。

(3)属于机动车灭失的，还应当提交机动车所有人的身份证明和机动车灭失证明。

(4)属于机动车因故不在我国境内使用的，还应当提交机动车所有人的身份证明和出境证明，其中属于海关监管的机动车，还应当提交海关出具的《中华人民共和国海关监管车辆进(出)境领(销)牌照通知书》。

(5)属于因质量问题退车的,还应当提交机动车所有人的身份证明和机动车制造厂或者经销商出具的退车证明。

车辆管理所应当自受理之日起1日内,审查提交的证明、凭证,收回机动车登记证书、号牌、行驶证,出具注销证明。

(三)机动车辆保险的种类及办理方法

1. 机动车辆保险的种类

机动车辆保险因保险性质的不同,一般分为交强险和机动车辆商业保险(以下简称商业险)两大部分。交强险是强制性保险,而其他的险种则是建立在保险人和被保险人自愿基础上的机动车辆商业保险。

自2015年6月1日起,各财产保险公司在黑龙江、山东、广西、重庆、陕西、青岛等6个试点地区全面启用新版商业车险条款费率。建立以行业示范条款为主、创新型条款为辅的条款形成机制;建立行业车险纯风险保费、无赔款优待NCD费率调整系数等费率基准,赋予并不断扩大保险公司定价自主权;建立偿付能力监管、产品监管、市场行为监管并重的商业车险监管体系。2016年1月第二批改革试点扩展到安徽等12个地区,2016年6月商业车险改革在全国范围内实施。

根据行业共同需求,中保协已开发完成车损险全面型示范条款、机动车出境综合商业保险示范条款、机动车第三者责任保险法定节假日限额翻倍示范条款等三个新的行业示范条款并公开发布,另有新能源车示范条款等正在进行研究开发。截至目前,共有12家保险公司申报了118项条款,主要涉及车联网、新能源汽车、三责险责任扩展等近30个领域,其中"机动车钥匙丢失或损失费用补偿保险"和"机动车油污责任险"等两个条款已获得保险行业协会批复。

下面以中国保险行业协会机动车综合商业保险示范条款,介绍商业汽车保险险种。保险合同中的被保险机动车是指在中华人民共和国境内(不含港、澳、台地区)行驶,以动力装置驱动或者牵引,上道路行驶的供人员乘用或者用于运送物品以及进行专项作业的轮式车辆(含挂车)、履带式车辆和其他运载工具,但不包括摩托车、拖拉机、特种车。

1)交强险

在中华人民共和国境内(不含港、澳、台地区),被保险人在使用被保险机动车过程中发生交通事故,致使受害人遭受人身伤亡或者财产损失,依法应当由被保险人承担的损害赔偿责任,保险人按照交强险合同的约定对每次事故在下列赔偿限额内负责赔偿:死亡伤残赔偿限额为110000元;医疗费用赔偿限额为10000元;财产损失赔偿限额为2000元;被保险人无责任时,无责任死亡伤残赔偿限额为11000元;无责任医疗费用赔偿限额为1000元;无责任财产损失赔偿限额为100元。

死亡伤残赔偿限额和无责任死亡伤残赔偿限额项下负责赔偿丧葬费、死亡补偿费、受害人亲属办理丧葬事宜支出的交通费用、残疾赔偿金、残疾辅助器具费、护理费、康复费、交通费、被扶养人生活费、住宿费、误工费,被保险人依照法院判决或者调解承担的精神损害抚慰金。

医疗费用赔偿限额和无责任医疗费用赔偿限额项下负责赔偿医药费、诊疗费、住院费、住院伙食补助费,必要的、合理的后续治疗费、整容费、营养费。

2)商业险

(1)车辆损失险。

保险期间内,被保险人或其允许的驾驶员在使用被保险机动车过程中,因下列原因造成被保险机动车的直接损失,且不属于免除保险人责任的范围,保险人依照本保险合同的约定负责赔偿:碰撞、倾覆、坠落;火灾、爆炸;外界物体坠落、倒塌;雷击、暴风、暴雨、洪水、龙卷风、冰雹、台风、热带风暴;地陷、崖崩、滑坡、泥石流、雪崩、冰陷、暴雪、冰凌、沙尘暴;受到被保险机动车所载货物、车上人员意外撞击;载运被保险机动车的渡船遭受自然灾害(只限于驾驶员随船的情形)。

发生保险事故时,被保险人为防止或者减少被保险机动车的损失所支付的必要的、合理的施救费用,由保险人承担,最高不超过保险金额的数额。

一般说来,对于进口车、国产轿车,或驾驶员技术、驾驶习惯不能对车辆安全提供较高保障的,应该投保此险种。

(2)第三者责任险。

保险期间内,被保险人或其允许的驾驶员在使用被保险机动车过程中发生意外事故,致使第三者遭受人身伤亡或财产直接损毁,依法应当由被保险人承担的损害赔偿责任,且不属于免除保险人责任的范围,保险人依照保险合同的约定,对于超过机动车交通事故责任强制保险各分项赔偿限额以上的部分负责赔偿。

由于交强险的责任限额不是特别高,若不幸遇到两车相撞等较为严重的交通事故,事故损失将超过交强险的限额。因此,车主可在投保交强险的基础上再选择投保不同档次责任限额的商业第三者责任险,以便享受更高的保险保障。

(3)车上人员责任险。

保险期间内,被保险人或其允许的驾驶员在使用被保险机动车过程中发生意外事故,且不属于免除保险人责任的范围,致使车上人员遭受人身伤亡,依法应当由被保险人承担的损害赔偿责任,保险人依照保险合同的约定负责赔偿。

如果保户车上一般乘坐的都是家人,而且家人都已经投保过人寿保险中的意外伤害保险和意外医疗保险,作为私人轿车,就没有必要投保车上人员责任险了。因为意外伤害和意外医疗保险所提供的保障范围基本涵盖了车上责任保险在这种情况下所能提供的保障。但是,如果车上经常乘坐朋友,而且经常变化,还是应该考虑投保车上人员责任险,用以满足意外交通事故发生时的医疗费用。

(4)全车盗抢险。

保险期间内,保险人依照保险合同的约定负责赔偿被保险机动车的下列损失和费用:被保险机动车被盗窃、抢劫、抢夺,经出险当地县级以上公安刑侦部门立案证明,满60天未查明下落的全车损失;被保险机动车全车被盗窃、抢劫、抢夺后,受到损坏或车上零部件、附属设备丢失需要修复的合理费用;被保险机动车在被抢劫、抢夺过程中,受到损坏需要修复的合理费用。

(5)不计免赔率险。

经特别约定,保险事故发生后,按照对应投保的险种规定的免赔率计算的、应当由被保险人自行承担的免赔金额部分,保险人负责赔偿。

不计免赔率险几乎是个必保的险种,特别是新手,尤其在碰到大的事故损失时,这个险种可以大大减少投保人的损失。但此险种并不是对任何保险事故都没有免赔,有的险种的免赔规定不能取消。

(6)车身划痕损失险。

投保了车辆损失险的机动车,可投保此附加险。保险人负责赔偿无明显碰撞痕迹的车身划痕损失。保险金额为2000元、5000元、10000元或20000元,由投保人和保险人在投保时协商确定。每次赔偿实行15%的绝对免赔率。在保险期间内,累计赔款金额达到保险金额,保险责任终止。

车身划痕损失险为他人恶意行为险,也是经常碰到的问题,对于新车以及高档车可以考虑投保。

(7)玻璃单独破碎险。

投保了车辆损失险的机动车,可投保此附加险。保险人负责赔偿被保险机动车风窗玻璃或车窗玻璃的单独破碎。投保人与保险人可协商选择按进口或国产玻璃投保,但不负责赔偿安装、维修机动车过程中造成的玻璃单独破碎。对于高档车辆使用进口玻璃的,有必要购买此险种。

(8)发动机涉水损失险。

本附加险仅适用于家庭自用汽车、党政机关、事业团体用车、企业非营业用车,且只有在投保了车辆损失险后,方可投保此附加险。保险期间内,被保险机动车在使用过程中,因被保险机动车在积水路面涉水行驶、被保险机动车在水中起动导致发动机进水而造成发动机的直接损毁,以及发生上述保险事故时被保险人或其允许的驾驶员对被保险机动车采取施救、保护措施所支出的合理费用,由保险人负责赔偿,每次赔偿均实行15%的绝对免赔率。

(9)车上货物责任险。

投保了机动车第三者责任险的机动车,可投保此附加险。保险期间内,发生意外事故致使被保险机动车所载货物遭受直接损毁,依法应由被保险人承担的损害赔偿责任,保险人负责赔偿。被保险人索赔时,应提供运单、起运地货物价格证明等相关单据。保险人在责任限额内按起运地价格计算赔偿。每次赔偿实行20%的绝对免赔率。

(10)新增加设备损失险。

投保了车辆损失险的机动车,可投保此附加险。保险期间内,投保了本附加险的被保险机动车因发生机动车损失保险责任范围内的事故,造成车上新增加设备的直接损毁,保险人在保险单载明的本附加险的保险金额内,按照实际损失计算赔偿。保险金额根据新增加设备的实际价值确定。新增加设备的实际价值是指新增加设备的购置价减去折旧金额后的金额。

有些人喜欢改装自己的爱车,那么车主就应该考虑购买这个险种了,特别应该重点考虑外部改装的设备(如:车上新增的天窗、防撞栏、倒车雷达等),都应该包括在这个险种内,而车内的东西相对比较安全(如新增的CD机等),可以考虑不保。

(11)自燃损失险。

投保了家庭自用汽车损失保险的机动车,可投保此附加险。保险人负责赔偿因被保险机动车电器、线路、供油系统、供气系统发生故障或所载货物自身原因起火燃烧造成本车的损失;发生保险事故时,被保险人为防止或者减少被保险机动车的损失所支付必要的、合理的施救费用。将自燃仅造成电器、线路、供油系统、供气系统的损失及所载货物自身的损失列为责任免除事项,每次赔偿实行20%的绝对免赔率。

自燃损失险的责任范围窄、费率高,投保的价值不大。在现实中,自燃事故的发生非常少,10万元以上的中、高档轿车自燃的更少。车辆自燃如果与设计或质量有关,可以找生产厂家索赔。所以,投保自燃险的必要性不大。特别是自燃险对新车意思不大。一般中低档车的电路并不复杂,车辆发生自燃情况,多数是车龄比较长,平时又不注意车辆维护的情况下发生的。如果确实想投保,保险金额确定在3万~5万元,比较合适。

(12)修理期间费用补偿险。

投保了车辆损失险的基础上方可投保此附加险,车辆损失险责任终止时,本保险责任同时终止。保险期间内,投保了本条款的机动车在使用过程中,发生机动车损失保险责任范围内的事故,造成车身损毁,致使被保险机动车停驶,保险人按保险合同约定,在保险金额内向被保险人补偿修理期间费用,作为代步车费用或弥补停驶损失。

本附加险保险金额 = 补偿天数 × 日补偿金额。补偿天数及日补偿金额由投保人与保险人协商确定并在保险合同中载明,保险期间内约定的补偿天数最高不超过90天。

全车损失,按保险单载明的保险金额计算赔偿;部分损失,在保险金额内按约定的日赔偿金额乘以从送修之日起至修复之日止的实际天数计算赔偿,实际天数超过双方约定修理天数的,以双方约定的修理天数为准。保险期间内,累计赔款金额达到保险单载明的保险金额,本附加险保险责任终止。

对于从事专业营运的大型客货车辆以及营运出租轿车,由于肇事后修车耽误营运,间接损失较大,是有必要投保的。

(13)附加机动车损失保险无法找到第三方特约险。

投保了车辆损失险后,可投保本附加险。对于被保险机动车损失应当由第三方负责赔偿,但因无法找到第三方而增加的由被保险人自行承担的免赔金额,保险人负责赔偿。

(14)附加指定修理厂险。

投保了车辆损失险的机动车,可投保本附加险。投保了本附加险后,机动车损失保险事故发生后,被保险人可指定修理厂进行修理。

(15)机动车第三者责任险附加法定节假日限额翻倍险。

投保了机动车第三者责任险的家庭自用汽车,方可投保本附加险。保险期间内,被保险人或其允许的驾驶员在法定节假日期间使用被保险机动车发生机动车第三者责任保险范围内的事故,并经公安部门或保险人查勘确认的,被保险机动车第三者责任险所适用的责任限额在保险单载明的基础上增加一倍。

法定节假日包括:中华人民共和国国务院规定的元旦、春节、清明节、劳动节、端午节、中秋节和国庆节放假调休日期,及星期六、星期日,具体以国务院公布的文件为准。法定节假日不包括:因国务院安排调休形成的工作日;国务院规定的一次性全国假日;地方性假日。

2. 机动车投保方案

机动车辆保险的选择,是机动车辆所有人或管理人基于自己的风险保障需要,利用已掌握的保险知识及信息资料,进行对比分析,选择最佳保险公司、投保险种及投保方式的行为过程。

根据目前我国各公司的保险条款及费率规章,在机动车保险的诸多险种中,交强险按规定所有车辆都必须投保,其他的险种则在很大程度上依赖于车主的经济情况,可根据自己的经济实力与实际需求有选择地进行投保。以下是特别推荐的5个机动车辆保险方案(表2-5~表2-9)。

学习任务2　新车上路手续办理

最低保障方案　　　　　　　　　　　　　　　　　　　　　　　　　　　　　表2-5

最低保障方案	险种组合	交强险
	保障范围	只对第三者的损失负赔偿责任
	适用对象	急于上牌照或通过年检的个人
	特点	适用于那些怀有侥幸心理,认为上保险没用的人或急于拿保险单去上牌照或验车的人
	优点	可以用来应付上牌照或验车
	缺点	一旦撞车或撞人,对方的损失能得到保险公司的一些赔偿,但是自己车的损失只有自己负担

基本保障方案　　　　　　　　　　　　　　　　　　　　　　　　　　　　　表2-6

基本保障方案	险种组合	交强险+车辆损失险+第三者责任险
	保障范围	只投保基本险,不含任何附加险
	适用对象	适用部分认为事故后修车费用很高的车主,他们认为意外事故发生率比较高,为自己的车和第三者的人身伤亡和财产损毁寻求保障,此组合为很多车主青睐
	特点	有一定经济压力的个人或单位
	优点	必要性最高
	缺点	不是最佳组合,最好加入不计免赔率险

经济保险方案　　　　　　　　　　　　　　　　　　　　　　　　　　　　　表2-7

经济保险方案	险种组合	交强险+车辆损失险+第三者责任险+不计免赔率险+全车盗抢险
	适用对象	个人,是精打细算的最佳选择
	特点	投保最必要、最有价值的险种
	优点	投保最有价值的险种,保险性价比最高;人们最关心的丢失和100%赔付等大风险都有保障,保费不高但包含了比较实用的不计免赔率险。当然,这仍不是最完善的保险方案

最佳保障方案　　　　　　　　　　　　　　　　　　　　　　　　　　　　　表2-8

最佳保障方案	险种组合	交强险+车辆损失险+第三者责任险+车上人员责任险+玻璃单独破碎险+不计免赔险+全车盗抢险
	适用对象	一般公司或个人
	特点	在经济投保方案的基础上,加入了车上人员责任险+玻璃单独破碎险,使乘客及车辆易损部分得到安全保障
	优点	投保价值大的险种,不花冤枉钱,物有所值

完全保障方案　　　　　　　　　　　　　　　　　　　　　　　　　　　　　表2-9

完全保障方案	险种组合	交强险+车辆损失险+第三者责任险+车上人员责任险+玻璃单独破碎险+不计免赔险+新增加设备损失险+自燃损失险+全车盗抢险
	适用对象	机关、事业单位、大公司
	特点	保全险,居安思危方才有备无患。能保的险种全部投保,从容上路,不必担心交通所带来的种种风险
	优点	几乎与汽车有关的全部事故损失都能得到赔偿。投保的人员不必为少保某一个险种而得不到赔偿,承担投保决策失误的损失
	缺点	保全险保费较高,某些险种出险的概率非常小

3. 机动车投保流程

投保人选择确定了保险公司、保险产品及投保方式后就可以进行投保了。机动车辆的投保，就是投保人购买机动车辆保险产品，办理保险手续，与保险人正式签订机动车辆保险合同的过程。投保人办理机动车辆保险的基本流程，如图2-15所示。

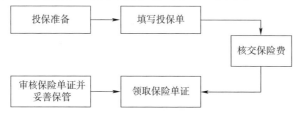

图2-15 机动车辆保险投保的基本流程

4. 注意事项

1）投保注意事项

（1）投保时履行如实告知义务。

根据《中华人民共和国保险法》（以下简称《保险法》）第16条的规定，订立保险合同，保险人就保险标的或者被保险人的有关情况提出询问的，投保人应当如实告知。投保人故意或者因重大过失未履行前款规定的如实告知义务，足以影响保险人决定是否同意承保或者提高保险费率的，保险人有权解除合同。合同解除权，自保险人知道有解除事由之日起，超过30日不行使而消灭。自合同成立之日起超过2年的，保险人不得解除合同；发生保险事故的，保险人应当承担赔偿或者给付保险金的责任。投保人故意不履行如实告知义务的，保险人对于合同解除前发生的保险事故，不承担赔偿或者给付保险金的责任，并不退还保险费。投保人因重大过失未履行如实告知义务，对保险事故的发生有严重影响的，保险人对于合同解除前发生的保险事故，不承担赔偿或者给付保险金的责任，但应当退还保险费。保险人在合同订立时已经知道投保人未如实告知的情况的，保险人不得解除合同；发生保险事故的，保险人应当承担赔偿或者给付保险金的责任。

（2）履行交纳保险费的义务。

根据《保险法》第14条的规定，保险合同成立后，投保人按照约定交付保险费，保险人按照约定的时间开始承担保险责任。此外，各保险公司的机动车辆保险条款中也有相关规定，如中国人民保险公司的各机动车辆保险条款中均规定：除另有约定外，投保人应当在保险合同成立时一次交付保险费。保险费交付前发生的保险事故，保险人不承担赔偿责任。因此，投保人在保险合同成立后，应按照约定及时交付保险费并向保险公司索取发票，以保障自己的权益。

（3）不要进行重复投保。

根据《保险法》第56条的规定，重复保险是指投保人对同一保险标的、同一保险利益、同一保险事故分别与两个以上保险人订立保险合同，且保险金额总和超过保险价值的保险。重复保险的投保人应当将重复保险的有关情况通知各保险人。重复保险的各保险人赔偿保险金的总和不得超过保险价值。除合同另有约定外，各保险人按照其保险金额与保险金额总和的比例承担赔偿保险金的责任。重复保险的投保人可以就保险金额总和超过保险价值的部分，请求各保险人按比例返还保险费。因此，被保险人不会因重复保险而获得大于实际损失的赔偿,并会有可能因此多付保险费。

(4)不要超额投保。

根据《保险法》第55条的规定,保险金额不得超过保险价值。超过保险价值的,超过部分无效,保险人应当退还相应的保险费。另外,各保险公司的机动车辆保险合同均明确规定为不定值合同,而不定值合同是按照保险事故发生时保险标的的实际价值确定保险价值的保险合同。因此,保险公司只会按保险事故发生时保险标的的实际价值进行赔付,投保人不会按照保险金额得到赔偿反而会因此多付保险费。

(5)了解保险责任的开始时间。

根据《保险法》第13条的规定,投保人提出保险要求,经保险人同意承保,保险合同成立。依法成立的保险合同,自成立时生效。投保人和保险人可以对合同的效力约定附条件或者附期限。我国保险实务中以约定起保日的零点为保险责任开始时间,以合同期满日的24时为保险责任的终止时间。

2)投保后注意事项

(1)再次认真阅读机动车辆保险合同条款。

投保人与保险公司签订机动车辆保险合同后,应再次认真阅读机动车辆保险合同条款的内容,确信自己没有任何疑问并能完全理解保险合同条款。投保人还要注意检查收到的保险合同文件是否完整,除了机动车辆保险单以外,还应该包括机动车辆保险条款、机动车辆保险证等文件。

(2)妥善保管机动车辆保险单。

机动车辆保险单是投保人购买机动车辆保险的主要凭证。在投保人或被保险人向保险公司索赔、申请变更保险合同内容或者申请其他服务时,必须提交保险单。因此,投保人应该将保险单放在安全可靠的地方,并记下保险公司名称、投保险种名称、保险单的号码以及保险金额等保险合同中的重要事项。如果投保人不慎将保险单遗失或损毁,可以向保险公司申请挂失或补发。

(3)随身携带保险证。

投保人应随身携带保险证,一旦发生保险事故,在报案时能够及时、准确地说明被保险人、保险车辆及保险单号等有关情况,使保险公司报案受理人员迅速处理报案并安排理赔人员及时进行现场查勘。

(4)定期检查机动车辆保险单。

投保后应定期检查自己的机动车辆保险单,确认其是否仍在保险期限内,并根据投保机动车辆的实际情况检查是否仍然符合保险合同要求,如有需要变更之处,应及时到保险公司办理变更手续。

(5)车辆使用注意事项。

被保险人及其驾驶员应当做好保险车辆的维护工作,保险车辆装载必须符合规定,使其保持安全行驶技术状态。被保险人及其驾驶员应根据保险人提出的消除不安全因素和隐患的建议,及时采取相应的措施。

(6)其他注意事项。

根据机动车辆保险条款的责任免除规定,被保险人应注意以下事项:不得利用保险车辆从事非法活动;保险车辆不得肇事后逃逸;驾驶人员不得饮酒、吸食或注射毒品、被药物麻醉后使用保险车辆;不得无证驾驶或驾驶与驾驶证准驾车型不相符的车辆以及公安交通管理部门规定的其他属于无有效驾驶证的情况下不得驾车;保险车辆应具备有效行驶证件;否则对因上述原因造成保险车辆损失和对第三者的经济赔偿责任,保险公司不承担赔偿责任。

(四)汽车召回制度简介

汽车召回制度,就是投放市场的汽车,发现由于设计或制造方面的原因存在缺陷,不符合有关法规、标准,有可能导致安全及环保问题,厂家必须及时向国家有关部门报告该产品存在问题、造成问题的原因、改善措施等,提出召回申请,经批准后对在用车辆进行改造,以消除事故隐患。厂家还有义务让用户及时了解有关情况,对于维护消费者的合法权益具有重要意义。目前实行汽车召回制度的有美国、日本、加拿大、英国、澳大利亚。

汽车召回制度始于20世纪60年代的美国,美国的律师拉尔夫发起运动,呼吁国会建立汽车安全法规。他努力的结果,就是《国家交通及机动车安全法》。该法律规定,汽车制造商有义务公开发表汽车召回的信息,且必须将情况通报给用户和交通管理部门,进行免费修理。1969年5月,美国媒体抨击欧洲和日本车商私自召回缺陷车进行修理,特别指出蓝鸟漏油和丰田可乐娜制动故障问题。6月1日,日本《朝日新闻》报道这个消息后,在日本引起轩然大波。同年8月,日本运输省修改了《机动车形式制定规则》,增加了"汽车制造商应承担在召回有缺陷车时公之于众的义务"的内容。

我国《缺陷汽车产品召回管理规定》于2004年3月15日正式发布,2004年10月1日起开始实施。这是我国以缺陷汽车产品为试点首次实施召回制度。《缺陷汽车产品召回管理规定》由国家质量监督检验检疫总局、国家发展和改革委员会、商务部、海关总署联合制定发布。

截至2011年年底,共实施召回419次,累计召回缺陷汽车产品621.1万辆,对保证汽车产品使用安全,促使生产者高度重视和不断提高汽车产品质量,发挥了重要作用。从实践中看,管理规定在召回程序、监管措施等方面也还需要进一步完善,尤其是管理规定作为部门规章,受立法层级低的限制,对隐瞒汽车产品缺陷、不实施召回等违法行为的处罚过低(最高为3万元罚款),威慑力明显不足,影响召回制度的有效实施。为此,国务院于2012年10月22日发布,自2013年1月1日起施行《缺陷汽车产品召回管理条例》,进一步规范缺陷汽车产品召回,加强监督管理,保障人身、财产安全。

批量性汽车产品存在缺陷是汽车产品召回的法定原因,所谓缺陷,是指由于设计、制造、标识等原因导致的在同一批次、型号或者类别的汽车产品中普遍存在的不符合保障人身、财产安全的国家标准、行业标准的情形或者其他危及人身、财产安全的不合理的危险。生产者对其制造的汽车产品质量负责。具体而言,对在中国境内制造、出售的汽车产品存在缺陷的,由生产者负责召回,进口汽车产品存在缺陷的,由进口商负责召回。

对"缺陷"以外的汽车产品质量问题,由生产者、销售者依照产品质量法、消费者权益保护法等法律、行政法规和国家有关规定以及合同约定,承担修理、更换、退货、赔偿损失等相应的法律责任。

《缺陷汽车产品召回管理条例》从以下三个方面对缺陷汽车产品召回程序作了规定:

一是明确了召回启动程序。生产者获知汽车产品可能存在缺陷的,应当立即组织调查分析,确认汽车产品存在缺陷的,应当立即停止生产、销售、进口缺陷汽车产品,并实施召回;国务院产品质量监督部门经缺陷调查认为汽车产品存在缺陷的,也应当通知生产者实施召回。生产者认为其汽车产品不存在缺陷的,可以在规定期限内向国务院产品质量监督部门提出异议,国务院产品质量监督部门应当组织有关专家进行论证、技术检测或者鉴定。生产者既不按照通知实施召回又不在规定期限内提出异议的,或者经国务院产品质量监督部门组织论证、技术检测或者鉴定确认汽车产品存在缺陷的,国务院产品质量监督部门应当责令生产者实施召回,生产者应当立即停止生产、销售、进口缺陷汽车产品,并实施召回。

二是规定了召回实施程序。生产者实施召回,应当按照国务院产品质量监督部门的规定制定召回计划,并按照召回计划实施召回。对实施召回的缺陷汽车产品,生产者应当及时采取修正或者补充标识、修理、更换、退货等措施消除缺陷。国务院产品质量监督部门应当对召回实施情况进行监督,并组织与生产者无利害关系的专家对生产者消除缺陷的效果进行评估。

三是规定了召回报告程序。生产者应当按照国务院产品质量监督部门的规定提交召回阶段性报告和召回总结报告。

针对生产者召回缺陷汽车产品存在的违法行为,《缺陷汽车产品召回管理条例》设定了严格的法律责任,在提高罚款额度的同时,增加了吊销行政许可等处罚措施。特别是针对生产者未停止生产、销售或者进口缺陷汽车产品,隐瞒缺陷情况,拒不召回等严重违法行为,条例规定对生产者处以缺陷汽车产品货值金额1%以上10%以下的罚款;有违法所得的,并处没收违法所得;情节严重的,由许可机关吊销有关许可。这样规定,可以有效促使生产者履行缺陷汽车产品的召回责任。

二、任务实施

项目1　办理机动车保险

1. 项目说明

张先生为某高校教师,年龄30岁,月收入6000余元。张先生刚到某丰田4S店购买了一辆卡罗拉轿车。轿车主要是家庭自用,上下班代步使用。张先生经常搭载亲友及同事自驾出游。由于没有车库,车辆只能停放在小区内,且小区为开放式小区。新车购置价13万元,有电子防盗,无新增设备。请协助客户选择汽车投保方案,并代办保险业务。

2. 技术要求与标准

(1)每两个学员相互配合能在45min内完成此项目。

(2)技术标准(表2-10)。

技术标准　　　　　　　　　表2-10

项目	要求	项目	要求
衣着	穿深色西服,扣好纽扣,带工作证	语言表达	讲普通话,注意与客户沟通、交流的方式
形象	口腔清洁无异味,工作时间不得饮酒	业务流程	熟练,应变能力强

3. 设备器材

(1)计算机。

(2)保险教学软件。

(3)保险单证。

(4)打印机。

4. 作业准备

(1)检查计算机及保险软件的运行状况。　　□ 任务完成

(2)准备好保险单证。　　□ 任务完成

(3)检查打印机的运行状况。　　□ 任务完成

5. 操作步骤

(1)准备投保证件(身份证原件及复印件,机动车合格证复印件,机动车销售统一发票发票联复印件),如图2-16所示。

图2-16　准备投保证件

(2)搜集客户信息,制订投保方案,见表2-11。

(3)缮制机动车辆保险单(保单示例见表2-12、表2-13)。

(4)计算需缴纳的保险金额。

(5)缴纳保费。

(6)签发保险单证,如图2-17、图2-18所示。

(7)审核保险单证并妥善保管。

图2-17　强制保险标志

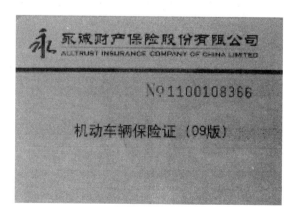

图2-18　机动车保险证

学习任务 2　新车上路手续办理

选择制定投保方案　　　　　　　　　　　　　　　　　　　　　　　　表 2-11

温馨提示：请车主自愿选择保险公司和投保险种，履行签字手续。（请在所选项目前的"□"内打√）

选择保险公司	客户需要提供材料：身份证复印件（或者组织机构代码证复印件）、购车发票复印件、整车合格证复印件、其他需要提供的复印件 使用性质：□ 营业　□ 非营业	
□ 中国人民财产保险公司 □ 中国太平洋财产保险公司 □ 中国平安财产保险公司 □ 天安财产保险公司 □ 大众财产保险公司 □ 中国大地财产保险公司 □ 中国太平保险公司 □ 永安财产保险公司 □ 中华联合保险公司 □ 阳光财产保险公司 □ 华安财产保险公司 □ 安邦财产保险公司 □ 安华财产保险公司 □ 永诚财产保险公司 □ 都邦财产保险公司 □ 渤海财产保险公司 □ 民安财产保险公司 □ 天平财产保险公司 □ 中银财产保险公司 □ 长安责任保险公司 □ 人寿财产保险公司	投保人（车主名字必须与发票一致）：	
	□　交强险	
	□　车辆损失险（行驶当中两车相撞，自然灾害，单方肇事造成被保险车辆受到保险范围内的损失）	
	□　第三者责任险（被保险车辆出险造成第三方财产或人身伤亡的损失）	□ 5 万元 □ 10 万元 □ 15 万元 □ 20 万元 □ 30 万元 □ 50 万元 □ 100 万元
	□　车上人员责任险（发生意外事故时，造成被保险车辆上人员的人身伤亡）(1 万~10 万元)	□ 驾驶员____万元/座 □ 乘客____万元×____座
	□　全车盗抢险　按发票价格投保	
	□　车上货物责任险(1 万~10 万元)	
	□　自燃损失险（因本车电器、线路、供油系统发生故障及运载货物自身原因，起火燃烧造成保险车辆的损失）	
	□　车身划痕损失险（无明显碰撞痕迹的车身划痕损失）	2000 元
	□　不计免赔率险（应当由被保险人自行承担的免赔金额部分，保险人负责赔偿）	□ 车损 □ 三者 □ 人员 □ 盗抢 □ 自燃
	□　玻璃单独破碎险（前后风窗玻璃，左右车窗玻璃单独破碎）	□ 国产 □ 进口
	□　其他险种	
	□　贷款车（必须填写银行全称）第一受益人：	

××保险公司机动车交通事故责任强制保险单(正本) 表2-12

保险单号：

被保险人						
被保险人身份证号码(组织机构代码)						
地址			联系电话			
被保险机动车	号牌号码		机动车种类		使用性质	
	发动机号		车辆识别代号(车架号)			
	厂牌型号		核定载客 人		核定载质量	kg
	排量		功率		登记日期	
责任限额	死亡伤残赔偿限额	110000元	无责任死亡伤残赔偿限额		11000元	
	医疗费用赔偿限额	10000元	无责任医疗费用赔偿限额		1000元	
	财产损失赔偿限额	2000元	无责任财产损失赔偿限额		100元	
与道路交通安全违法行为和道路交通事故相联系的浮动比例						%
保险费合计(人民币大写): （¥: 元)其中救助基金(%)¥: 元						
保险期间自_____年_____月_____日零时起至_____年_____月_____日24时止						
保险合同争议解决方式						
特别约定						
重要提示	1.请详细阅读保险条款,特别是责任免除和投保人、被保险人义务。 2.收到本保险单后,请立即核对,如有不符或疏漏,请及时通知保险人并办理变更或补充手续。 3.保险费应一次性缴清,请您及时仔细核对保险单和发票(收据),如果有不符,请及时与保险人联系。 4.投保人应如实告知对保险费计算有影响的或被保险机动车因改装、加装、改变使用性质等导致危险程度增加的重要事实,并及时通知保险人办理批改手续。 5.被保险人应当在交通事故发生后及时通知保险人					
保险人	公司名称: 公司地址: 邮政编码: 服务电话: 签单日期: (保险人签章)					

保险人授权签字: 复核: 制单: 业务员: 代理/经纪人:

学习任务2　新车上路手续办理

××财产保险股份有限公司机动车保险单　　　　　　　　　　　表2-13

投 保 人：　　　　　　　　　　　　投保人身份证号码：
被 保 险 人：　　　　　　　　　　　被保险人身份证号码：
行驶证车主：　　　　　　　　　　　保单号：

根据投保人填写的投保单，本公司签发保险单，同意投保人按约定缴付保险费后，依照本保险单所载条款、批单以及其他双方约定的条件，承担保险责任。本保险单经保险人盖章且保险人授权代表签字生效。本保险单签发之日保险合同成立。

保险车辆情况	号牌号码		厂牌型号	
	VIN 码		车辆种类	
	发动机号		核定载客　　　人	核定载质量　　　kg
	初次登记日期		年平均行驶里程　　　km	使用性质
	行驶区域		已使用年限　　年	新车购置价　　　元

承保险种	费率浮动	保险金额/责任限额(元)	保险费(元)

保险费合计(人民币大写)：　　　　　　　　　　　　　　　　(￥：　　　　　　　元)

保险期间自_____年_____月_____日零时起至_____年_____月_____日24时止

特别约定	
保险合同争议解决方式	
重要提示	1. 本保险合同由保险条款、投保单、批单和特别约定组成。 2. 收到本保险单、承保险种对应的保险条款后，请立即核对，如有不符或疏漏，请在48h内通知保险人并办理变更或补充手续；超过48h未通知的，视为投保人无异议。 3. 请详细阅读承保险种对应的保险条款，特别是责任免除和投保人、被保险人义务。 4. 被保险机动车因改装、加装、改变使用性质等导致危险程度增加以及转卖、装让、赠送他人的，应书面通知保险人并办理变更手续。 5. 被保险人应当在交通事故发生后及时通知保险人
保险人	公司名称：　　　　　　　　　公司地址： 邮政编码：　　　　　　　　　联系电话：　　　　网址： 签单日期：　　　　　　　(保险人签章)

核保：　　　　　　　　　制单：　　　　　　　　　经办：

项目2　办理家庭自用轿车上牌手续

1. 项目说明

张先生为某高校教师,年龄30岁,月收入6000余元。张先生刚到某丰田4S店购买了一辆卡罗拉轿车。轿车主要是家庭自用,上下班代步使用。张先生经常搭载亲友及同事自驾出游。由于没有车库,车辆只能停放在小区内,且小区为开放式小区。新车购置价13万元,有电子防盗,无新增设备。请协助客户办理汽车上牌手续。

2. 技术要求与标准

(1)每两个学员相互配合能在45min内完成此项目。

(2)技术标准(表2-14)。

技　术　标　准　　　　　　　　　　　　　　　表2-14

项　目	要　求	项　目	要　求
衣着	穿深色西服,扣好纽扣,带工作证	语言表达	讲普通话,注意与客户沟通、交流的方式
形象	口腔清洁无异味,工作时间不得饮酒	业务流程	熟练,应变能力强

3. 设备器材

(1)计算机。

(2)申请表格(车辆购置税纳税申报表、机动车注册登记申请表)。

(3)打印机。

(4)照相机。

4. 作业准备

(1)检查车辆的运行状况。　　　　　　　　　　□任务完成

(2)准备好各类申报表格。　　　　　　　　　　□任务完成

(3)检查打印机的运行状况。　　　　　　　　　□任务完成

5. 操作步骤

(1)准备缴纳车辆购置税所需相关材料(机动车销售统一发票报税联原件、机动车销售统一发票发票联复印件、机动车合格证复印件、车主身份证复印件),领取"车辆购置税纳税申报表"(参见表2-15)并签字,如图2-19所示。

(2)缴纳车辆购置税税款并领取中华人民共和国税收通用完税证,如图2-20所示。

图2-19　领取车辆购置税申报表

图2-20　缴纳车辆购置税税款

(3)领取车辆购置税完税证明,参见图2-3。

(4)办理机动车保险,如图2-21所示。

(5)办理机动车临时号牌,如图2-22所示。

图2-21 办理机动车保险　　　　图2-22 办理机动车临时号牌

车辆购置税纳税申报表　　　　　　　　　　　　　　表2-15

填表日期:年　月　日

纳税人名称:

金额单位:元、角、分

纳税人证件名称			证件号码		
联系电话		邮政编码		地址	
车辆基本情况					
车辆类别	(1)汽车;(2)摩托车;(3)电车;(4)挂车;(5)农用运输车		发动机号		
生产企业名称			车架(底盘)号码		
厂牌型号			排气量		
购置日期			关税完税价格		
机动车销售发票(或有效凭证)号码			关税		
机动车销售发票(或有效凭证)价格			消费税		
减税、免税条件					
申报计税价格	特殊计税价格	税率	免(减)税额		应纳税额
①	②	③	④=①×③		⑤=①×③或②×③
		10%			

此纳税申报表是根据《中华人民共和国车辆购置税暂行条例》的规定填报的,我相信它是真实的、可靠的、完整的	如果你已委托代理人申报,请填写以下资料: 　　为代理一切税务事宜,现授权(　　　　　),地址(　　　　　)为本纳税人的代理申报人,任何与本申报表有关的往来文件,都可寄此人	
声明人签字:	授权人签字:	
	如委托代理人的,代理人应填写以下各栏	
纳税人签名或盖章	代理人名称	代理人(公章)
	地址	
	经办人	
	电话	
接收人: 接受日期:	车购办(印章):	

（6）检查车辆发动机号、车辆识别代号及车辆外观，如图 2-23 所示。

（7）准备办理机动车注册登记的相关材料（车辆购置税完税证明副联、机动车销售统一发票注册登记联、身份证原件和复印件、交强险保单副本、随车配发的机动车整车出厂合格证、机动车外部彩色相片和车辆识别代号拓印膜）。领取机动车注册登记申请表（表 2-16）并签字。

机动车注册登记申请表　　　　　　　　　　表 2-16

机动车所有人	姓名/名称				联系电话	
	住所地址				邮政编码	
	暂住地址				邮政编码	
	身份证明名称		号码		□ 常住人口　□ 暂住人口	
机动车	机动车使用性质	□ 公路客运　□ 公交客运　□ 出租客运　□ 旅游客运　□ 租赁　□ 货运 □ 非营运　□ 警用　□ 消防　□ 救护　□ 工程抢险				
	机动车获得方式	□ 购买　□ 法院调解、裁定、判决　□ 仲裁裁决　□ 继承　□ 赠予　□ 协议抵偿债务 □ 资产重组　□ 资产整体买卖　□ 调拨　□ 境外自带				
	机动车厂牌型号					
	车辆识别代号/车架号					
	发动机号					
相关资料	来历凭证	□ 销售/交易发票　□《调解书》　□《裁定书》　□《判决书》 □ 相关文书　□ 批准文件　□ 调拨证明　□《仲裁裁决书》			机动车所有人签章： （个人签字/单位盖章） 　　　年　　月　　日	
	进口凭证	□《货物进口证明书》□《没收走私汽车、摩托车证明书》 □《中华人民共和国海关监管车辆进（出）境领（销）牌证通知书》				
	其他	□ 国产机动车的整车出厂合格证 □ 身份证明　□《协助执行通知书》　□《公证书》				
申请方式	□ 由机动车所有人申请 □ 机动车所有人委托_____代理申请					
代理人	姓名/名称				联系电话	
	住所地址					
	身份证明名称		号码		代理人签章： （个人签字/单位盖章） 　　　年　　月　　日	
	经办人姓名					
	身份证明名称		号码			
	经办人住所地址					
	经办人签字			年　月　日		

(8)申请机动车牌照,如图 2-24 所示。

图 2-23　车辆外检

图 2-24　选号机

(9)领取机动车登记证书、行驶证、车辆检验合格证。
(10)领取机动车号牌,上路行驶。

三、学习评价

1. 理论考核

1)判断题

(1)经过车辆管理机关检验审核合格后,发给号牌、行驶证后汽车方可上路行驶。　　（　　）
(2)购车发票第四联为注册登记联(车辆登记单位留存),印色为红色。　　（　　）
(3)新购置的汽车不在路上行驶,则无须办理"移动证"。　　（　　）
(4)车辆购置附加税税率统一为计税价格的 10%。　　（　　）
(5)机动车交通事故责任保险是汽车上牌的一个必要条件。　　（　　）
(6)免检车辆在办理注册登记或临时号牌时,不需要进行安全性能检测。　　（　　）
(7)VIN 由 17 位字符组成,第 10 位表示年份,"×"表示 1996 年生产。　　（　　）
(8)办理机动车注册登记时,只需携带汽车质量合格证原件、车辆检测表、身份证原件和复印件到车管所投递资料,审批挂牌。　　（　　）
(9)警用汽车号牌为白底黑字,红"警"字黑框线。　　（　　）
(10)《机动车登记证书》是机动车的"户口本",所有机动车的详细信息及机动车所有人的资料都记载在上面。　　（　　）

2)选择题

(1)汽车保险投保单为保险合同的要件之一。一般包括(　　)内容。
　　A. 投保人、被保险人和驾驶员情况　　B. 保险汽车情况
　　C. 投保险种和期限、特别约定　　D. 以上答案都正确

(2)有关汽车保险理赔方面的描述正确的有(　　)。
　　A. 汽车保险理赔是指保险汽车在发生风险事故后,保险人依据保险合同的约定对被保险人提出的索赔请求进行处理的行为
　　B. 汽车保险理赔涉及保险合同双方的权利与义务的实现,是保险经营中的一项重要内容
　　C. 近年来,由于现代汽车的结构性能日趋合理,因车辆本身原因导致的交通事故比例呈现出下降的趋势,而由人为因素引起的交通事故则在迅速增加。这种变化增加

了汽车保险理赔工作的难度

  D. 以上答案都正确

(3)机动车辆保险合同由(　　)组成。

  A. 保险条款、保险单

  B. 保险条款、保险单、批单

  C. 保险条款、投保单、保险单、批单

  D. 保险条款、投保单、保险单、批单和特别约定

(4)汽车保险投保单中一般规定的汽车情况包括(　　)。

  A. 号牌号码、厂牌型号、发动机号、车架号、VIN

  B. 车辆种类、座位/吨位、车辆颜色、初次登记年月

  C. 汽车的使用性质与行驶区域

  D. 以上答案都正确

(5)交强险中的第三者是指被保险人在使用被保险机动车过程中发生交通事故的受害人,但不包括(　　)

  A. 被保险人   B. 被保险人家庭成员

  C. 驾驶员   D. 被保险机动车本车上人员

(6)客户出现事故后进行报案的方式有(　　)。

  A. 上门报案   B. 电话报案

  C. 传真报案   D. 以上答案都正确

(7)商业第三者责任险中,下列(　　)损失和费用,保险公司不负责赔偿。

  A. 本车上的财产损失   B. 车上人员的人身伤亡

  C. 第三者财产的直接损失   D. 第三者的精神损害赔偿

(8)车辆损失险中,下列(　　)损失和费用,保险公司不负责赔偿。

  A. 因碰撞造成车身凹陷   B. 玻璃单独破碎

  C. 车身表面油漆单独划伤   D. 车轮单独损坏

(9)汽车保险的保险责任是(　　)。

  A. 负责赔偿由于汽车质量原因造成汽车本身的损失

  B. 负责赔偿由于汽车质量原因造成第三者的损失

  C. 负责赔偿保险汽车的所有人或者驾驶员因驾驶保险汽车发生交通事故造成车辆损毁的损失和对第三者应负的赔偿责任

  D. 负责赔偿所有损失

(10)根据商业车险条款规定,保险车辆发生保险责任范围内的损失应当由第三者负责赔偿的,(　　)。

  A. 被保险人应当向保险人索赔   B. 被保险人应向第三者索赔

  C. 被保险人应自行索赔   D. 应当由保险人承担

3)简答题

(1)什么是交强险?如果出险的话,交强险能够赔偿的责任限额是多少?

(2)如果购买了交强险,还需要购买商业第三者责任险吗?交强险和商业第三者责任

有什么区别和联系?

(3)如果要购买商业第三者责任险,可以选择的商业第三者责任险的赔偿限额有哪些档次?

(4)车辆损失险的保险责任有哪些?

(5)如果张先生于 2011 年 9 月 10 日支付保费,保险公司同时出具保险单,那么该车的保险从什么时间开始生效,到什么时间终止,即该车保险期限是什么?

2. 技能考核

(1)机动车保险的办理项目评分表见表 2-17。

机动车保险的办理项目评分表　　　　表 2-17

基本信息	姓名		学号		班级		组别	
	规定时间		完成时间		考核日期		总评成绩	
任务工单	序号	步骤		完成情况		标准分	评分
				完成	未完成		
	1	考核准备: 材料: 设备: 场地:				5	
	2	准备投保证件				5	
	3	搜集顾客信息,制订投保方案				30	
	4	缮制机动车辆保险单(参见表 2-11、表 2-12)				10	
	5	计算需缴纳的保险金额				5	
	6	缴纳保费				5	
	7	签发保险单证				10	
	8	审核保险单证并妥善保管				5	
安全						5	
5S						5	
团队协作						5	
沟通表达						5	
工单填写						5	

(2)家庭自用轿车上牌手续的办理项目评分表见表 2-18。

家庭自用轿车上牌手续的办理项目评分表　　　　表 2-18

基本信息	姓名		学号		班级		组别	
	规定时间		完成时间		考核日期		总评成绩	
任务工单	序号	步骤		完成情况		标准分	评分
				完成	未完成		
	1	考核准备: 材料: 设备: 场地:				10	
	2	准备缴纳车辆购置税所需相关材料				5	
	3	领取并填写车辆购置税纳税申报表				5	
	4	缴纳车辆购置税税款				5	
	5	领取车辆购置税完税证明				5	

续上表

	序号	步骤	完成情况		标准分	评分
			完成	未完成		
任务工单	6	办理机动车保险			10	
	7	办理机动车临时号牌			5	
	8	车辆外检			10	
	9	准备机动车注册登记所需相关材料			5	
	10	填写机动车注册登记申请登记表			5	
	11	申请牌照			5	
	12	领取登记证书、行驶证和车辆检验合格证			5	
	13	领取车辆号牌			5	
安全					5	
5S					5	
团队协作					5	
沟通表达					5	
工单填写					5	

四、拓展学习

（一）机动车辆保险理赔的流程

对于不同的保险公司和不同的业务，机动车辆保险理赔实务的流程有所差异，但总体而言，机动车辆保险理赔工作一般都要经过受理报案、现场查勘、确定保险责任并立案、定损、核损、赔款计算、核赔、结案处理、理赔案卷归档等几个步骤。图2-25所示为机动车辆保险一般赔案的理赔业务流程。

（二）保险查勘人员现场查勘的主要内容

现场查勘的主要内容包括查验保险情况、查明出险时间及出险地点、查明出险车辆的情况、查明驾驶员情况、拍摄现场照片、了解出险经过及出险原因、施救整理受损财产、估计损失、缮制查勘记录、下发并指导填写索赔单证。

1. 查验保险情况

查验客户提供的保险证或保险单。若客户不能提供保险单或保险证，查勘人员应根据"机动车辆保险出险报案记录（代抄单）"进行保险情况的核对确认。同时还应注意了解保险车辆有无在其他保险公司重复投保的情况。

2. 查明出险时间

查明出险时间的主要目的是判断事故是否在保险有效期内。对接近保险起讫期出险的案件应特别慎重，认真查实，排除道德风险。

为了获得真实的出险时间，保险查勘人员应仔细核对公安部门的证明与当事人的陈述时间是否一致，同时要了解车辆的启程时间、返回时间、行驶路线、伤者住院治疗时间等。如涉及

学习任务2　新车上路手续办理

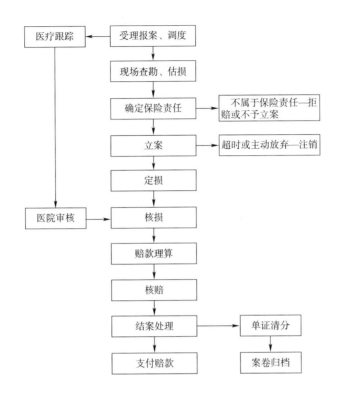

图 2-25　机动车辆保险一般赔案理赔业务流程图

装载货物出险的,还要了解委托运输单位的装卸货物时间等。同时,对出险时间和报案时间进行比对,看其是否超过 48h。

确定出险时间有时还可对事故原因的判断提供帮助。尤其是在一些特定时间(如每天尤其是节假日的 13:00 至 16:00、20:00 至 23:00),对一些特定的驾驶群体(如青壮年的男性驾驶员、经营人员),出险后应考虑是否存在酒后驾车问题,设法与公安机关一起取证。

3. 查明出险地点

出险地点分为高速公路、普通公路、城市道路、乡村便道和机耕道、场院及其他。同时,要查验出险地点与保险单约定的行驶区域范围是否相符,是否属于在责任免除地发生的损失,如车辆在营业性修理场所、收费停车场出险等。对擅自移动现场或谎报出险地点的要查明原因。

4. 查明出险车辆的情况

查明出险车辆及第三方车辆的车型、车牌号码、发动机号、VIN/车架号码、行驶证,详细记录双方车辆已行驶里程数、车身颜色,并核对与保险单、保险证(或批单)是否相符。

查实保险车辆出险时使用性质与保单载明的是否相符,以及是否运载危险品、车辆结构有无改装或加装。

对在保险期限内,因保险车辆改装、加装或非营业用车辆从事营业运输等导致保险车辆危险程度增加,且未及时书面通知保险人而发生的保险事故,保险人不承担赔偿责任。

根据 2004 年颁布的《机动车登记规定》第 17 条的规定,有下列情形之一,在不影响安全和识别号牌的情况下,机动车所有人可以自行变更:小型、微型载客汽车加装前后防撞装置;货运机动车加装防风罩、散热器、工具箱、备胎架等;机动车增加车内装饰等。除此以外的其他项目均不允许改动。

车辆常见的非法改装形式有:增加货车栏板高度,加大货车轮胎,增加钢板弹簧的片数或厚度,增加车厢长度,开天窗,乘用车安装行李架,仿古婚车等。

5. 查明驾驶员情况

查明驾驶人员的姓名、驾驶证号码、准驾车型、初次领证日期、职业类型、行驶证号码等。注意检验驾驶证是否有效(按条款规定),检验驾驶人员是否是被保险人或其允许的驾驶人员或保险合同中约定的驾驶人员;特种车出险要查验是否具备国家有关部门核发的有效操作证;对驾驶营业性客车的驾驶人员要查验是否具有国家有关行政管理部门核发的有效资格证书。核验完相关证件后,拍摄证件照片。

对在保险合同中约定驾驶人员的,出险时要进行核对,若系非约定的驾驶人员驾驶保险车辆发生事故,应在"查勘记录"中注明,以便理赔时增加免赔率。

6. 拍摄现场照片

现场照片应为清晰的彩色照片,应有 4 个角度(45°)全方位事故现场全貌照片。拍摄的照片应能反映事故现场全貌、制动痕迹、现场遗留物、碎片、撞击点等,反映事故车辆牌照号、VIN/车架号、发动机号、损失部位及损失程度、人员伤亡、物品损失等。现场照片应有日期合成,反映现场查勘的具体时间。

7. 了解出险经过及出险原因

通过向当事人询问,了解出险经过,对照事故现场情况,分析判断出险原因,对有疑点的地方要进行核实。

如发现有驾驶人员饮酒、吸食或注射毒品、被药物麻醉后使用保险车辆或无照驾驶、驾驶车辆与驾驶证准驾车型不符、超载等嫌疑时,应要求当事人对事实予以确认并签名,如当事人予以否认,应立即报公安交警部门协同处理。

注意了解事故原因是客观因素还是人为因素,是车辆自身因素还是受外界影响;是严重违章还是故意行为或违法行为。凡是与案情有关的重要情节都要尽量搜集、记载。

8. 施救整理受损财产

查勘人员到达事故现场后,如果险情尚未控制,应立即会同被保险人及其有关部门共同研究,确定施救措施,以防损失进一步扩大。

保险车辆受损后,如果当地修理价格合理,应安排就地修理,不得使车辆带"伤"行驶。如果当地修理费用过高需拖回本地修理的,应采取防护措施,拖曳牢固,以防再次发生事故。如果无法修复的,应妥善处理汽车的残值部分。

9. 估计损失

查清受损车辆、货物和其他财产的损失情况及各方人员伤亡情况。对无法进行施救的货物及其他财产等,必要时应在现场进行定损,并注意查清标的车是否有新车标准配置以外的新增设备。查明各方人员伤亡情况。对事故所涉及的全部损失金额进行认真的评估并将其填写在"查勘记录"中的相关项目中。

(三)汽车限购政策

为实现小客车数量的合理、有序增长,有效缓解交通拥堵状况,降低能源消耗和减少环境污染,新修订的《北京市小客车数量调控暂行规定》及《关于2018年小客车指标总量和配置比例的通告》在北京市小客车指标调控管理信息系统网站向社会公布,"暂行规定"于2018年1月15日施行。

北京市对小客车实施数量调控和配额管理制度,小客车年度增长数量和配置比例由市交通行政主管部门会同市发展改革、公安交通、环境保护等相关行政主管部门,根据小客车需求状况和道路交通、环境承载能力合理确定,报市政府批准后向社会公布。政府各有关部门应当落实本市小客车年度调控目标。

按照公开、公平、公正的原则,机关、企业事业单位、社会团体及其他组织(以下统称单位)和个人需要取得本市小客车配置指标的,应当通过摇号、轮候等方式取得。本市机关、全额拨款事业单位不再新增公务用车指标。营运小客车指标单独配置,具体配置方式另行制定。指标配额按年度确定,每两月配置一次,每次未配置完的指标配额顺延至下次配置。指标配额不得跨年度配置。

单位或者个人申请指标按照以下程序进行:提出申请,获取申请编码;经审核通过后,确认申请编码为有效编码,参加指标配置;中签后获得配置指标确认通知书。

住所地在本市的个人,名下没有本市登记的小客车,持有效的机动车驾驶证,可以申请指标。住所地在本市的个人包括:本市户籍人员;驻京部队现役军人和现役武警;持有有效身份证件并在京居住一年以上的港澳台居民、华侨及外籍人员;持有有效《北京市工作居住证》的非本市户籍人员;持有本市有效居住证且近五年(含)连续在本市缴纳社会保险和个人所得税的非本市户籍人员。

指标管理机构每两月在指定网站上分批公布有效编码。根据个人参加摇号的累计次数设置阶梯中签率。累计参加摇号6次(含)以内未中签的,中签率为当期基准中签率;累计参加摇号7次至12次未中签的,中签率自动升为当期基准中签率的2倍;累计参加摇号13次至18次未中签的,中签率自动升为当期基准中签率的3倍,以此类推。

持有有效残疾人专用小型自动挡载客汽车准驾车型驾驶证(C5)的申请人,累计参加摇号6次(含)以内未中签的,中签率自动升为当期基准中签率的2倍;累计参加摇号7次至12次未中签的,中签率自动升为当期基准中签率的3倍;累计参加摇号13次至18次未中签的,中签率自动升为当期基准中签率的4倍,以此类推。

申请人可以在指定网站或者通过电话方式查询配置结果,小客车配置指标确认通知书可以由申请人自行下载打印或到各区政府设置的对外办公窗口领取,作为指标证明文件。单位未中签的有效编码,自动转入下一次指标配置,未中签的有效编码保留到当年12月31日,保留期满后重新申请。个人未中签的有效编码保留6个月,在保留期内自动转入下一次指标配置,在保留期满后需要继续申请指标的,应在保留期满之前,登录指定网站或者在各区政府设置的对外办公窗口进行确认,审核通过后,有效期将自动延长6个月。未在保留期满之前进行确认的,视为自动放弃指标申请,需重新申请才能参加指标配置。申请人主动取消配置指标申请的,其有效编码从指标配置数据中删除。

单位或者个人应当自取得指标之日起12个月内办理完成车辆登记手续。逾期未办理完成的,视为自动放弃指标。指标所有人在办理车辆购置税、二手车销售发票验证、车辆赠予公证等相关手续时,应当出示真实有效的小客车指标确认通知书。国税部门核发车辆购置税完税证明、免税凭证时,公证机构办理车辆赠予公证时,应当查验小客车指标确认通知书,经查验后在相应票证背面加盖"已取得指标"字样的印章。单位或者个人申请办理小客车注册、转移登记和转入本市的变更登记时,由公安机关交通管理部门分别查验小客车指标确认通知书、车辆购置税完税证明或者免税凭证、二手车销售发票、车辆赠予公证书以及其他应当查验的材料和内容。

学习任务 3　汽车合理使用

工作情境描述

客户到 4S 店接车,咨询新车走合期的注意事项、汽车常用运行材料如何使用、汽车在特殊条件下的使用方法、汽车在使用过程中的安全知识及在高速公路上应注意的问题。

学习目标

通过本任务学习,应能:

1. 叙述新车的合理使用知识;
2. 解释汽车消耗品的使用知识;
3. 叙述汽车在特殊条件下使用知识;
4. 叙述汽车安全知识;
5. 利用汽车在特殊条件下使用知识;指导客户在低温、高温、高原、山区、坏路、无路、夜间、城市条件下正确使用;
6. 运用汽车安全使用与管理知识指导客户日常安全行驶和高速公路上的安全行驶。

学习时间

12 学时。

学习引导

一、知识准备

(一)新车的合理使用

走合期是指新车或大修后的车辆开始投入运行的最初阶段。此时汽车正处于磨合状态,还不能满足全负荷运行的需要。汽车的走合期实质上是为了使汽车向正常使用阶段过度而进行的磨合加工的过程。在此期间,零件表面不平的部分被磨去,逐渐形成了比较光滑、耐磨而可靠的工作表面,以承受正常的工作负荷。同时,通过磨合可暴露出一些制造或修理中的缺陷并及时加以清除,以便使汽车在正常使用阶段时的故障率趋于较低水平。

1.汽车在走合期内的特点

(1)磨损速度快。两个相配合零件的磨损量与汽车行驶里程的变化规律称为磨损特性。两者的关系曲线称为磨损特性曲线。由图 3-1 配合件的磨损特性曲线可以看出,零件磨损规律可分为3个阶段:第一阶段是零件的走合期(一般为1000~2500km),其特征是在较短的时间内,零件的磨损量增长较快,当配合件配合良好后,磨损量增长速度开始增长减慢;第二阶段为零件的正常期($k_1 - k_2$),其特征是零件的磨损随汽车行驶里程的增加而缓慢增长;第三阶段是零件的加速磨合期,其特征是相配合零件的间隙已达到最大允许使用极限,磨损量急剧增加。

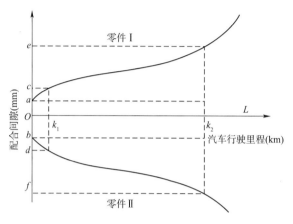

图3-1 配合件的磨损特性曲线

走合期内磨损量增加较快的主要原因是,新车或大修竣工的汽车尽管在制造和装配中进行了磨合,但零件的加工表面总是存在着微观和宏观的几何形状偏差,尤其是受力的间隙配合零件间的表面粗糙度尚不适应工作要求,在总成及部件的装配过程中也有一定的允许误差。因此新配合件摩擦表面的单位压力要比理论计算值大得多。此时,汽车若以全负荷工作,零件摩擦表面的单位压力则很大,润滑油膜被破坏,造成半干摩擦或干摩擦。同时由于新装配零件间隙较小,故表面凸凹部分嵌合紧密。相对运动中,在摩擦力的作用下有较多的金属屑被磨落,进入相配合零件之间后又构成磨料磨损,使磨损加剧。由于间隙小,磨损过程中表面热量增大,因而使润滑油黏度降低,润滑条件变坏。由于上述原因,故使这一阶段零件磨损量增长较快。

(2)油耗量高,经济性差。在走合期内,车速不宜过高,发动机负荷不宜过大,因此汽车难以达到经济运行速度,经常在中低负荷下工作,同时由于行驶阻力大于正常工作阶段,致使油耗量增加,经济性降低。

(3)行驶故障较多。由于零件或总成加工装配质量问题以及紧固件松动,或者在这个阶段的使用不当,未能正确制定和执行走合规范等问题,因此走合期故障较多,易出现拉缸、烧瓦、制动不灵等故障。

(4)润滑油易变质。磨合阶段由于零部件间存在较大的摩擦力,零件表面和润滑油的温度都很高,同时有较多的金属屑被磨落进入配合零件间隙中,然后被润滑油带进油底壳中。这些金属屑起着催化作用,很容易使润滑油氧化变质。

2. 汽车在走合期内的主要规定

根据总成或部件在这个时期的工作特点,汽车在走合期内为减少磨损,延长零件的使用寿命,必须遵循的主要规定有:减轻载质量、限制行车速度、选择优质燃料和润滑材料及正确驾驶等。

(1)减轻载质量。汽车载质量的大小直接影响零件寿命,载质量越大,发动机和底盘各部分受力也越大,还会引起润滑条件变坏,影响磨合质量。所以,在走合期内必须适当的减载。各型汽车均有减载的具体规定,一般载质量不应超过额定载荷的75%。走合期内汽车不允许拖挂或牵引其他机械和车辆。

(2)限制行车速度。当载质量一定时,车速越高,发动机和传动零件的负荷也越大,因此在走合期内起步和行驶不允许发动机转速过高。变换挡位要及时、合理,各挡位应按汽车说明书的规定控制车速。

(3)选择优质燃料和润滑材料。为了防止汽车在走合期中产生爆震与加速零件磨损,应采用优质燃料。另外,由于部分零件配合间隙较小,故选用低黏度的优质润滑油可使摩擦工作表面得到良好润滑。应按在走合期内的维护规定及时更换润滑油。

(4)正确驾驶。新车初期的磨合效果很大程度上取决于磨合期内的驾驶方式。起动发动机时不要猛踏加速踏板,而应严格控制加速踏板行程,以免因发动机加速过快而产生较大的冲击负荷。发动机起动后应低速运转,待冷却液温度达到50~60℃后再起步。为减少传动零件的冲击,行驶时要正确换挡。对车速表上设有换挡标志的车型,指针临近换挡标记时须及时换入临近高挡,切勿使发动机负荷过大。一旦发现发动机动力不足导致运转不平稳时,应立即换入较低挡位。要注意选择路面,不要在恶劣的道路上行驶,减少振动和冲击。要避免紧急制动、长时间制动和使用发动机制动。最初200km内,新制动摩擦衬片经磨合方能达到最佳状态。在该阶段内,制动效能略有下降,可适当加大制动踏板力以补偿制动效果。磨合过程中,应对汽车各部件的技术状况及时检查和排除故障。

(5)注意出车前、行车中、收车后的日常维护。

(二)汽车消耗品的合理使用

汽车运行的消耗品包括燃料、润滑材料、特种工作液和轮胎等非金属材料,称为汽车运行材料,也称为汽车的消耗品。汽车在运行过程中,除了驾驶技术、使用时间、承受载荷、行驶速度、道路状况外,还受到燃料和润滑材料的品质、特种工作液料和轮胎等非金属材料多种因素的影响,各机构、零件的工作状态与汽车消耗品息息相关。若不正确的使用汽车消耗品,汽车的动力性、经济性、可靠性、安全性等都会随之变差,汽车的使用寿命就会缩短,更有可能影响汽车安全。因此,作为一名驾驶员,不仅仅要会开车,还要会正确选择汽车消耗品。

1.汽车燃料的合理使用

目前车辆所用的燃料有:汽油、柴油(轻油)、甲醇、天然气、液化石油气及其他燃料。最常用的两种燃料:汽油、柴油。

1)汽油的使用性能

汽油的使用性能包括蒸发性、抗爆性、氧化安定性、腐蚀性、清洁性、无害性。

(1)蒸发性——汽油由液态转化为气态的性质,称为汽油的蒸发性。汽油蒸发性好就易汽化,与空气混合均匀,燃烧速度快,燃烧完全,发动机易起动,加速及时,各工况间转换灵敏柔和。但蒸发性太好则可能在油管中形成气泡,产生"气阻"。蒸发性不好的汽油汽化不完全,造成燃烧不完全,增加油耗及排放污染,没有完全燃烧的油滴还可能破坏润滑油膜,增加磨损。评定汽油蒸发性的指标有以下两种。

①馏程:馏程是指油品在规定条件下蒸馏时,从初馏点到终馏点的温度范围。测定时按《石油产品馏程测定法》(GB/T 6536—1997)的规定进行。它是将 100mL 试样按规定条件进行蒸馏,系统观察温度计读数和冷凝液体积并根据这些数据计算和报告结果。试验时将试样加入蒸馏烧瓶中,按要求调节加热温度,从冷凝管下端滴下第一滴冷凝液所观察到的温度称为初馏点,用量筒回收到 10mL、50mL、90mL 冷凝液时的温度分别称为 10%、50%、90% 蒸发温度。

②饱和蒸气压:饱和蒸气压是指汽油的液、气两相达到平衡时的汽油蒸气压强,主要用来控制汽油蒸发性的上限(下限由馏程控制)。饱和蒸气压过高,会使汽车在夏季工作时,特别是高原地区易发生"气阻",增大汽油在储存与使用中的蒸发损失。汽油的饱和蒸气压应不大于 67kPa。

(2) 抗爆性——汽油在发动机汽缸内燃烧时抵抗爆震的能力,称为汽油的抗爆性。爆震是汽油机的一种不正常燃烧。

汽油的抗爆性用辛烷值评定。辛烷值是表征点燃式发动机燃料抗爆性的一个约定数值。它由在规定条件下的标准发动机试验中,通过和标准燃料(异辛烷与正庚烷配制)进行比较来测定,采用和被测燃料具有相同抗爆性的标准燃料中异辛烷的体积百分数表示。

测定的方法有研究法(Research Octane Number)和马达法(Motor Octane Number)两种。一般来说,催化裂化汽油灵敏度大。对汽油发动机来说,灵敏度越小越好。

由于汽车在道路上行驶时对辛烷值的要求不能单独用研究法辛烷值或马达法辛烷值来描述,目前采用抗爆指数这一指标来表示汽油的抗爆性能。

(3) 氧化安定性——汽油在储存和使用过程中,抵抗氧化生胶而保持自身性质不发生永久变化的能力,称为汽油的安定性。

评定汽油安定性的指标主要有实际胶质和诱导期。

①实际胶质:实际胶质是指在规定的条件下,测得的汽油蒸发残留物的正庚烷的不溶部分。国家标准规定实际胶质不超过 5mg/100mL。

②诱导期:诱导期是指在规定的加速氧化条件下,油品处于稳定状态所经历的时间周期,以 min 表示。国产汽油出厂时诱导期一般为 600~800min,普通条件下储存 21 个月后诱导期为 400~500min。

(4) 腐蚀性——汽油对金属零件腐蚀的能力,称为汽油的腐蚀性。汽油中的腐蚀性物质会使发动机寿命缩短,降低燃料的安定性。

腐蚀性的评价指标是指硫含量、水溶性酸碱、酸度、铜片腐蚀试验、博士试验、硫醇硫含量等项。

(5) 清洁性——汽油中是否含有机械杂质和水分,称为汽油的清洁性。机械杂质和水分会造成油路堵塞,磨损加剧等严重后果。评定汽油的清洁性的指标是机械杂质和水分。最简单的检查方法是将 100mL 汽油注入玻璃量筒中沉淀 12~18h,然后观察量筒,如果透明、清洁,无机械杂质和水分沉淀即为合格。

(6) 无害性——汽油在汽油机内燃烧后的燃烧产物不对人体健康和生态环境产生不利影响的性能,称为汽油的无害性。汽油的无害性与汽油的组分有关。引起燃烧产物对机动车排放产生不利影响的汽油组分有铅、锰、铁、铜、磷、硫等,引起燃烧产物对人体健康和生态环境产生不利影响的汽油组分有苯、烯烃、芳香烃等有机物。

目前,我国车用汽油标准执行的是《车用汽油》(GB 17930—2016)。GB 17930—2016将车用汽油按研究法辛烷值分为92号,95号和98号三个牌号。牌号的含义为研究法辛烷值(RON)。例如:92号汽油表示该汽油RON值不小于92。

车用汽油的选择,一般根据汽车生产厂家的车辆使用说明中的规定要求进行,也可根据发动机的压缩比选择汽油,见表3-1。

根据发动机压缩选择汽油标号　　　　　　　　　表3-1

压缩比	车用汽油标号		
	92号	95号	98号
7.5~8.0	√		
8.0~8.5	√	√	
8.5~9.0		√	
9.0~9.5			√
9.5~10.0			√

由于汽油易燃、易爆、易产生静电,使用中要注意安全。严禁用汽油作煤油炉和汽化炉燃料,以免发生火灾。

推广使用加入有效的汽油清净剂的无铅汽油有利于发动机的正常工作。汽油清净剂的发展经历了四代:第一代,20世纪60~70年代,主要针对化油器沉积物起清洁作用;第二代,20世纪80年代,主要针对燃料喷嘴沉积物起清洁作用;第三代,20世纪90年代,除了对喷嘴起作用外,还对进气门结胶、积炭起一定清净作用;第四代,现阶段,除对喷嘴沉积物及进气门沉积物有清洁作用外,还对燃烧室沉积物有清洁作用。

2)柴油的使用性能

为了保证高速柴油机正常、高效地工作,轻柴油应具有良好的燃烧性、蒸发性、低温流动性、化学安定性、防腐性和适当的黏度等诸多的使用性能。

(1)燃烧性(着火性)——柴油燃烧性的高低直接影响到柴油机的工作。十六烷值是表示柴油在发动机中着火和燃烧性能的重要指标。柴油的十六烷值直接影响燃料在柴油机中的燃烧过程。

柴油的十六烷值高,其自燃点低,在柴油机汽缸中容易自燃,发动机工作平稳。柴油的十六烷值如果过低,燃料着火困难,会产生不正常燃烧,降低发动机的功率。但柴油的十六烷值也不宜过高,如果过高,柴油不能完全燃烧,耗油量增大。

柴油的十六烷值与其化学组成有关。正构烷烃的十六烷值最高,环烷烃次之,多环芳香烃的十六烷值最低。通常车用柴油的十六烷值应在45~60范围内。

(2)蒸发性——柴油蒸发汽化的能力,称为蒸发性。用柴油馏出某一百分比的温度范围即馏程和闪点表示。比如,50%馏出温度即柴油馏出50%的温度,此温度越低,柴油的蒸发性越好。国家标准规定此温度不得高于300℃,但没有规定最低温度。为了控制柴油的蒸发性不致过强,标准中规定了闪点的最低数值。柴油的闪点指在一定的试验条件下,当柴油蒸气与周围空气形成的混合气接近火焰时,开始出现闪火的温度。闪点低,蒸发性好。

(3)低温流动性——用柴油的凝点和冷滤点评定低温流动性。凝点是指柴油失去流动性开始凝固时的温度,而冷滤点则是指在特定的试验条件下,在 1min 内柴油开始不能流过过滤器 20mL 时的最高温度。一般柴油的冷滤点比其凝点高 4~6℃。

(4)黏度——是评定柴油稀稠度的一项指标,与柴油的流动性有关。黏度随温度而变化,当温度升高时,黏度减小,流动性增强;反之,当温度降低时,黏度增大,流动性减弱。GB/T 252—2000 中规定的实际胶质、10% 蒸余物残炭和氧化安定性、总不溶物等三项指标,是柴油安定性的评定指标。柴油的防腐性则用硫含量、硫醇硫含量、酸度、铜片腐蚀及水溶性酸或碱等指标来评定。柴油中的灰分、水分和机械杂质,是评定柴油清洁性的指标。汽车柴油机应使用各项指标均符合国家标准的柴油。

(5)化学安定性——柴油的安定性对发动机影响与汽油类似。柴油安定性差,容易氧化变质,颜色加深变黑,沉淀物和胶质增大,堵塞过滤器,容易在燃烧室形成大量积炭,柴油喷射系统形成漆膜并使活塞环黏结和加大磨损,对柴油的储存和使用有很大影响。柴油的安定性指标主要用 10% 蒸余物残炭和总不溶物表示,同时色度的大小及变化也可以反映出柴油安定性的好坏。

(6)腐蚀性——柴油的腐蚀性基本同汽油腐蚀性一样,它通过硫含量、酸度、铜片腐蚀三个指标加以控制。

轻柴油标准《轻柴油》(GB 252—2000):GB 252—2000 按凝点将轻柴油分为 10 号、5 号、0 号、-10 号、-20 号、-35 号、-50 号共七个牌号。牌号的含义为凝点。例如:10 号表示该种柴油的凝点不高于 10℃。其中,10 号轻柴油适用于有预热设备的柴油机。其他牌号分别适用于风险率 10% 的最低气温 8℃、4℃、-5℃、-14℃、-29℃ 及 -44℃ 以上的地区使用。一般各种牌号轻柴油都是由直馏馏分和二次加工馏分调和而成。在低凝点的轻柴油中,还要根据使用性能的要求,适当调入一些煤油馏分。凝点较高的 10 号和 0 号轻柴油中,调入直馏馏分的比例较大,煤油的比例较小;而凝点较低的牌号正好相反。

随着发动机技术改进和环保对排放要求日益严格,对柴油质量提出了更高的要求。现有的轻柴油标准(GB 252—2000)已不能满足要求。我国轻柴油中车用柴油仅占 30% 左右,其余为农用、船用、铁路机车用、矿山用及民用等,这种状况今后若干年内不会发生突变。因此,没有必要将我国所生产的全部轻柴油向国外车用柴油标准靠拢,而只需要制定与此类似的我国车用柴油标准即可。

选择柴油的主要依据是气温,应该根据不同地区和季节选择不同牌号的柴油。由于柴油的冷滤点与实际使用温度之间有良好的对应关系,所以柴油一般按各号柴油冷滤点对照当地月风险率为 10% 的最低气温进行选择。而柴油的牌号是按凝点划分的,若根据凝点选择,凝点要比当地月风险率为 10% 的最低气温低 4~6℃(因为凝点比冷滤点低 4~6℃)。

柴油加入油箱前,一定要充分沉淀(不少于 48h)、过滤,除去杂质。不同牌号的柴油可以掺兑使用,以降低高凝点柴油的凝点,以充分利用资源。

柴油中不能掺入汽油。掺入汽油后,着火性明显变差,导致发动机起动困难,甚至不能起动。

3)石油代用燃料

石油属非再生能源,资源短缺。作为车辆石油代用燃料比较有前途的主要有:天然气 NG(包括压缩天然气 CNG、液化天然气 LNG、吸附天然气 ANG)、液化石油气 LPG、醇类燃料(包括甲醇、乙醇)、乳化燃料、甲烷水合物、氢气和生物柴油(bio—diesel)等。

(1)天然气——主要成分为甲烷(CH_4),对于车用天然气,各国都制定了相应的标准或技术要求。

(2)液化石油气——液化石油气(LPG)是由含三个或四个碳原子的烃类如丙烷(C_3H_8)、丁烷(C_4H_{10})为主的一种混合物。

(3)醇类燃料——车用乙醇汽油是指在不添加含氧化合物的液体烃类中,加入一定量变性燃料乙醇和为改善使用性能的添加剂,用于点燃式发动机汽车的燃料。存在问题:分层、腐蚀、磨损、溶胀。

(4)乳化燃料——乳化油燃烧过程的物理作用即所谓"微爆"作用。油包水型分子基团,油是连续相,水是分散相。由于油的沸点比水高,受热后水总是先达到沸点而蒸发或沸腾。当油滴中的压力超过油的表面张力及环境压力之和时,水蒸气将冲破油膜的阻力使油滴发生爆炸,形成更细小的油滴,这就是所说的微爆或称二次雾化。爆炸后的细小油滴与空气混合更加充分,油液燃烧更完全,使发动机达到节能环保之效果。

(5)氢气——作为代用燃料是比较理想的,因为氢和氧的燃烧产物为水,既无其他碳氢燃料燃烧所产生的CO、HC和炭烟,也无近来被认为是造成地球环境恶化(温室效应)主要成分之一的CO_2,被认为是发动机最清洁燃料之一。

2.汽车润滑材料的合理使用

1)发动机润滑油

发动机润滑油也称发动机油,简称机油,是保证发动机正常运行的重要材料,具有润滑、冷却、密封、清洗、防腐、降噪、防磨等功能。

(1)润滑性——在各种条件下,发动机油降低摩擦,减缓磨损和防止金属烧结的能力,称为发动机的润滑性。发动机油的黏度是评定润滑性的重要指标。

(2)低温操作性——从发动机油方面保证发动机在低温条件下容易起动和可靠供油的性能,称为发动机油的低温操作性。

发动机油的低温操作性包括有利于低温起动和降低起动磨损两方面。评定发动机油低温操作性的指标主要有低温动力黏度,边界泵送温度等。

(3)黏温性——润滑油由于温度升降而改变黏度的性质,称为黏温性。良好的黏温性,是指油品的黏度随温度的变化程度小。温度对油品黏度的影响:温度升高,黏度降低;温度降低,黏度升高。评定发动机油黏温性的指标是黏度指数。

(4)清净分散性——发动机油能抑制积炭、漆膜和油泥生成或将这些沉积物清除的性能,称为发动机油的清净分散性。积炭是由于燃料燃烧不完全,或者发动机油窜入燃烧室后裂解而形成的炭状物质。燃烧室中的积炭会导致火花塞连桥、发动机敲缸等问题。积炭落入油底壳会加速发动机油变质,或者堵塞油滤。漆膜是由于润滑油氧化而在活塞环、活塞裙等部位形成的漆状薄膜。漆膜常温下很坚固,但在高温下会变得很黏,能够黏死活塞环,使活塞环密封性下降;还会使活塞散热困难,导致活塞过热膨胀而产生拉缸。油泥是由发动机油氧化产物、积炭、固体杂质等混合形成的黑色泥状物质,存在于油底壳底部。油泥会堵塞油滤,使运动部位得不到润滑,从而导致烧瓦、拉缸等问题。清净分散性是内燃机油的特殊性质。只有清净性好的发动机油才能有效防止积炭、漆膜和油泥的生成,保证发动机的正常工作。

(5)抗氧性——在一定条件下,发动机油抵抗氧化变质的能力,称为发动机油的抗氧性。它决定发动机油在使用中是否容易变质、对零件腐蚀和生成沉积物的倾向,是决定发动机油使用期限的重要因素。

(6)抗腐性——发动机油抵抗腐蚀性物质对金属腐蚀的能力,称为发动机油的抗腐性。评定发动机油抗腐性的指标是中和值,通过相应的发动机试验来评定。中和值是指中和试油中含有的酸性或碱性组分所需要的碱量。

(7)抗泡沫性——发动机油消除泡沫的性质,称为发动机油的抗泡性。当发动机油受到激烈搅动,将空气混入油中时,就会产生泡沫,泡沫如果不及时消除,会产生气阻、供油不足等故障。

发动机油可分为汽油机润滑油(汽油机油)和柴油机润滑油(柴油机油)。

发动机油的质量等级在国外广泛采用美国机动车工程师学会(SAE)黏度分类法和美国石油学会(API)的使用条件分类法。

根据发动机油的黏度,SAE 黏度等级分为 5W、10W、20W、20、30、40、50,其中字母 W 代表冬季发动机油品种。此外,还有一种全气候发动机油(又称多级发动机油),是用低黏度的基础油加入稠化剂制成的。它用 SAE 等级的双重号码表示,如 SAE5W/30。这种发动机油在高温时具有 SAE 30 相同的黏度值,而在低温时,它的黏度不超过冬用发动机油 SAE5W 的黏度值。

根据发动机油的性能和使用场合,API 将发动机油分为汽油机系列 SA、SB、SC、SD、SE、SF;柴油机系列 CA、CB、CC、CD。

中国参照 API 分类法制定了内燃机润滑油质量等级分类标准。根据内燃机的特性和使用场合,将发动机油分为 SB 级、SC 级、SD 级、SE 级、SF 级汽油机油和 CA 级、CB 级、CC 级、CD 级柴油机油,以及 RA 级、RB 级、RC 级、RD 级二冲程汽油机油。

黏度是发动机油的重要质量指标。润滑及密封作用要求发动机油应有适宜的黏度,使发动机油能在摩擦表面上形成足够厚度的油膜;而冷却及清洗作用则要求用低黏度发动机油。所以,应在综合考虑的基础上,正确地选择发动机油黏度。

黏度太大,流动性不好,起动时输送发动机油慢,油压虽高,但流量小,而使冷起动困难。此时,零件最容易出现短暂的干摩擦或半液体摩擦,这是造成发动机运动件磨损的最主要原因;黏度太大,零件摩擦表面间的摩擦力也就增大,它不仅会增大零件磨损,而且摩擦功增大,致使有效功率降低,燃油消耗增加。黏度太大,由于发动机油的循环速度变慢,使冷却散热作用的效果变差。黏度大的发动机油与黏度小的发动机油相比,残炭含量较多,酸值和凝点较高,热氧化安定性和黏温性能都要差些,从而影响使用效果。

发动机油黏度太低,油膜易被破坏。在高温摩擦表面上,不易形成足够厚的油膜,零件得不到正常润滑,会增大磨损;同时,密封作用差,不仅使汽缸有效压力降低,发动机油受稀释和污染,而且易使发动机油窜入燃烧室,致使发动机油消耗量增加,燃烧不完全,排气冒黑烟。

因此,在保证发动机良好润滑的前提下,应选用黏度较低的发动机油。只有在负荷大、环境较严重的条件下或发动机本身已磨损严重时,才选用黏度稍大的发动机油,以保证摩擦表面间形成可靠的润滑层,减少零件磨损,保证密封作用。

在选用发动机油时,应做到既熟悉各类牌号机油的规格性能,又要熟悉发动机的结构特点、强化程度、使用条件、制造年代,才能做到正确选用。

发动机油质量等级的选用,主要根据发动机的工作条件来选择。

表 3-2 列出了我国大部分地区发动机适用的发动机油黏度等级与使用环境温度范围的参考值。

多级发动机油黏度等级与使用环境温度范围表　　　　表 3-2

黏 度 等 级	适用环境温度	适 用 季 节	适 用 地 域
5W/30	-30~30℃	四季通用	东北、华北、西北
10W/30	-25~30℃	四季通用	华北、中西部
10W/40	-25~40℃	四季通用	华北、中西部
15W/40	-20~40℃	四季通用	华北、中西部
15W/50	-20~45℃	四季通用	黄河长江以南

发动机工作时运动零件表面会产生剧烈摩擦。发动机油的作用是在运动零件之间形成良好的油膜,将接触面隔开,以湿摩擦代替干摩擦,变固体摩擦为液体摩擦。据资料统计,车辆因润滑不良造成的故障占总故障的 41%。因此,要充分发挥发动机油的作用,保证发动机可靠润滑,降低磨损,减少故障,延长车辆使用寿命,必须从发动机油的选择、使用上加以重视。

2)汽车润滑脂

润滑脂(俗称黄油)是介于液体与固体之间的半流动的塑性物质。因而它既有固体的特性,也有液体的特性。它比一切纯液体润滑油具有许多优点。

润滑脂能长时间抹在金属表面上不流失,并且易于涂着和清除,在垂直表面上也有保持足够厚层的能力,使被涂抹的物件与空气隔绝,可以作为轻金属的保护材料和密封材料,也可以使用在难以密封的摩擦面上,以及难以及时有规律加注润滑剂的摩擦副中,如汽车轮毂、闭式滚动轴承等。

对每一种润滑脂,当载荷超过一定值时,会产生类似液体的黏性流动,但润滑脂的黏度不像一般液体那样,在同一温度下有固定的黏度值,而是随着它的变形速度,表现出不同的黏度。例如,润滑脂层相互间的相对位移速度增加时,润滑脂的黏度大大降低。因此,随着润滑零件速度的增加,润滑脂的黏度显著降低,这种现象影响了它的使用性能。但润滑脂的黏度指数远较润滑油大得多,温度变化而黏度很少变化,这是润滑脂重要而良好的使用性能。所以在变温条件下工作的摩擦面是使用润滑脂更为有利。

润滑脂不能经过摩擦而循环流动。因此,它不能把热量从摩擦面带走,也就不具备液体润滑的冷却作用,这就限制了润滑脂的摩擦面的最高温度。

润滑脂是在润滑油中加入稠化剂制成的。实际上它是稠化了的润滑油,在常温下呈黏稠的半固体膏状。其主要成分是润滑油、稠化剂和添加剂。其中润滑油是主要成分,含量占 80%~85%,因此润滑脂的性能主要取决于润滑油的性质,如用黏度小的润滑油可使润滑脂柔软细腻,用黏度大的润滑油可使润滑脂具有很强的附着能力;稠化剂在润滑脂内形成海绵或蜂窝状的结构骨架,将润滑油包容起来,成为膏状物质,稠化剂的含量和性质决定了润滑脂的黏度程度、耐水性和耐热性等,含量越多,润滑脂越黏稠;稳定剂是润滑油和皂类稠化剂的结合剂,它起稳定油皂结合的作用;添加剂用来改善润滑脂的某些使用性能。

在实际使用中应注意如下事项:

（1）工作温度。被润滑部位的最低工作温度应高于润滑脂的低温界限，否则会加大阻力；最高温度应低于高温界限，否则会因润滑脂流失而失去润滑能力。

（2）水污染。包括环境条件和锈蚀性，根据使用要求，综合考虑来确定润滑脂的等级。

（3）负荷。根据单位面积所受压力的大小确定，选用非极压型（A）或极压型（B）润滑脂。

（4）合理润滑。例如，对轮毂轴承润滑应只填满轴承，空腔涂一层润滑脂防锈即可；夏季山区行车时，选用耐温性好的钙钠基润滑脂或锂基润滑脂。

（5）合理选用润滑脂的品种、稠度牌号。合理选用润滑脂是一项重要的节能措施。合理润滑可充分发挥机械效率，减轻磨损，延长机械寿命，减低润滑脂消耗，提高汽车运输效率。在保证润滑的条件下，选用低号牌的润滑脂。

（6）尽量选用寿命长的多效锂基润滑脂。实践证明，用多效锂基脂取代钙基脂，汽车轮毂轴承的维护周期将从6000km延长至12000km以上，润滑脂的消耗量可节省50%以上。冬季应选用低温润滑脂，在-30~120℃的范围内使用锂基润滑脂。在冬季严寒地区应选用酰胺润滑脂和无水钙基润滑脂。

3．冷却液的合理使用

发动机在工作时，汽缸内部燃烧燃油要产生高温，为保证发动机正常工作，就应对其进行冷却；同时，为防止发动机在严寒季节发生缸体、散热器和冷却系统管道的冻裂，还要求冷却液具有防冻功能，另外，还要求冷却液具有防腐蚀、防水垢等作用。所以，汽车发动机都应使用专用的冷却液。

1）冷却液的使用性能

为保证汽车发动机正常工作和延长发动机使用寿命，要求汽车发动机冷却液应具备以下性能。

（1）低温黏度小，流动性好——汽车发动机冷却液的低温黏度越小，说明冷却液流动性越好，其散热效果越好。

（2）冰点低——冰点就是液体在低温时所形成的结晶的温度，以℃表示。若汽车在低温条件下停放时间较长，而发动机冷却液的冰点达不到应有温度时，则发动机冷却系统就会被冻裂。因此，要求发动机冷却液的冰点要低。

（3）沸点高——沸点就是发动机冷却系统的压力与外界大气压力相平衡的条件下，冷却液开始沸腾的温度，以℃表示。发动机冷却液在较高温度下不沸腾，可保证汽车在满载、高负荷等苛刻工作条件下工作时正常运行。同时，沸点高则蒸发损失也少。特别对现代电控燃油喷射系统及电子控制点火的发动机来说，因为其燃烧温度高，所以对冷却液沸点的要求更高。

（4）防腐性好——发动机冷却液在工作中要接触多种金属材料，如果它对金属有腐蚀性，就会影响发动机正常工作，甚至造成事故。为使发动机冷却液有良好的防腐性，要保持冷却液呈碱性状态，冷却液pH值在7.5~11.0为好，超出范围也将对金属材料产生不利影响。

（5）不产生水垢，不起泡沫——水垢对发动机冷却系统的散热效果影响很大。试验表明，水垢的导热性比铸铁差得多，比铝就差得更多。所以，冷却液在工作中，应不产生水垢。

发动机冷却液如果产生气泡，不仅会降低传热性，加剧气阻，同时还会造成冷却液溢流而损失。另外，还要求汽车冷却液传热效果好，不损坏橡胶制品，热化学稳定性好，蒸发损失少，热容量大，价廉、无毒。

冷却液是由水、防冻剂以及各种添加剂组成。现在冷却液中使用的防冻剂主要有乙二醇和丙二醇两种类型。乙二醇相对于丙二醇防冻液比较常用。

2)乙二醇型汽车发动机冷却液

过去使用水作为冷却液,而水中含有一定量的盐类,对发动机冷却系统的金属产生腐蚀,同时温度升高时,因溶解度下降而析出,形成水垢,水垢的导热性比金属差很多。更严重的是由于水的冰点较高,结冰时体积膨胀,会使发动机冷却系统部件冻裂,因此要求使用冰点低的冷却液。

目前使用的是乙二醇—水冷却液,因为具有冰点低、沸点高,在腐蚀抑制剂存在下能长期防腐防垢,其性能远优于水、乙醇和甘油型冷却液而被广泛使用。

乙二醇是一种无色黏稠液体,能与水以一定比例混合。沸点197.4℃,相对密度为1.113,冰点为-11.5℃,但与水混合后,其冰点可显著降低,最低可达-68℃。

现代汽车发动机冷却液(乙二醇型)是由基础液、防腐蚀添加剂、抗泡沫添加剂、染料及水等组成。基础液主要是乙二醇,乙二醇易氧化生成酸性物质对金属有腐蚀作用,因此用作冷却液时应加入防腐添加剂。

在冷却液工作时,由于混入废气或吸入空气而引起泡沫,或因其他原因而引起泡沫,都会严重影响冷却效果,对传热不利。可加入硅油等抗泡沫添加剂,以使所产生泡沫及时破裂。

冷却液中加入染料的目的是为了与其他液体相区别,及容易在冷却系统中发现是否加有冷却液,并便于发现泄漏。

3)汽车发动机冷却液的选用

选用冷却液时,选用冰点要比车辆运行地区的最低气温低10℃左右。目前市场上的冷却液最多是-18℃,还有-28℃和-40℃的。

除选择好所使用的冷却液外,应特别注意定期检查冷却液的技术指标。冷却液的有效期通常为2~3年,加注后不要随意更换。但是,应对使用中的冷却液定期进行技术指标检查,一般结合换季维护进行。检查内容包括外观、冰点、密度和pH值等,发现冷却液变蚀、变质、变味、发泡、有悬浮物、沉淀物、密度增大、变稠、冰点上升、pH值低于7.5或高于11.0等情况时应及时报废更换。

不同厂家、不同牌号的冷却液不能混合使用。不同品牌的冷却液其生产配方会有所差异,如果混合使用,多种添加剂之间很可能会发生化学反应,造成添加剂失效,破坏各自的综合防腐能力,引起沉淀、结垢和腐蚀等危害,从而影响发动机的使用寿命。

4. 制动液的合理使用

制动液是汽车液压制动系统中传递制动压力的液态介质。对汽车制动液的性能要求是:黏温性好,凝固点低,低温流动性好;沸点高,高温下不产生气阻;使用过程中品质变化小,并不引起金属件和橡胶件的腐蚀和变质。

汽车制动液又称为刹车油或刹车液,由基础油或基础液以及各种添加剂组成,是用于汽车液压制动系统中传递压力,使车轮制动器实现制动作用的一种功能性液体。汽车制动液的质量状况直接关系到车辆的行驶安全。如果使用的制动液品质低劣,则会因发生高温气阻、低温制动迟缓而导致汽车制动故障或制动失灵,引起交通事故。

1)制动液的技术要求

我国现行的制动液标准《机动车辆制动液》(GB 12981—2012)为强制性标准,共有15项技术指标要求,分别是外观、平衡回流沸点、运动黏度(100℃、-40℃)、pH值、液体稳定性、腐蚀性、低温流动性和外观、蒸发性能、容水性、液体相容性、抗氧化性、橡胶相容性、行程模拟性能和防锈性能。

(1)外观——制动液的外观应清澈透明、无杂质、无沉淀和悬浮物。该指标是辨别制动液是否合格的一个最为简便的方法,也是制动液最基本的指标。

(2)平衡回流沸点——是指在规定试验条件下测得的制动液的沸腾温度。平衡回流沸点越高,制动液的高温性能才有可能越好。但并不是所有平衡回流沸点高的制动液一定具有优良的高温性能,只有在平衡回流沸点和湿平衡回流沸点都高的情况下,制动液才具有良好的高温性能。

(3)运动黏度(100℃、-40℃)——运动黏度是液体石油产品的主要性能指标之一。为了保证制动液在使用过程中当温度升高到一定程度时,仍能保证其具有良好的润滑和密封性能,同时防止在高温条件下的渗漏,标准要求100℃运动黏度应不小于$1.5mm^2/s$。-40℃低温运动黏度是汽车制动液的重要低温性能指标,它反映产品在低温条件下的流动性大小,该指标直接关系到车辆在低温条件下的制动性能。低温黏度越小,制动越灵敏;低温黏度越大,制动就越迟缓,甚至导致制动失灵。

(4)液体稳定性——制动液的液体稳定性包括高温稳定性和化学稳定性两项指标。该指标主要用来反映制动液在一定试验条件下的物理和化学稳定性能。

(5)腐蚀性——汽车制动系统中与制动液接触的金属管路和零部件较多,并涉及多种金属元素,为了保证这些零部件不被破坏,制动液必须具有优良的金属防护性能,以减少和控制车辆制动系统金属腐蚀现象的发生,确保其长期正常、可靠工作,保证车辆行驶安全。

(6)低温下的流动性和外观——制动液的低温流动性能和外观指标主要用来评定制动液的低温稳定性。制动液除了要能在较高气温条件下保证车辆制动系统正常工作外,也还需要在低温条件下确保制动系统操作灵活、制动可靠,保证行车安全。

(7)蒸发性——制动液的蒸发性能指标是控制制动液在一定温度条件下蒸发损失大小的指标,该指标对于制动液的润滑性能、使用寿命和保证制动液在较高温度条件下使用时,制动系统正常、可靠工作都具有重要意义,是制动液的一项重要高温性能指标。

(8)容水性——容水性指标主要用来评定水分对制动液性能的影响,即在标准规定条件下观察其是否分层、是否有沉淀物及透明度等现象。制动液在储存一定时间后,由于其对金属包装罐焊料的侵蚀作用而产生铅盐,在进行容水性试验时,铅盐化合物会水解生成沉淀物。

(9)液体相容性——主要用来评定制动液与其他同类型的制动液混合后,是否分层、沉淀等。以考察制动液产品之间的物理和化学相容性。虽然不同制动液生产厂家的产品其液体相容性试验均能符合要求,但不同品牌的制动液产品仍应避免混合作用,以防因产品混合改变制动液的配方组成而对其使用性能产生不利影响。

(10)抗氧化性——制动液在常温条件下是比较稳定的,但受高温和金属催化等因素的影响,会促使其氧化变质,因此,要求制动液具有优良的抗氧化性,它决定制动液在储存和使用过程中是否容易氧化变质,是决定制动液储存期和使用寿命的重要因素,抗氧化性越好,则越不易氧化变质,储存期和使用期就越长。

(11)橡胶相容性——在汽车制动系统中,为了保证制动液不渗漏,并传递制动能量,使用了多种橡胶零部件。制动液直接与这些橡胶部件相接触,为了保证这些橡胶件正常工作不引起过度的软化、溶胀、溶解、固化和收缩,要求制动液具有良好的橡胶适应性能。

2) 国产制动液的品种和标号

汽车制动液一般分为如下3类:醇型、合成型、矿油型。

(1) 蓖麻油—醇型:用精制蓖麻油和乙醇按1∶1配制而成。在寒冷地区,用蓖麻油34%、丙三醇(甘油)13%、乙醇53%配制成的制动液,在-35℃左右仍能保证正常制动,但沸点低,易产生气阻。

(2) 合成型:用醚、醇、酯等掺入润滑、抗氧化、防锈、抗橡胶溶胀等添加剂制成,使用性能良好,工作温度可高达150℃,但价格较高。1968年美国联邦政府运输部DOT(Department of Transportation)以SAET70b为基础,制定了联邦机动车辆安全标准FMVSS(Feneral Motor Vehicle Safety Standards)。1972年美国对此标准进行了大幅度修改,制定了FMVSS No116 DOT3、DOT4、DOT5标准。

1991年我国颁发的第一个合成制动液国家标准《HZY2、HZY3、HZY4合成制动液》(GB 12981—1991)已于1992年3月1日起实施。HZY2、HZY3、HZY4三个规格,其沸点分别达205℃、205℃、230℃以上,其中HZY3、HZY4稀释后的沸点分别达140℃、155℃以上各方面已接近和达到了DOT3、DOT4、DOT5的技术要求。

(3) 矿油型:用精制的轻柴油馏分加入稠化剂和其他添加剂制成,工作温度范围为-70~150℃。它的使用性能良好,但制动系统须配用耐矿油的橡胶件。中国的矿油型制动液分"7号"和"9号"两种,"7号"用于严寒地区,"9号"用于气温不低于-25℃的地区。各种制动液不可混存和混用,否则会出现分层而失去作用。

3) 制动液的选用

按照车辆使用说明书的要求选择制动液产品是最合理可靠的,各汽车生产厂家在推荐制动液时都是经过充分论证和大量实车实验的。说明书在给出了标准用代号品牌外,一般还提供了可供代用的代号品牌。用户应尽可能选用标准代号品牌的产品,缺乏时才考虑选用代用品。如果推荐的代用品牌也缺乏时,才按照上述对应关系选择相应等级的代用品。

4) 制动液的正确使用与维护

不同类型或不同牌号的制动液不得混合使用。对有特殊要求的制动系统,应加注特定牌号的制动液。由于不同类型或品牌的制动液配方不同,混用或加注的品牌不正确,会造成制动液质量指标下降。即便是那些互溶性较好,标明能混用或可替代的品牌,使用中也不尽人意,因而最好不要长期使用。

当制动液中混入或吸收水分,或者是发现制动液有杂质或沉淀物时,应予以更换或进行认真过滤,否则会造成制动压力不足,从而影响制动效果。

装有制动液面报警装置的车辆,应随时观察报警指示灯是否闪亮,报警传感器性能是否良好。当制动液不足时应及时添加,储存的制动液应保持在标定的最低容量刻度线和最高容量刻度线之间。

车辆制动跑偏时,应对制动系统进行全面的检查。若发现个别制动轮缸皮碗膨胀过大时,则说明制动液质量存在问题,这时应重新选择质量好的皮碗予以更换。

车辆正常行驶4万km或制动液连续使用超过2年,制动液很可能由于长期使用而变质,当液质混浊黏厚时应予更换。更换制动液后,应放出制动管路中的空气,放气的基本原则是"由远而近,由上而下",逐个进行。

5.轮胎的合理使用

合理使用轮胎,可降低轮胎磨损,防止不正常的磨损损坏,延长轮胎的使用寿命。

1)合理搭配

轮胎应按照规定车型配装,并根据行驶地区道路条件选择适当的胎面花纹。要求在同一轴上装用厂牌、尺寸、帘线层数、花纹相同、磨耗程度相同的轮胎。同一名义尺寸的不同厂牌的轮胎,其实际尺寸有所差别,轮胎尺寸大小不一致,会产生高低不一,承受负荷不均衡,附着力不一样,磨耗不均匀。胶面花纹不同,与地面附着系数不同,同样会造成磨耗程度的差别。因此,不能将外周尺寸大小悬殊,花纹不相同的轮胎混装使用。翻修胎一般都装在后轴上使用,前轴上装新胎,以确保行车安全。

应尽量实行整车换胎,搞好轮胎换位。备胎是作临时替用,且长时间挂在车上,橡胶易老化,应选择一条质量相当、花纹一致的同类旧胎或翻新胎。

2)掌握胎压

轮胎工作气压直接关系到汽车行驶的安全性和经济性。

轮胎制造厂在设计各种规格的轮胎时,都规定了其最大负荷量和相应的充气压力,使用时应按轮胎规定的气压标准进行充气,否则,将造成轮胎早期磨损和损坏。

轮胎气压低于标准值行驶时,其径向变形增大,轮胎两侧将发生过度挠曲,胎侧内壁受压,胎侧外壁受拉,胎体内的帘线产生较大的变形和交变应力。周期性的压缩变形,会加速帘线的疲劳损坏。变形也使轮胎帘布层和轮胎与地面间相对滑移增大,摩擦产生的热量多,轮胎温度急剧上升。轮胎的应力增大和温度升高,降低了橡胶的抗拉强度,使帘线松散和局部脱层,在遇有障碍受到冲击时,极易爆破。轮胎气压过低,轮胎在接触面上的压力不均匀,轮胎向里弯曲,胎面的中部负荷要小一些,因而胎面的边缘负荷急剧增大,使材料的应力增大,有时称这种现象为"桥式效应"。产生"桥式效应"时,胎面磨耗不均匀,行驶面的中部几乎保持不变,而胎肩部分严重磨损,通常形成齿状或波浪状,这是轮胎气压过低时轮胎磨损的特征。

在轮胎气压过低时,轮胎花纹凹部最易嵌入道路上的钉子和石块,引起机械性损伤。并装的双胎在低压下行驶时,由于胎侧屈挠变形特别大,两个相近的轮胎侧壁易接触,相互摩擦而磨损,然后磨坏胎体;若并装双胎中有一只轮胎气压过低时,行驶中轮胎负荷将由另一只轮胎承担而超载,加剧轮胎的损坏。

轮胎气压过低,还将使滚动阻力加大,降低行车速度,增加燃料的消耗。试验表明,当汽车的各轮胎的气压均较标准降低49kPa,则会增加5%的油耗;而仅一侧两个轮胎较标准降低49kPa,则增加2.5%油耗;前轮一只轮胎较标准降低49kPa,则增加1.5%的油耗。当轮胎气压低于标准的20%~25%时,就会减少20%的轮胎行驶里程,相应增加10%的油耗。

轮胎气压高于标准行驶时,将使轮胎的帘线受到过度伸张,胎体帘线的应力增大,帘线疲劳过程加快,引起帘线拉断,造成轮胎早期爆破。轮胎气压过高时,轮胎与路面的接触面积减小,增加了单位面积上的负荷,将加速胎冠中部的磨耗,这是轮胎气压过高时轮胎磨损的特点。并装双胎中的一只轮胎气压过高,特别是内侧轮胎气压过高,受道路拱形路面的影响,更易造成超载而过早损坏。轮胎气压过高还使汽车平顺性降低,加速汽车部件的磨损和损坏;在不平路面上行驶时,轮胎气压过高,汽车振动加剧,汽车垂直位移增加而消耗能量,使汽车的燃料消耗增加。

试验表明,轮胎气压过低或过高,轮胎的使用寿命都缩短,轮胎气压降低20%,轮胎的使用寿命会缩短15%。

3)严禁超载

当汽车超载或装载不均衡时,便引起轮胎超载。

超载时轮胎损坏的特点和轮胎气压过低行驶时的损坏相似。但是,超载时轮胎损坏更严重。因为,在这种情况下,胎体帘线的应力加大,轮胎材料的疲劳强度下降,产生热量大(特别是在轮胎胎肩部位),而且轮胎与路面接触面积上的压强增大,分布更不均匀。

轮胎超载不许用提高轮胎气压方法补偿。因为这会引起胎体帘线的应力显著增大,造成轮胎的早期报废。

4)合理控制车速

随着车速的增加,轮胎的变形频率、胎体的振动以及轮胎的圆周和侧向扭曲变形(即形成静止波)也随之增加。当车速达到某一速度时,此能量大部分转换成热量,使轮胎的工作温度和气压升高,加速老化。此外,车速过高,胎体受力增加,还容易产生帘布层破裂和胎面剥落现象,严重时造成轮胎爆裂,这在高速公路行驶时是非常危险的。据统计,我国高速公路交通事故30%以上(其至80%)都是因爆胎引起的。车速过高,轮胎所受动载荷增大,在不平路面是更为严重。因此,控制车速是非常必要的。

5)注意胎温

轮胎的工作气压应与胎温相适应。汽车在行驶时,其轮胎断面产生变形,而形成挠曲变形,轮胎产生内部摩擦,引起轮胎发热,胎温升高,胎内气体受热膨胀,致使胎压升高。

胎温升高,对轮胎的使用寿命有很大影响。它会使橡胶老化,降低物理性能,产生龟裂,同时还会发生胎体帘布层脱层以致破坏。当胎温超过95℃,就有爆破危险。试验表明,轮胎内部的温度与轮胎的负荷和速度的乘积成正比,与外胎的厚度平方成反比。在负荷和胎压正常的情况下,轮胎升温的主要原因是天气炎热,散热条件差。

大气温度每上升10℃,行驶时轮胎温升控制系数应下降10℃。我国北方地区冬季时间长,气温较低,每年从11月中旬至次年3月上旬,大气温度大都低于13℃,从而有利于充分发挥轮胎的最佳性能,可适当增加轮胎的气压29～49kPa。短途运输也可参考这个数值。但在炎热的夏季,轮胎内的摩擦产生的热量不易散发出去,应适当降低轮胎的充气压力。所以,夏季行车时,要特别注意爆胎问题。在行驶中如果发现胎温过高,应将汽车停在阴凉地点,待胎温降低后再继续行驶,不得采用泼冷水或放气降压。

不同车速下温度对轮胎的使用寿命影响是不同的,试验表明,以车速为55km/h行驶,当气温为22℃时,轮胎的使用寿命为100%;而当气温上升至36℃时,若车速为35km/h时,其使用寿命尚可达50%以上,车速达75km/h时,其使用寿命为38%,若车速超过100km/h时,其使用寿命只有25%。所以,胎温的变化,也可通过控制车速来实现。

6)保持车况良好

保持车况完好,尤其汽车底盘技术状况良好,是防止轮胎早期损坏的有效措施。当底盘零件装配不当或出现故障时,轮胎不能平稳滚动,产生滑移、拖曳或摆振,使轮胎遭到损坏;漏油故障,使油类滴落到轮胎上侵蚀橡胶,也会造成轮胎早期损坏。

7)正确驾驶

汽车驾驶方法,涉及轮胎与路面相互作用的所有受力情况。不正确或不经心地驾驶汽车,都能使轮胎使用寿命急剧缩短。与驾驶员操作直接有关的缩短轮胎使用寿命的主要问题有:急加速、急剧制动、超速行驶和急剧转弯等,以及不经心驶过和碰撞障碍物等。

(三)特殊条件下汽车的合理使用

我国幅员辽阔,气候多样,包括寒冷地带、温带、亚热带、高原、山区、沙漠及各种复杂的地域等。汽车在上述不同的条件下使用,各总成部件的工作状况常有显著变化,恶劣的气候条件和复杂的地域会导致汽车的使用性能变坏。因此必须对使用上的某些特殊情况,掌握其特点和采取相应的措施,保证汽车的合理使用。

1. 汽车在低温条件下的合理使用

1)汽车在低温条件下使用的主要问题

汽车在低温条件下使用的主要问题是发动机起动困难和总成磨损严重。此外,还存在着零件损坏、腐蚀、总成热状态不良、燃料润滑油消耗增大,以及轮胎强度减弱、行车条件明显变差等问题。

(1)发动机起动困难:发动机的起动性能通常用发动机在某温度下能起动的最低起动转速表示该温度下的起动性能,并用能起动发动机的最低温度表示其低温起动性能。

不同的发动机其起动性能有所差别,这主要与发动机类型、燃烧室形状和设计、工艺水平有关。在使用过程中,发动机的低温起动性主要受发动机润滑油黏度、汽油或柴油的蒸发性、柴油的低温流动性及蓄电池工作能力的影响。

汽油机的起动性能比柴油机要好,即使在低温条件下,采取一些简单的措施,比如进气管预热、油底壳中机油预热、注意低温条件下蓄电池的保温等,低温起动并不困难。由于柴油发动机的压缩比高、起动阻力矩大、起动转速高等特点,柴油机在低温起动时,一般必须采取一定的措施,设置一些辅助装置来改善柴油机的起动性能。

(2)蓄电池工作能力下降:蓄电池在起动过程中主要影响起动机的起动转矩和火花塞的跳火能量。

在低温条件下,蓄电池电动势 E 变化不大,即环境温度有较大变化时,蓄电池的单格电压下降并不多。但是,随着温度的降低,蓄电池的电解液黏度增大,向极板的渗透能力下降,内阻增加;同时,起动时的电流很大,从而使蓄电池的端电压及容量明显下降。

低温起动时,由于蓄电池端电压低,蓄电池输出功率下降,导致起动机无力拖动发动机旋转或不能达到最低起动转速。

低温起动时,由于蓄电池端电压低,火花塞的跳火能量小,使发动机不能保证可靠点火。

(3)汽车总成磨损严重:发动机的磨损不仅在冷起动时严重,而且在起动后尚未达到正常温度之前,磨损强度一直是很大的。

在起动过程中,汽缸壁润滑条件差;冷起动时,大部分燃料以液态进入汽缸,冲刷了汽缸壁的油膜;汽油的含硫量对汽缸壁磨损的影响也很大,这是由于汽车在燃烧过程中产生的氧化硫与凝结在汽缸壁上的水滴化合成酸引起腐蚀磨损所致。

低温起动时,润滑油黏度低,流动性差,机油泵不能及时地将润滑油压入曲轴颈的工作表面,使润滑条件恶化。

润滑油被窜入曲轴箱中的燃料稀释;燃料不完全燃烧而形成的碳化物也会同非废气一起窜入曲轴箱污染润滑油。

在低温条件下,由于轴瓦的合金、瓦背与轴颈的膨胀系数不同,使配合间隙变小,而且很不均匀,加速了轴颈与轴瓦的磨损。

传动系总成(变速器、主减速器和差速器等)的正常工作温度是靠零件摩擦和搅油产生的热量保证的,这种温升速度很慢。研究表明,汽车主减速器齿轮和轴承在 -5℃ 的润滑油中比在 35℃ 的润滑油中运转磨损增大 10~12 倍。另外,传动系润滑油因低温而黏度增大,运动阻力相应增大,传动系各总成在起步后的很长一段时间内的负荷较大,使总成中传动零损的磨损加剧。

2)低温条件下行车应采取的主要措施

发动机起动方法按其总成温度可分为冷态起动和热态起动。冷态起动是指发动机总成的温度与环境温度相同的条件下起动;热态起动是在发动机起动前进行预热(一般缸体温度高于40℃),使其接近于常温下起动。

冷态起动可采用以下两种技术途径:一是提高发动机起动时的转速;二是降低发动机能起动的最低起动转速。

提高发动机起动时的转速措施有:使用大容量低温蓄电池;使用蓄电池加热保温箱;使用发动机低温润滑油;使用大功率起动电源等。

降低发动机能起动的最低起动转速的措施有:使用起动液;用于汽油机的汽油蒸发器、混合气加热器;用于柴油机的炽热塞、进气预热装置、喷入易燃燃料等。

上述措施的合理使用,可使汽油机或柴油机在 -40℃ 气温下顺利起动,这对于一些专用车辆,特别是军用汽车是十分重要的。

一般车辆在低温条件下使用时,应采取以下措施:

(1)车辆在低温条件下停放时,应采取防冻、保温措施,注意预防冷却系统冻结。车辆冷却系统尽可能加注防冻液,其冰点应比使用地区的最低气温低5℃;车辆在使用前应预热,尽量使发动机在热态条件下起动;各总成和轮毂轴换用冬季润滑油(脂),制动系统换用冬季制动液。柴油机选用低凝点柴油;调整发电机调节器,增大发电机充电电流。注意保持蓄电池电解液的合适密度和蓄电池的保温;使用防冻液和起动液时,应掌握其正确使用方法;在冰雪路面行驶时,应采取有效的防滑措施;注意在雪路驾车适当间断性停车,闭目休息,或佩戴有色眼镜,以防雪光伤眼和雪盲;注意做好日常防冻保温工作。高寒地区使用的车辆,雪路行驶容易溜滑,造成运行困难,应随时携带喷灯、三角木、镐锹等必备的防寒救急品;装置保温套、防滑链等必要的安全设施。

(2)在寒冷地区,汽车的起动前预热一般采用热水、热蒸汽、热空气、电热器和红外辐射加热装置等。其中热水预热是应用最广泛的预热方式,热水预热可分为车外式和随车式两种。车外式热水预热装置的热水由锅炉加热至 90~95℃,从散热器加水口灌入冷却系统。由于散热器的冷却及节温器的闭塞作用使这种加热方法的效果较差。例如,为了保证起动可靠,在气温 -10℃、-20~-10℃ 和 -20℃ 以下时,消耗的热水量分别为冷却系统容量的 1.5 倍、2 倍、3~4 倍。

(3)在严寒地区,汽车发动机保温的目的是发动机在一定的热工况下工作,并随时可以出车。

在无车库条件下,一般主要对发动机保温,其次是蓄电池,只有在气温很低或承担某些特殊任务的车辆才进行油箱和驾驶室保温。

发动机的保温方法可采用百叶窗或改进风扇参数(叶片数目或角度),也可以降低风扇转速或使风扇不工作(装离合器)。后一种方法不但减少了热量耗散,而且还减少发动机的功率损失。关闭百叶窗可减小流经散热器的空气流,但由于气流阻力大,风扇消耗的功率略有增加。

提高蓄电池在低温条件下的输出功率,一般有两种方法:一是使用低温蓄电池;二是蓄电池保温。低温蓄电池的特点是使用薄极板来降低蓄电池的内阻,并加入一些活性添加剂。由于采用了薄极板,则在同样大小的蓄电池壳中的极板片数增加,与电解液的接触面积增大,使蓄电池容量增加,降低了内电阻,提高了蓄电池输出功率。

合理使用燃料与润滑油也是汽车在低温条件下的重要措施。低温下使用的燃料应具有良好的蒸发性、流动性、低含硫量,以利于低温起动和减少磨损。某些国家有专门牌号的冬季汽油和柴油,供汽车在严寒地区使用。

2. 汽车在高温条件下的合理使用

在我国炎热的南方和夏季的西北高原,由于气温高、辐射热强,汽车往往由于发动机过热,使其动力性、经济性和行驶可靠性变坏,严重时会影响汽车正常行驶。

1)高温条件下对汽车性能的影响

(1)发动机充气能力下降:气温越高,空气密度越小,发动机的实际进气量减少;由于发动机过热,发动机罩内温度更高,发动机充气能力降低。充气系数下降,造成发动机功率下降,使汽车行驶无力。另外,由于充气系数下降,混合气相对变浓,汽车废气中的有害物质(CO、HC、NO_x、炭烟)浓度增大,增加环境污染。

(2)燃烧不正常:大气温度高,进入汽缸的混合气温度也高,发动机整个工作循环的温度也高,而散热器的散热效率又低,使发动机处于过热状态,燃烧室内末端混合气接受热量多,加剧焰前反应,这就容易产生爆震。另外,过热的发动机使积存于活塞顶部、燃烧室壁、气门顶部及火花塞上的积炭形成炽热点,易造成可燃混合气的早燃。这种不正常的燃烧,更加剧了发动机的过热现象,形成恶性循环,汽缸体和缸盖易产生热变形甚至裂纹,较为常见的是烧坏汽缸垫、气门及气门座。

(3)机油易变质:机油在高温、高压下工作时,使机油的抗氧化安定性变坏,加剧了其热分解、氧化和聚合的过程。机油与燃烧不完全的产物、凝结的水蒸气以及进气中夹带的灰尘混合,引起机油变质。另外,由于机油温度高,黏度下降,使机油变稀,油性变差,机油压力降低,发动机零部件表面不易形成润滑油膜。同时,金属零件由于高温热膨胀较大,零件之间正常配合间隙变小。这些都加速零件磨损,严重影响发动机的使用寿命。

在我国西北高原,夏季炎热而干燥,空气中的灰尘很多。而湿热带的南方地区,空气中的水蒸气浓度大。这些灰尘和水蒸气通过进气系统或曲轴箱通风口等处进入发动机污染机油。

(4)零件磨损加剧:高温条件下使用的汽车,发动机在起动过程中的磨损减少,但是长时间行驶,特别是超载爬坡或高速行驶,机油温度高,黏度下降,油性变差,加速了零件磨损。

(5)供油系统产生气阻:气温越高,发动机罩内温度也就越高,越易出现气阻现象。供油系统受热后,部分汽油蒸发成气体状态存在于油管及汽油泵中,不仅增加了汽油的流动阻力,同时由于气体的可压缩性,汽油泵出油管中的油蒸气随着汽油泵的脉动压力不断地被压缩和膨胀,破坏了汽油泵在吸油行程中所形成的真空度,造成发动机供油不足甚至中断,严重时形成供油系统气阻。在炎热地区,特别是汽车满载爬坡或以低速长时间行驶时,更容易发生气阻。

(6)点火系统工作不正常:汽车在高温环境中行驶时,因点火线圈过热而使高压火花减弱,容易出现发动机高速断火现象。严重时会烧坏点火线圈。环境温度升高,蓄电池的电化学反应加快,电解液蒸发快,极板易损坏,同时易产生过充电现象,影响蓄电池的使用寿命。

(7)汽车制动效能下降:汽车制动效能随着气温升高将有所下降。液压制动的汽车,制动液在高温下可能发生气阻现象。在频繁制动的情况下,制动液温度可达100℃以上,易导致皮碗膨胀,制动液气阻,致使制动效能下降,影响行车安全。

(8)轮胎易爆:外界气温高,轮胎散热较慢,过热易使气压过高,引起轮胎爆胎。车速越快,轮胎产生的热量越大,更容易发生爆胎。

2)高温条件下行车应采取的主要措施

(1)提高发动机冷却系统的冷却强度:每种汽车的冷却系统只能适应一定的使用条件。我国幅员辽阔,从严寒的北方到炎热的南方气候条件差异很大。在高温条件下使用时,需要在结构方面增大冷却系统的冷却强度,主要措施是:增加风扇叶片数、直径或叶片角度;提高风扇转速;采用形状过渡圆滑的护风圈等;尽量使气流畅流、分布均匀、阻力小、没有热风回流现象以及散热器正面避免无风区,风扇对散热器的覆盖面积要大些。还可以采用通风良好的发动机罩、罩外吸气、冷却供油系统等办法减小吸入空气及燃料温度的变化。

(2)加强技术维护:加强冷却系统的维护,清除水垢,保持冷却系统良好的冷却效果。行车中勿使发动机过热。在发动机过热、散热器水温超高时,应及时停车降温,且注意不要熄火,防止发动机内部过热而发生拉缸事故。清除冷却系统水垢可提高散热能力。此外,还应定期检查节温器的工作情况。各总成和轮毂轴承换用夏季润滑油(脂)。注意机油平面的检查,适当缩短换油周期。在灰尘大的地区,应加强空气滤清器的维护。在条件允许的情况下,对于在酷热天连续行驶的车辆,要加装机油散热器和选用优质机油。液压制动系统的汽车,在经常制动情况下,制动液温度可达80~90℃,甚至到110℃。为了保证行车安全,应选用高沸点(不低于115℃)制动液。

(3)防止气阻:防止气阻的措施是改善发动机的散热和通风,以及隔开供油系统的受热部位。具体措施如下:行车中发生了气阻,可用湿布使汽油泵冷却或将汽车开到阴凉处,降温排除。改进汽油泵的结构,现代汽车汽油泵安装在燃油箱内、增加供油以及增设回油管路,均可有效地防治气阻。改变汽油泵的安装位置,由原来靠近排气管后侧处,移至排气管前面通风良好处,并在汽油泵与排气管之间加装一块隔热板,以防汽油泵受高温而影响正常工作。

装用电动汽油泵。电动汽油泵具有结构简单、工作可靠、不受安装位置的限制(即可以远离热源装在汽车大梁外侧)、防止气阻产生。

(4)防止爆震:由于发动机爆震与发动机的进气温度有很大关系,从而可以改进气方式,降低进气温度,防止爆震。在使用中,可适当推迟点火时间,防止爆震。

(5)防止轮胎爆破:轮胎的最高工作速度有统一规定,子午线轮胎胎侧注有速度符号。同一规格轮胎可能生产几种速度的产品,使用中不应超速行驶。

汽车超载也是爆胎的重要原因之一。在炎热的夏季,地面温度高,轮胎因升温而使胎体强度下降。如果超载行驶,容易产生胎面脱胶和胎体爆破。轮胎的负荷能力是以速度为基础的,行驶速度提高,负荷能力应相应减少。

轮胎气压与环境温度有关,胎侧上标注的气压是指常温下的轮胎气压。在汽车行驶过程中,轮胎气压随轮胎温度提高而相应增高。在检查轮胎气压时应注意:停驶后只有当胎里空气温度与环境温度平衡时所测得的轮胎气压才是较为准确的,仅凭轮胎外表温度来判断胎内空气温度是否冷却是很不准确的。一般在炎热夏季应在4h以后测量轮胎气压,再根据需要进行补气。

(6)注意车身维护:漆涂层和电镀层在湿热带地区试验结果表明,漆涂层的主要损坏是老化、褪色、失光、粉化、开裂和起泡等。电镀层的主要损坏是锈斑、脱皮以及锈蚀等。因此,在维修中,应注意喷漆前的除锈和采用耐腐蚀、耐磨性高的涂层,并加强外表维护作业。

高温、强烈的阳光、多尘和多雨均影响驾驶员的劳动强度、行车安全和乘客舒适性。应加装空调设备、遮阳板,或者加强驾驶室、车厢的通风和防漏雨。

3. 汽车在高原和山区条件下的合理使用

汽车在高原行驶时,由于海拔高、空气稀薄、气压低,发动机充气量少,使汽车动力性和燃料经济性下降。汽车低挡爬坡时,发动机易过热;停车时,发动机又很快冷却;因此,发动机应采取良好的冷却和保温措施。汽车在山区行驶时,换挡、制动和转弯次数多,底盘机构的载荷大,轮胎磨损大,应适当缩短维护周期。

1)海拔对发动机动力性和经济性的影响

(1)海拔对发动机动力性的影响:随着海拔的增加,大气压力降低,进气管真空度下降,在原节气门开度下则进气量不足,使发动机的转速下降。同时,由于混合气过浓,发动机怠速稳定性差。海拔每升高1000m,怠速转速降低50r/min。海拔4000m比零海拔时的发动机功率降低40%~50%。海拔每升高1000m,发动机功率和转矩分别下降12%和11%左右。

(2)海拔对发动机经济性的影响:在高原行驶的汽车,由于空气密度下降,充气量将明显降低。随着海拔的增加,空燃比变小,混合气变浓,如不能进行修正,会使发动机油耗增大。电子控制燃油喷射发动机的控制单元可对空气状况(大气压力)进行修正。

由于大气压力降低,燃料蒸发性提高,就燃料蒸气压力、蒸馏特性而言,当大气压力从101kPa降至80kPa(海拔约2000m),相当于外界气温下升8~10℃所造成的影响。因此,高原行车易产生气阻和渗漏等问题,致使油耗增大。同时,因发动机功率不足,汽车需经常以低挡行驶,也是引起油耗增大的原因之一。

2)高原和山区行车对汽车制动性能的影响

由于山区地形复杂,经常会遇到上坡、下坡、路窄、弯多等问题,所以影响山区行驶安全的主要问题是汽车制动性能。在山区行驶,汽车需要经常制动减速,因此制动系统的使用特点是制动频繁,致使摩擦衬片和制动鼓(盘)经常处于发热状态。下长坡时,制动蹄摩擦衬片温度可达400℃左右。在这种情况下,摩擦衬片的摩擦系数急剧下降,严重时可能出现制动失效。此外,由于摩擦衬片连续高温,磨损加剧并常有碎裂现象。

在山区行驶的汽车制动安全性主要存在两个方面的问题,即前轮失去转向能力和后轴侧滑。前者容易发生在坡道、湿路面和超载的情况下;后者容易发生在干路面和空载的情况下。这两个问题造成了汽车前后制动力分配比例上的突出矛盾:第一种情况须防止前轮制动抱死;而第二种情况须防止后轮抱死或提前抱死(后轮比前轮提前抱死超过一定时间间隔)。此外,路面附着特性的变化(山区公路常见现象),道路曲率的变化等也会对汽车制动稳定性产生较大的影响。

气压制动在山区使用时,特别是高原山区,因空气稀薄,空气压缩机的生产率下降,供气压力不足,再加上制动次数多,耗气量大,往往不能保证汽车、特别是汽车列车的可靠制动。

在高原山区行驶的汽车,使用制动频繁,制动器因摩擦而生热,使制动系统温度升高。如使用沸点低的制动液,还会在高温时由于制动液的蒸发而产生气阻,引起制动失灵。

3)高原山区条件下行车应采取的主要措施

(1)提高发动机的压缩比。提高压缩比,不仅可以提高压缩终了汽缸内的温度与压力,加快燃烧速率,改善燃烧过程,减少热损失,而且可采用较稀的混合气,从而提高了发动机的动力性和燃油经济性。发动机压缩比的选定与汽油的辛烷值有直接关系。汽油的辛烷值越高,爆震倾向越小,压缩比就可以相应地选大一些。压缩比还与大气温度、汽车负荷、发动机热状态等因素有关。因此,在提高发动机压缩比时,应根据具体使用条件,合理选择压缩比。

(2)合理选择配气相位。合理选择配气相位可以提高发动机的充气系数,改善发动机的动力性和燃油经济性。配气相位的确定,应与发动机的实际转速范围相适应。发动机的转速不同,进、排气门开、闭角对气流惯性的影响也不同,因而进、排气门开闭的最有利的角度应随之变化。在进、排气门开闭的四个时间中,进气迟关角和排气提前角影响最大。

进气迟关角是利用气流惯性提高充气系数,在一定的气流惯性下,对应着一个最佳迟关角。进气迟关角减小能提高低转速下的充气系数,改善发动机低速范围的动力性与经济性。反之,进气迟关角增大,对经常处于高速运转的发动机有利。

为了使凸轮轴的设计(凸轮线型和各凸轮间的夹角等)更为合理,应与发动机常用转速工况相适应,以提高充气量,改善汽车在高原地区的使用性能。

(3)采用增压设备。柴油机由于无爆震的限制,使用增压器比较合适。柴油机装增压器后(一般是废气涡轮增压),增加了充气量,压缩终点的压力和温度也相应提高,从而改善了发动机的动力性和燃油经济性。由于发动机的工况复杂以及发动机罩下空间的限制,要求增压器结构紧凑,涡轮等旋转零件的转动惯量小,反应敏感。此外,还应对柴油机的供油量及喷油提前角进行适当地调整。

汽油机采用废气涡轮增压的困难很大,其中主要是爆震问题和涡轮热负荷过高问题。因此,废气涡轮增压在汽油机上的应用受到一定限制,但是作为在高原地区使用的汽车为恢复原有的发动机功率仍是行之有效的办法。

随着海拔升高,混合气变浓,燃烧不完全。为此,应按海拔减小流量,适当增大空气量,以改善混合气的形成,提高发动机的动力性和燃油经济性。

随着海拔升高,发动机压缩终了的压力降低,火焰的传播速度减慢,而空气稀薄又使分电器的真空提前装置受到影响。为此,可将点火提前角略为提前 $1°\sim 2°$,还可以适当调整火花塞和断电器触点间隙,以使火花塞产生较强的火花。还可适当增大火花塞间隙。

(4)采用含氧燃料。所谓含氧燃料就是在汽油中掺入酒精、丙酮及其他含氧化合物。掺入的这些含氧燃料的分子中都含有氧,在燃烧过程中,理论上必要的空气量减少,从而补偿了因气压低而产生的充气量不足的问题。试验表明:采用含氧较高的燃料其相对效能随海拔的增加而提高。

(5)采用辅助制动器。辅助制动器主要有电涡流、液体涡流和发动机排气制动器。前两种辅助制动器由于体积较大,结构复杂,多用于山区或矿用的重型汽车上,又称电力或液力下坡缓行器。发动机排气制动是一种有效而简便的措施。它是在一般发动机制动的基础上,再在发动机排气管上装一个排气节流阀,当使用排气制动时,切断发动机的燃料供给,关闭排气节流阀,达到降低车速制动汽车的目的。排气制动也属于缓行制动装置,多用在重型汽车上。排气制动可保证各车轮制动均匀,制动功率可达发动机有效功率的80%~90%。

(6)采用大范围可调制动比例阀。现有的比例阀主要用于防止后轴制动抱死,不能解决前轮制动抱死问题,而一些进口矿用车的前轮制动减压阀,又只能用于防止前轮抱死,而且以上两类阀一般都是固定比例的,不适用于制动工况变化很大的山区情况。因此有必要采用一种从前轮制动减压到后轮制动减压的大范围可调比例阀。

(7)制动鼓淋水。为了防止制动器过热,在下长坡时,对制动鼓外圆进行淋水冷却效果很好,可以基本上防止摩擦衬片的烧蚀现象。但是,这种方法需要有充足的水源,在缺水地区无法使用。此外,经常需要停车加水,增加了驾驶员的劳动强度和降低了运输生产率。

(8)选用合成型汽车制动液。评价制动液高温抗气阻性能的指标是平衡回流沸点。平衡回流沸点是指制动液在测定条件下开始沸腾的温度,平衡回流沸点越高,越不易产生气阻。

4. 汽车在坏路和无路条件下的合理使用

坏路或恶劣道路是指泥泞的土路、冬季的冰雪道路和覆盖砂土的道路等;无路是指松软土路、耕地、草地和沼泽地等。汽车在坏路和无路道路上行驶时,其平均技术速度和装载质量明显下降,影响了汽车运输生产率。显然,汽车的通过性是其主要问题。

1)坏路和无路对汽车性能的影响

在坏路和无路条件下,汽车驱动轮与路面的附着力减小,车轮的滚动阻力增大,凸出的障碍物也会影响汽车的通过,而使汽车的牵引—附着条件恶化。

汽车在松软的土路上行驶时,支撑路面将出现残余变形,车轮在路面上形成车辙,滚动阻力增大。汽车在泥泞而松软的土路上行驶时,常因附着系数低,引起驱动轮打滑,使汽车无法通过。

汽车在土路上的附着系数与土壤的性能状况、轮胎花纹和气压汽车驱动轴上的负荷及汽车的行驶速度有关。

附着程度的好坏主要取决于轮胎与路面的接触处变形后的相互摩擦情况。在干燥平坦的土路上,附着系数为0.5~0.6。在不平整的低级道路上,由于减少了轮胎与路面的接触面积,附着系数下降。而当路面潮湿或泥泞时,其表面坑洼都被泥浆填满,阻碍了轮胎与路面间的接触,致使附着系数降低到0.3~0.4或更低。

轮胎花纹和轮胎气压对附着系数的影响较大。越野花纹轮胎与路面抓着力大,附着系数大,适于坏路和无路上使用。轮胎气压低,轮胎与路面的接触面积大,单位压力减小,增加了轮胎与路面的附着。

砂路的特点是表面松散,受压后变形大,轮胎花纹嵌入砂土后,因砂土的坑剪切能力差,抓着力小,附着系数降低度,同时,车轮的滚动阻力增大。干砂路和流沙地容易使汽车打滑,特别是在流沙地上,汽车车轮的滚动阻力系数为 0.15~0.30 或更大,而驱动轮由于附着系数小而空转,影响汽车通过性能。

雪路对汽车通过性的影响主要取决于雪的特性,即雪层的密度和硬度。雪层密度越大,其承受的压力也越大。雪层密度与气温和压实的程度有关。气温越低,雪层密度越小。雪层硬度也与气温有关。气温低,雪层干而硬;气温高,雪层软而松。

汽车在冰路上行驶时,轮胎与冰面的附着系数非常低。在冬季有冰的道路上,附着系数可降低到 0.1 以下,但是车轮滚动阻力与刚性路面相对增加。为了保证行车安全,在冰路上行驶时的车速要低,行车间隔要大。特别是通过河流或湖泊的冰面时,还需要检查冰层厚度和坚实情况(裂缝、气泡或雪的夹层)。

2)坏路和无路条件下行车应采取的主要措施

从使用方面改善汽车通过性的措施为:提高车轮与路面的附着力,或减少车胎对地面的压力,防止车轮滑转;采取汽车自救措施;合理使用汽车轮胎。

在汽车驱动轮上装防滑链是提高车轮与路面附着系数的有效措施,已得到广泛应用。防滑链的形式主要取决于路面状况和汽车行驶系统的结构。防滑链有普通防滑链、履带式防滑链和防滑块。

普通防滑链是带齿的(圆形、V 形或刀形)链条,用专用的锁环装在轮胎上。这种防滑链在冰雪路面和松软层不厚的土路上有良好的通过性,而在松软层厚的土路上效果明显下降。

履带式防滑链有菱形和直形的,履带式防滑链能保证汽车在坏路上甚至驱动轮陷入土壤或雪内仍可以通过,菱形履带具有防侧滑能力,如图 3-2 所示。

防滑链的缺点是链条较重,拆装不方便,更重要的是装有防滑链的汽车,其动力性和燃料经济性均下降;在硬路面上行驶的冲击大,使轮胎和后桥磨损增大。因此仅在克服困难道路时,轮胎才装用防滑链。克服短而难行的无路地段时,宜使用容易拆装的防滑块和防滑带,如图 3-3 所示。

图 3-2 履带式汽车

图 3-3 轮胎装防滑链

汽车克服局部障碍或陷住时,可采用自救措施。一般的自救方法是,去掉松软泥土或雪层,在驶出的路面上撒砂、铺石块或木板等,然后将汽车驶出。也可以用绳索绑在树干(或木桩)和驱动轮上,如同绞盘那样驶出汽车。

为了提高汽车在坏路和无路条件下的通过性,可根据路况选择汽车轮胎气压和花纹。

轮胎气压。轮胎气压减小后,轮胎与路面的接触面积增大,单位压力减小,致使车轮的滚动阻力减小,并改善了附着条件。轮胎气压降低后,轮胎变形加大,使用寿命降低,因此不能使轮胎长期低气压工作。

轮胎花纹。轮胎胎面花纹可分为普通花纹、越野花纹和混合花纹,即纵向花纹、横向花纹和纵横混合花纹。

越野花纹轮胎特点为:花纹横向排列、花纹沟槽深、凸出面积小,与地面抓着力大、抗刺扎和耐磨性好,适合在坏路和无路条件下使用。

在使用中,应注意轮胎的磨损情况,轮胎花纹的剩余深度是检查轮胎磨损的标准。因此,国际上都有规定,在轮胎花纹沟底部,轮胎生产厂家应当设计有磨损限度标志,每条胎有 4~6 个,在轮胎胎肩处设有相同数目的磨损限度标志位置的标志。磨损大的轮胎附着力小而且容易爆胎,不适合在坏路上使用。

驾驶方法对提高汽车的通过性也有很大作用。例如,汽车通过砂地、泥泞土路和雪地等松软路面时,应降低车速(低速挡),以保证有较大的牵引力,同时减少了车轮对土壤的剪切和车轮陷入程度,提高了附着力。除降低车速外,还应避免换挡和加速并尽量保持直线行驶,因为转弯会使前后轮辙不重合而增加滚动阻力。

5. 汽车在夜间和城市条件下的合理使用

夜间驾驶汽车在夜幕中观察和瞭望前方,由于视野窄、视觉差、会车时炫目,视力下降,对行车安全极为不利,尤其是在照明不良的道路上,一些地形、地物隐蔽在黑暗之中,难以辨认,需要借助车灯照明观察道路交通情况。因此要求驾驶员必须对汽车照明与交通安全关系有所了解,正确掌握灯光,才能保障行车安全。

1)夜间行车不利于安全的因素

夜间观察道路状况及交通情况较白天费神,在视觉上容易疲倦,而且在观感上还会不自觉地依照平时对路况的记忆驱车行驶。

夜间行车遇有后车灯光照射,前车内后视镜反射光或在会车时受对面车强烈灯光的照射,使驾驶员炫目,视力下降,看不清车前周围情况。

汽车同向列队行驶,当前方车辆通过凸凹的地面时,其尾灯或制动灯跳动或光照闪耀,会出现阴影的变化,给后车驾驶员造成对道路地形不良的观感或误解地物的真实情况。如有时误将前方远处停放开着尾灯的车辆以为在行驶中,临近发现停车不及造成碰撞。

汽车行至路灯照明不良或阴暗视线不清的地方,行人从相邻车道内突然越出,横穿车行道与之发生险情。

夜间对路上物体的可见度,因物体颜色不同而不同,白色、黄色容易辨认,蓝色、灰色不容易辨认,所以在行车中不可忽视非机动车和行人的衣着颜色。

2)为确保夜间行车交通安全,驾驶员应了解和掌握运用车辆灯光的技术

做好夜间行车准备工作,在出行前驾驶员检查所驾车辆的照明信号灯具是否完好有效。若是长途驾驶,要主动问他人了解途经路线的路况。选择最佳时间和路线行驶。

黄昏时间光线较暗,尤其是在阴雨天气,汽车开前照灯,其亮度与周围的亮度相差不大,驾驶员不容易看到周围车辆和行人的动态,因此要减速慢行,以延长反应时间。

交通法规规定夜间同向行驶的后车不准使用远光灯,前车一旦遇到后方车开远光灯照射时,前车内后视镜发生反射光,为避免光线的刺激,可变换后视镜的角度,即可减小炫目感;在会车时驾驶员由于受对面车辆灯光照射炫目,视觉顿时下降,可见度低,这时驾驶员的眼睛可避开照射灯光轴方向或用遮光板遮挡或戴防炫镜,会有一定防炫效果。特别是在连续会车后,由于光刺激时间长,炫目产生的危害更大,在由亮处到暗处适应的过程中,一定要降低车速,认真瞭望。但根本的办法是,严格遵守交通法规,夜间在会车距对方来车150m以外,不准使用远光灯,而用近光灯或小光灯,在窄路、窄桥与骑自行车人和行人交会时,更要使用近光灯或小光灯。

夜间行车常遇到交叉路口,可根据侧向路来车灯光照射,预测对方车行驶情况。如路口内有对方车远光灯照射的散射光,可判断车距交叉路口尚远;如前照灯光有光束或在路口拐角处树梢上有明亮的光线或在电线杆上、影壁(多见于T字形路口)上有照射的光束,可判断来车已临近路口,做好让行的措施。

根据远方车前照灯照射的光线,判断前方路况,在天气好的情况下,如对方车是远光灯直射光线,而距离远又清楚,可以判断前方道路平坦;如远光灯光线突然消失不见,可判断前方有路口或弯道;如远光灯光线左右大幅度摆动,可判断前方是弯曲道路;如远光灯上下浮动(一起一伏)可判断前方是坡路。

夜间行车通过人行横道、路口或超车时,要断续变换远光灯示意对方车、人注意,预防事故发生。

汽车上都装有多种照明设备和信号灯装置。汽车灯光作为汽车的专用语言,直接反映了汽车的行驶方向、驾驶员的动机和意图。因此,为保证行车安全,驾驶员必须学会正确使用灯光。

前照灯是照明前方道路的主要工具,其形状有圆形及矩形,造型随车型而异。前照灯的装车型式有两灯制和四灯制两种。前照灯应保证汽车前方100m以内的路面上有明亮而均匀的照明,使驾驶员能清楚辨明路面上的任何障碍物。随着现代汽车车速的不断提高,要求车前的照明距离也相应增加,现代有些汽车的照明距离已达150~270m,前照灯应具有防炫目装置,防止夜间会车时因使对方驾驶员炫目而肇事。使用时应注意以下两点:

(1)在夜间没有路灯或路灯照明不良的条件下须开启汽车前照灯并使用远光,以保证驾驶员能辨明车前100m以内路面的任何障碍物。

(2)车辆在夜间遇有路灯照明良好的繁华街道(各种灯光交织在一起)或遇阴暗天气视线不清时,须开防炫目近光灯。

3)由于城市路况较复杂,当在城市驾车时要注意以下方面的问题

(1)保持车距。大部分城市交通事故的原因是前后车追尾。为了不撞人或不被人撞,既要时刻注意前车的速度,也要通过后视镜观察后车的动态。行驶一段距离后,应踩一下制动踏板,提醒后车注意与前车的距离。尤其是夜间行车时,踩制动踏板预防追尾的办法非常实用。

(2)路口慢行。现在许多城市道路为行人、非机动车、机动车并行路面,相对而驶的车流之间没有隔离墩,这给新手驾车带来困难。一般来讲越靠近路口车辆行驶的速度越要放慢,

此时过往公路的行人及非机动车会乘隙穿行通过。

(3)安全超车。超车必须在有百分之百把握的情况下进行。当确认超车条件后,应先打左转向灯并鸣喇叭示意(夜间超车时应变换灯光予以提示),等前车有让路表示后,方可从前车的左侧超越。超越前车后,不能过早地驶入原来的行驶路线,在与被超车辆保持必要的安全距离后,打右转向灯驶回原车道。

(4)谨慎掉头。新手往往不熟悉行车路线,一看走错路了,立刻原地掉头,全然不顾两边的车辆,这是十分危险的。中间画了实线的公路是绝对不能掉头的,如果万不得已必须掉头,不要在对面一大串车辆接连而来的状态时强行拐弯。正确的方法是,等对面车道基本无车时,确认后面也没有来车时插空迅速掉头。

(5)减速过弯。高速行驶中的汽车进入弯道时,为避免离心力作用使车辆发生倾斜,要尽量把汽车行驶路线的弧度减小,降低离心力。如果弯度很急,路又不宽,无近路可抄,汽车往往在弯道中显得难以把持。正确的方法是在弯道前先抬起加速踏板减速,判断弯道的弯曲程度及路况,待汽车进入弯道以后,适当加油,使汽车加速通过。

(6)低挡下桥。现在很多城市都建了立交桥和高架路,上下桥的落差比较大。有的人开车下坡时,只管空挡滑行,眼看要撞到前车了才踩制动踏板,这是很危险的。安全的做法是,挂在低挡位上,减速缓缓驶下高架路。

(7)禁止"抢灯"。有些驾驶员遇上信号灯时总喜欢加速"抢灯"。在远处见到绿灯拼命加油提速,往往还未驶到路口停车线,绿灯变成了红灯。最好在远处见到绿灯时减缓车速,在保持低速行驶的情况下,以备变灯。因此,"抢红不抢绿"能在用制动或少用制动的情况下顺利安全通过路口。

(四)汽车安全使用与管理

提到交通安全,人们很自然与交通事故联系在一起。随着机动车保有量逐年增加,交通事故已经成为当今世界一个严重的社会问题。美国著名学者乔治·威伦研究了美国和世界上其他一些国家中的交通、消防与犯罪问题,在他的著作《交通法院》中写道:"人们应该承认,交通事故已成为今天国家最大的问题之一。它比消防问题更严重,这是因为每年因交通事故死亡的人数日渐增多,遭受的财产损失更大;它比犯罪问题更严重,这是因为交通事故跟整个人类有关,不管是强者还是弱者,富人还是穷人,聪明人或是愚蠢人,每一个男人、女人、孩子或者婴儿,只要他们在街道或者公路上,每一分钟都可能死于交通事故。"在许多国家,由交通事故引起的人员伤亡比火灾、水灾、意外爆炸等造成伤亡的总和还要大得多。全世界每年因交通事故死亡的人数逾100万人,这相当于每年有一个中等城市被摧毁。人们把道路交通事故称为"无休止的交通战争""文明世界的第一大社会公害"等,把导致道路交通事故发生的汽车称为"行驶的棺材"。

为了避免道路交通事故的发生,驾驶员应以交通法规对照、规范自己的驾车行为,避免违法行驶。要求我们驾驶员要了解并遵守交通规则。

1.常见交通规则

1)右侧通行的意义及含义

右侧通行的意义是我国机动车、非机动车在道路上行驶时应遵循的基本通行原则,也是一个国家必须统一规定的道路交通技术上的最基本的问题。

右侧通行的含义是指机动车、非机动车在道路上行驶时,如果道路上划设有中心线的,以中心线为界;未划设中心线的,以几何中心为界,以面对方向定左右,即左手一侧的道路为左侧道路,右手一侧的道路为右侧道路,除有特殊规定以外,一律靠右侧的道路行驶。所谓的特殊规定,主要是指车辆遇到下列情况,可以在道路中心左侧行驶:一是在规定整个车行道幅宽内所有车辆都朝一个方向(单行道)行驶时;二是执行任务的警车、消防车、救护车、工程救险车在确保安全的前提下,可以在道路中心线左侧行驶;三是正在作业的道路养护车辆、工程作业车,在不影响其他车辆通行的前提下,可以在道路中心线左侧行驶。

2)机动车通行规则

机动车通过有交通信号灯控制的交叉路口,应当按照下列规定通行:

(1)在划有导向车道的路口,按所需行进方向驶入导向车道;准备进入环形路口的让已在路口内的机动车先行;向左转弯时,靠路口中心点左侧转弯。转弯时开启转向灯,夜间行驶开启近光灯;遇放行信号时,依次通过;遇停止信号时,依次停在停止线以外。没有停止线的,停在路口以外;向右转弯遇有同车道前车正在等候放行信号时,依次停车等候;在没有方向指示信号灯的交叉路口,转弯的机动车让直行的车辆、行人先行。相对方向行驶的右转弯机动车让左转弯车辆先行。

(2)机动车通过没有交通信号灯控制也没有交通警察指挥的交叉路口,除应当遵守第(1)项的规定外,还应当遵守下列规定:有交通标志、标线控制的,让优先通行的一方先行;没有交通标志、标线控制的,在进入路口前停车瞭望,让右方道路的来车先行;转弯的机动车让直行的车辆先行;相对方向行驶的右转弯的机动车让左转弯的车辆先行。

(3)掉头、倒车、交通堵塞,应当按照下列规定通行:

①掉头。机动车在有禁止掉头或者禁止左转弯标志、标线的地点以及在铁路道口、人行横道、桥梁、急弯、陡坡、隧道或者容易发生危险的路段,不得掉头。机动车在没有禁止掉头或者没有禁止左转弯标志、标线的地点可以掉头,但不得妨碍正常行驶的其他车辆和行人的通行。

②倒车。机动车倒车时,应当察明车后情况,确认安全后倒车。不得在铁路道口、交叉路口、单行路、桥梁、急弯、陡坡或者隧道中倒车。

③交通阻塞。机动车遇有前方交叉路口交通阻塞时,应当依次停在路口以外等候,不得进入路口。机动车在遇有前方机动车停车排队等候或者缓慢行驶时,应当依次排队,不得从前方车辆两侧穿插或者超越行驶,不得在人行横道、网状线区域内停车等候。机动车在车道减少的路口、路段,遇有前方机动车停车排队等候或者缓慢行驶的,应当每车道一辆依次交替驶入车道减少后的路口、路段。

(4)使用灯光、喇叭,应当按照下列规定操作:

①灯光。向左转弯、向左变更车道、准备超车、驶离停车地点或者掉头时,应当提前开启左转向灯;向右转弯、向右变更车道、超车完毕驶回原车道、靠路边停车时,应当提前开启右转向灯。

②机动车在夜间没有路灯、照明不良或者遇有雾、雨、雪、沙尘、冰雹等低能见度情况下行驶时,应当开启前照灯、示廓灯和后位灯,但同方向行驶的后车与前车近距离行驶时,不得使用远光灯。机动车雾天行驶应当开启雾灯和危险报警闪光灯。

③机动车在道路上发生故障或者发生交通事故,妨碍交通又难以移动的,应当按照规定开启危险报警闪光灯并在车后 50~100m 处设置警告标志,夜间还应当同时开启示廓灯和后

位灯。

④喇叭。机动车在夜间通过急弯、坡路、拱桥、人行横道或者没有交通信号灯控制的路口时,应当交替使用远近光灯示意。机动车驶近急弯、坡道顶端等影响安全视距的路段以及超车或者遇有紧急情况时,应当减速慢行,并鸣喇叭示意。

(5)当发生故障、故障车牵引、拖带挂车,应当按照下列规定操作:

①发生故障。机动车在道路上发生故障,需要停车排除故障时,驾驶员应当立即开启危险报警闪光灯,将机动车移至不妨碍交通的地方停放;难以移动的,应当持续开启危险报警闪光灯,并采取在来车方向设置警告标志等措施扩大示警距离,必要时迅速报警。

②故障车牵引。牵引故障机动车应当遵守下列规定:被牵引的机动车除驾驶员外不得载人,不得拖带挂车;被牵引的机动车宽度不得大于牵引机动车的宽度;使用软连接牵引装置时,牵引车与被牵引车之间的距离应当大于4m小于10m;对制动失效的被牵引车,应当使用硬连接牵引装置牵引;牵引车和被牵引车均应当开启危险报警闪光灯。汽车吊车和轮式专用机械车不得牵引车辆。摩托车不得牵引车辆或者被其他车辆牵引。转向或者照明、信号装置失效的故障机动车,应当使用专用清障车拖曳。

③牵引挂车。机动车牵引挂车应当符合下列规定:载货汽车、半挂牵引车、拖拉机只允许牵引1辆挂车。挂车的灯光信号、制动、连接、安全防护等装置应当符合国家标准;小型载客汽车只允许牵引旅居挂车或者总质量700kg以下的挂车。挂车不得载人;载货汽车所牵引挂车的载质量不得超过载货汽车本身的载质量。大型、中型载客汽车,低速载货汽车,三轮汽车以及其他机动车不得牵引挂车。

3)机动车载物、载人、禁止性规定

(1)机动车载物应当符合核定的载质量,严禁超载;载物的长、宽、高不得违反装载要求,不得遗撒、飘散载运物。

(2)机动车运载超限的不可解体的物品,影响交通安全的,应当按照公安机关交通管理部门指定的时间、路线、速度行驶,悬挂明显标志。在公路上运载超限的不可解体的物品,并应当依照公路法的规定执行。机动车载运爆炸物品、易燃易爆化学物品以及剧毒、放射性等危险物品,应当经公安机关批准后,按指定的时间、路线、速度行驶,悬挂警示标志并采取必要的安全措施。

(3)机动车载物不得超过机动车行驶证上核定的载质量,装载长度、宽度不得超出车厢,并应当遵守下列规定:

①重型、中型载货汽车,半挂车载物,高度从地面起不得超过4m,载运集装箱的车辆不得超过4.2m。

②其他载货的机动车载物,高度从地面起不得超过2.5m。

③摩托车载物,高度从地面起不得超过1.5m,长度不得超出车身0.2m。两轮摩托车载物宽度左右各不得超出车把0.15m;三轮摩托车载物宽度不得超过车身。

④载客汽车除车身外部的行李架和内置的行李舱外,不得载货。载客汽车行李架载货,从车顶起高度不得超过0.5m,从地面起高度不得超过4m。

(4)机动车载人不得超过核定的人数,客运机动车不得违反规定载货。

禁止货运机动车载客。货运机动车需要附载作业人员的,应当设置保护作业人员的安全措施。

机动车载人应当遵守下列规定:公路载客汽车不得超过核定的载客人数,但按照规定免票的儿童除外,在载客人数已满的情况下,按照规定免票的儿童不得超过核定载客人数的10%;载货汽车车厢不得载客。在城市道路上,货运机动车在留有安全位置的情况下,车厢内可以附载临时作业人员1~5人;载物高度超过车厢栏板时,货物上不得载人;摩托车后座不得乘坐未满12周岁的未成年人,轻便摩托车不得载人。

(5)机动车应当在规定地点停放。禁止在人行道上停放机动车。

在道路上临时停车的,不得妨碍其他车辆和行人通行。

新建、改建、扩建的公共建筑、商业街区、居住区、大(中)型建筑等,应当配建、增建停车场;停车泊位不足的,应当及时改建或者扩建;投入使用的停车场不得擅自停止使用或者改作他用。

机动车在道路上临时停车,应当遵守下列规定:在设有禁停标志、标线的路段,在机动车道与非机动车道、人行道之间设有隔离设施的路段以及人行横道、施工地段,不得停车;交叉路口、铁路道口、急弯路、宽度不足4m的窄路、桥梁、陡坡、隧道以及距离上述地点50m以内的路段,不得停车;公共汽车站、急救站、加油站、消防栓或者消防队(站)门前以及距离上述地点30m以内的路段,除使用上述设施的机动车以外,不得停车;车辆停稳前不得开车门和上下人员,开关车门不得妨碍其他车辆和行人通行;路边停车应当紧靠道路右侧,机动车驾驶员不得离车,上下人员或者装卸物品后,立即驶离;城市公共汽车不得在站点以外的路段停车上下乘客。

(6)驾驶机动车不得有下列行为:在车门、车厢没有关好时行车;在机动车驾驶室的前后窗范围内悬挂、放置妨碍驾驶员视线的物品;拨打接听手持电话、观看电视等妨碍安全驾驶的行为;下陡坡时熄火或者空挡滑行;向道路上抛撒物品;驾驶摩托车手离车把或者在车把上悬挂物品;连续驾驶机动车超过4h未停车休息或者停车休息时间少于20min;在禁止鸣喇叭的区域或者路段鸣喇叭。

2. 高速公路行车安全

高速公路具有快速、高效、经济、安全、舒适等优点,一般而言,其事故率远比普通公路为低,世界各国的统计资料均表明,高速公路是安全度最高的公路。2010年中国高速公路通车里程已经达到6.5万km。

驾驶员驾驶车辆为了在高速公路上安全行车,首先要了解高速公路上的行驶特点,了解高速行驶对驾驶员自身以及对车辆性能的影响,从高速公路交通事故的发生情况来看,初上高速公路的驾驶员出事故的比例较大,其主要原因就是对高速公路上的行驶特点不够了解,仍以在普通公路上的习惯驾驶车辆,遇有意外情况容易措手不及,甚至发生重大交通事故。

1)机动车高速公路行驶应注意的规定

行人、非机动车、拖拉机、轮式专用机械车、铰接式客车、全挂拖斗车以及其他设计最高时速低于70km/h的机动车,不得进入高速公路。高速公路限速标志标明的最高时速不得超过120km/h。

机动车在高速公路上发生故障时,警告标志应当设置在故障车来车方向150m以外,车上人员应当迅速转移到右侧路肩上或者应急车道内,并且迅速报警。

机动车在高速公路上发生故障或者交通事故,无法正常行驶的,应当由救援车、清障车拖曳、牵引。

任何单位、个人不得在高速公路上拦截检查行驶的车辆,公安机关的人民警察依法执行紧急公务除外。

高速公路应当标明车道的行驶速度,最高车速不得超过120km/h,最低车速不得低于60km/h。

在高速公路上行驶的小型载客汽车最高车速不得超过120km/h,其他机动车不得超过100km/h,摩托车不得超过80km/h。

同方向有2条车道的,左侧车道的最低车速为100km/h;同方向有3条以上车道的,最左侧车道的最低车速为110km/h,中间车道的最低车速为90km/h。道路限速标志标明的车速与上述车道行驶车速的规定不一致的,按照道路限速标志标明的车速行驶。

机动车从匝道驶入高速公路,应当开启左转向灯,在不妨碍已在高速公路内的机动车正常行驶的情况下驶入车道。机动车驶离高速公路时,应当开启右转向灯,驶入减速车道,降低车速后驶离。

机动车在高速公路上行驶,车速超过100km/h,应当与同车道前车保持100m以上的距离,车速低于100km/h时,与同车道前车距离可以适当缩短,但最小距离不得少于50m。

机动车在高速公路上行驶,遇有雾、雨、雪、沙尘、冰雹等低能见度气象条件时,应当遵守下列规定:

(1)能见度小于200m时,开启雾灯、近光灯、示廓灯和前后位灯,车速不得超过60km/h,与同车道前车保持100m以上的距离。

(2)能见度小于100m时,开启雾灯、近光灯、示廓灯、前后位灯和危险报警闪光灯,车速不得超过40km/h,与同车道前车保持50m以上的距离。

(3)能见度小于50m时,开启雾灯、近光灯、示廓灯、前后位灯和危险报警闪光灯,车速不得超过20km/h,并从最近的出口尽快驶离高速公路。

遇有前款规定情形时,高速公路管理部门应当通过显示屏等方式发布速度限制、保持车距等提示信息。

机动车在高速公路上行驶,不得有下列行为:倒车、逆行、穿越中央分隔带掉头或者在车道内停车;在匝道、加速车道或者减速车道上超车;骑、轧车行道分界线或者在路肩上行驶;非紧急情况时在应急车道行驶或者停车;试车或者学习驾驶机动车。

在高速公路上行驶的载货汽车车厢不得载人。两轮摩托车在高速公路行驶时不得载人。

机动车通过施工作业路段时,应当注意警示标志,减速行驶。

2)雨雪天及夜间高速公路行车要注意的事项

雨天行车。雨天对安全行车十分不利,尤其是在高速公路行驶的车辆,存在危险因素较大。高速公路发展较早的一些国家事故统计表明,雨天的高速公路事故危险要比干燥路面时增大2~3倍。

在雨天的高速公路上行驶,会产生"水滑"现象。机动车在高速公路行驶时,因轮胎与路面间的积水不能排除,水的压力使车轮上浮,形成汽车在积水路面上滑行的现象,称为"水滑"现象。在这种状态下,轮胎和路面间没有附着力,制动、转向都将失效。

雨天路面变滑,轮胎与地面的附着系数明显下降,因此,使制动距离大大延长,一般增加2倍左右。车速越高,附着系数越低,在车辆制动时,车轮很容易抱死,发生侧滑和甩尾的可能性增加,使车辆失去控制,最终导致严重事故发生。

在雨天行车,驾驶员的视线障碍较大,能见度大幅度下降,可视距离大大缩短。受水湿路面的光线反射作用,致使难以看清路面上划的标线,整体视野下降。

遇大暴雨天气,要注意高速公路的边坡有滑坡危险,山区高填挖路段有落石危险。

雪天和路面结冰时的行车。冬天下雪时的雪花及雪后经碾压形成的冰雪路面,严重影响高速公路行车安全。

下雪时飞舞的雪花阻碍了驾驶员的视线。当雪后晴天时,由于积雪对阳光的强烈反射作用,又十分耀眼,产生炫目,即雪盲现象,使驾驶员的视力下降,对行车安全极为不利。

除此以外,鉴于夜间高速公路恶性事故多、死亡率高,有必要强调的是:通常夜晚发生事故的绝对次数较白天少,但死亡事故的起数却远高于白天。究其原因是夜间车流量少,相应发生事故的概率也少,但夜里一般车速都较高,能见度又低,而驾驶员又往往处于疲劳困乏状态,故一旦出事故多是恶性事故,深夜又不便及时施救,因此死亡率高。

二、任务实施

项目1 正确使用自动变速器

1. 项目说明

刘先生有驾驶手动变速器汽车的经验,近期购买了一汽丰田卡罗拉 GL 1.6LAT 轿车,该轿车配置有自动变速器,想了解自动变速器的正确使用方法。

2. 技术标准与要求

(1) 每两个学员相互配合能在 30min 内完成此项目。

(2) 技术标准(表3-3)。

技术标准　　　　　　　　　　表3-3

序 号	要 求
1	严禁在车辆行进过程中挂入 P 位
2	根据车辆下坡的长度和角度,适当将选挡杆选择在 S 或 L 位
3	使用 R 位时,必须在车辆停稳后再将选挡速杆推入 R 位

3. 设备器材

一汽丰田卡罗拉 GL 1.6LAT 轿车。

4. 作业准备

(1) 车辆的防护(5件套)。　　　　　　　　□任务完成

(2) 准备作业单。　　　　　　　　　　　　□任务完成

5. 作业步骤

1) 自动变速器挡位的使用

自动变速器汽车的选挡杆相当于手动变速器的变速杆,大多装置在地板上,一般有以下几个挡位:P(Parking)、R(Reverse)、N(Neutral)、D(Drive)、S(or2,即为2速挡)、L(or1,即为1速挡)这几个挡位的正确使用对于驾驶自动变速器汽车的人而言尤其重要。

(1) "P"(Parking)位的使用。

在交通标志上,"P"就是停车的意思,自动变速器挡位的"P",也是用作停车,它是利

用机械装置去锁紧汽车的输出传动部分,使汽车不能移动,但是发动机与变速器之间的动力并未切断分离。所以每当汽车需要在一固定位置上停留一段较长时间,或在停靠之后离开车辆前,驾车者应该熄火并拉好驻车制动器操纵杆及将选挡杆推进"P"的位置上,如图3-4所示。

(2)"R"(Reverse)位的使用。

"R"是倒车挡,倒车时可将选挡杆移至"R"位,如图3-5所示。需要注意的是:当车辆尚未完全停稳时,绝对不能强行转至"R"位。否则,变速器内的离合器片会受到严重损坏。

(3)"N"(Neutral)位的使用。

"N"位一般视为空挡,将选挡杆置于"N"位上,如图3-6所示,发动机与变速器之间的动力已经切断分离。在等待信号或堵车时常常将选挡杆保持在D位,同时踩下制动踏板。若时间很短,这样做是允许的,但若停止时间长时最好换入N位,并拉紧驻车制动器操纵杆。因为选挡杆在行驶位置上,自动变速器汽车一般都有微弱的行驶趋势,长时间踩住制动踏板,等于强行制止这种趋势,使得变速器油温升高,油液容易变质。尤其在空调器工作、发动机怠速较高的情况下更为不利。有些驾驶员为了节油,在高速行驶或下坡时将选挡杆扳到N位滑行,这很容易烧坏变速器,因为这时变速器输出轴转速很高,而发动机却在怠速运转,油泵供油不足,润滑状况恶化,易烧坏变速器。

图3-4 自动变速器P位

图3-5 自动变速器R位

图3-6 自动变速器N位

(4)"D"(Drive)位的使用。

正常行驶时将选挡杆放在D位,如图3-7所示,汽车可在1~4挡(或3挡)之间自动换挡。D位是最常用的行驶位置。需要掌握的是:由于自动变速器是根据节气门大小与车速高低来确定挡位的,所以加速踏板操作方法不同,换挡时的车速也不相同。如果起步时迅速将加速踏板踩下,升挡晚,加速能力强,到一定车速后,再将加速踏板很快松开,汽车就能立即升挡,这样发动机噪声小,舒适性好。D位的另一个特点是强制低挡,便于高速时超车,在D位行驶中迅速将加速踏板踩到底,接通强制低挡开关,就能自动减挡,汽车很快加速,超车之后松开加速踏板又可自动升挡。

(5)"2"、"L"位的使用。

自动变速器2或L位属于低挡范围,如图3-8、图3-9所示,可以在坡道等情况下使用。下坡时换入2位或L位能充分利用发动机制动的功能,避免车轮制动器过热,导致制动效能下降。但是从D位换入2位或L位时,车速不能高于相应的升挡车速,否则发动机会强烈振动,使变速器油温急剧上升,甚至会损坏变速器。另外在雨雾天气时,若路面附着条件差,可以换入 2 位或 L 位,固定在某一低挡行驶,不要使用能自动换挡的位置,以免汽车打滑。同时必须牢记,打滑时可将选挡杆推入 N 位,切断发动机的动力,以保证行车安全。

图 3-7 自动变速器 D 位

图 3-8 自动变速器 2 位

图 3-9 自动变速器 L 位

2）自动变速器的正确使用

（1）检查自动变速器油液液面。

①将车辆停放在水平地面上,拉紧驻车制动器操纵杆。

②起动发动机,使其达到正常工作温度后怠速运转。

③踏下制动踏板,逐一挂入所有挡位（从 P 位→L 位）,并在各挡位略做暂时停留,然后返回 P 位。

④若自动变速器处于冷态:冷车刚刚起动,液压油的温度较低,为室温或低于 25℃时,液压油油面高度应在油尺刻度的下限附近,如图 3-10 所示 COID 位置。

⑤若自动变速器处于热态:低速行驶 5min 以上,液压油温度达到 70~80℃时,液压油油面高度应在油尺刻度的上限附近,如图 3-10 所示 HOT 位置。

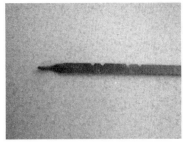
图 3-10 自动变速器油液上、下限位置

（2）起动和起步。

装有电控自动变速器的汽车在起动发动机时,必须将选挡杆置于 P 位或 N 位,并拉紧驻车制动器操纵杆或踩下制动踏板。车辆起步时应先踩下制动踏板,挂挡后,松开驻车制动器操纵杆,然后平稳地抬起制动踏板,待汽车缓慢起步后再缓慢踩下加速踏板。车辆起步时还应做到:在发动机起动后、汽车起步前,不要踩加速踏板;在挂挡时,不要松开制动踏板;起步后,加速踏板不要踩得过猛,应缓慢地踩下;在冬季发动机起动后最好不要立即起步,等发动机的转速降下来后再起步。

（3）正常行驶中。

在一般情况下应将超速开关（O/D）接通,自动变速器在适当车速时可自动换入超速挡行驶,以节省燃油。当汽车下坡需要利用发动机制动,或是爬较长的缓坡,为了防止自动变速器可能在 3 挡与超速挡之间频繁换挡,应将 O/D 挡开关断开（OFF）。另外,在行驶中,严禁将选挡杆换至 P 位,以防变速器机械部分严重损坏和汽车失控。

（4）几种特殊行驶情况下自动变速器的使用。

坡道行驶:如果是一般的小坡道,可在 D 位下,用加速踏板和制动踏板来控制汽车的上、下坡速度;如遇较长的陡坡,应将选挡杆从 D 位移至 S 位或 L 位（视坡度而定）,这样可以避免在 D 位上坡时,因高挡的动力不足而造成自动变速器"循环跳挡"（不断地减挡加挡）,加剧自动变速器换挡执行元件的磨损;下坡时,在 S 位和 L 位下则可以利用发动机的制动作用（下坡时,车速应不超过30 km/h,这时发动机制动效果最好)。

超车:当需要超车时,迅速将加速踏板踩到底,这时,自动变速器会自动降低一个挡位,可获得强烈的加速效果,放松加速踏板,自动变速器又自动升入高挡。应注意的是待加速达到要求后,应立即松开加速踏板,以避免发动机的转速过高,并对高挡换挡执行元件造成过大的冲击。

雪地或泥泞路面行驶:在雪地或泥泞路面行驶时,应将选挡杆从D位移至S位或L位;对于有保持开关的自动变速器,还可以将保持开关接通,然后以手动换入适当的挡位行驶。

(5)倒车。

需倒车时,应在汽车完全停稳后再将选挡杆移至R位;如果是平坦的路面倒车,松开制动踏板和驻车制动器操纵杆后,以发动机的怠速缓慢倒车即可,不要踩加速踏板;如果倒车中要越过台阶或其他障碍物时,应缓慢踩下加速踏板,并在越过障碍物后及时制动。

(6)停车。

若停车时间很短,可在D位下踩住制动踏板停车,这样松开制动踏板可立即起步,但要注意在停车过程中制动踏板不能有松动,否则,汽车将出现蠕动,可能碰上前面的汽车;若停车时间稍长,可在D位下踩住制动踏板的同时,拉紧驻车制动器操纵杆,若停车时间较长,最好将选挡杆置于N位,并拉紧驻车制动器操纵杆后松开制动踏板以免造成自动变速器油的温度过高,也可避免制动时间过长而使制动灯消耗过多的蓄电池电能。不要让发动机在N位下长时间怠速运转,这样会使自动变速器油因循环不畅而导致油温升高。因为在发动机怠速驱动下的油泵泵油量小,使液力变矩器的自动变速器油得不到及时的循环流动而导致温度升高。因此,如果停车时间较长,而又不想让发动机熄火,最好是在这期间踩几次加速踏板,使液力变矩器内过热的油能循环流动,通过冷却器使油温下降。在停车时,选挡杆在D、S、L或R位的任一情况下,不可踩加速踏板使发动机的转速升高,因为此时液力变矩器的涡轮不转,而泵轮带动自动变速器油高速旋转,会使油温很快升高,导致自动变速器油过早变质。汽车在停放的位置停下后,应踩住制动踏板,将选挡杆置于P位,并拉紧驻车制动器操纵杆,然后关闭点火开关,使发动机熄火。

自动变速器的正确使用项目作业记录单见表3-4。

自动变速器的正确使用项目作业记录单　　　　表3-4

姓名		班级		学号		组别	
车辆类型				作业单号		作业日期	
操作项目				操作情况记录			
P位的使用							
R位的使用							
N位的使用							
D位的使用							
S、L位的使用							
起动和起步时的使用							
坡道行驶时的使用							
超车时的使用							
雪地或泥泞路面行驶时的使用							

项目2　正确使用防抱死制动系统(ABS)

1. 项目说明

王先生近期购买了一汽丰田卡罗拉 GL 1.6LAT 轿车,该轿车配置有防抱死制动系统(ABS),想了解该系统的正确使用。

2. 技术标准与要求

(1)每两个学员相互配合能在 30min 内完成此项目。

(2)技术标准(表3-5)。

技 术 标 准　　　　　　　　　　　　　表3-5

序　号	要　求
1	制动液液面位置应处于储液罐 MAX 与 MIN 之间
2	添加制动液时,应使用车辆使用说明书中规定型号的制动液
3	制动液应每隔1年或2年更换一次

3. 设备器材

一汽丰田卡罗拉 GL 1.6LAT 轿车。

4. 作业准备

(1)车辆的防护(5件套)。　　　　　　　□任务完成

(2)准备作业单。　　　　　　　　　　　□任务完成

5. 作业步骤

汽车防抱死制动系统(Anti – Lock Brake System)简称 ABS,是汽车上的一种主动安全装置。ABS 利用电子电路自动控制车轮制动力,防止车轮完全抱死,提高制动减速度和缩短制动距离,并能有效地提高车辆制动的稳定性,防止车辆侧滑和甩尾,被认为是当前提高汽车行驶安全性的有效措施之一。因此,ABS 的正确使用和维修十分重要。

1)使用注意事项

(1)汽车的 ABS 能够最大限度地提高制动时汽车的稳定性,防止汽车跑偏和侧滑,提高了汽车的安全性,但并不能防止汽车在任何情况下都不发生侧滑,因此在湿滑和积雪结冰的路面行驶时,由于汽车的稳定性较差,应降低车速,谨慎驾驶。

(2)对装备 ABS 的汽车不能采用多踩几脚制动踏板的方法来增加制动,使用时只需踩紧制动踏板,汽车会自动进行防抱死工作,不需要人工干预,而多踩几脚制动踏板,反而会使 ABS 处理器得不到正确的制动信号,导致制动效果不良。

(3)制动时,汽车会轻微振动,脚在制动踏板上也会感觉到脉动,这表明 ABS 在正常工作中,同时也提醒驾驶员,车辆在不良路面上应低速行驶。

(4)使用 ABS 并不能减少驾驶员脚踩制动踏板的时间,所以在超速行驶以及在弯道积水湿滑路面和车距太近时,同样存在发生车祸的可能,应尽量避免。

(5)ABS 所接受的车速信号是从车轮获得的,因此不能随意增大轮胎的直径,但可以增大轮胎的宽度,否则会导致车轮转速的数据不准,使 ABS 判断错误,甚至造成事故。

(6)要使用吸湿性强的制动液。含水分的制动液不仅使制动系统内部产生腐蚀,而且会使制动效果明显下降,影响 ABS 的正常工作。制动液至少要每隔2年更换1次,最好是每年

更换 1 次。ABS 要采用专用制动液,推荐使用 DOT3、DOT4,不能选用 DOT5,因为它对 ABS 有严重的损害。更换和存储的制动液以及器皿要清洁,不要让污物、灰尘进入液压控制装置,制动液不要沾到 ABS 电控单元和导线上。

2)正确使用与维护

(1)检查制动液储液罐中制动液液面高度。用目测观察制动液储液罐中制动液液面应处于 MAX 与 MIN 之间为合适,若液面过低应添加至规定位置。

(2)当点火开关打开时,仪表板上的 ABS 指示灯会亮,通常又会在起动机起动几秒后熄灭,如图 3-11 所示。当蓄电池电压低于 10 V 时,ABS 会自动切断,同时指示灯也会亮起来;当电压足够时,指示灯熄灭,表示 ABS 恢复正常工作。所以若 ABS 指示灯亮后一直亮不再熄灭,表示系统有故障,此时制动系统仍有一般的制动能力,但无防抱死能力,应控制车速小心驾驶或送厂检修。

图 3-11　ABS 指示灯

防抱死制动系统(ABS)的正确使用项目作业记录单见表 3-6。

防抱死制动系统(ABS)的正确使用项目作业记录单　　表 3-6

姓名		班级		学号		组别	
新车类型				作业单号		作业日期	
操作项目				操作情况记录			
雪地或泥泞路面行驶时 ABS 的使用							
装有 ABS 车辆制动踏板的使用							
装有 ABS 车辆轮胎的选用							
ABS 指示灯亮的正确判断							
装有 ABS 车辆制动液的选用							

项目 3　正确使用增压器

1. 项目说明

李先生近期购买了一汽大众迈腾 2.0TSI 豪华型轿车,该轿车配置有涡轮增压器,想了解增压器的正确使用。

2. 技术标准与要求

(1)每两个学员相互配合能在 30min 内完成此项目。

(2)技术标准(表 3-7)。

技 术 标 准　　表 3-7

序号	要　　求	序号	要　　求
1	汽车发动机起动之后,不要急于加速	4	严禁采用"加速—熄火—空挡滑行"的操作方法
2	要避免发动机长时间的怠速	5	定期维护空气滤清器
3	发动机停车之前,不要立即熄火		

3. 设备器材

一汽大众迈腾 2.0TSI 轿车。

4. 作业准备
(1)车辆的防护(5件套)。　　　　　　　　　　　□任务完成
(2)准备作业单。　　　　　　　　　　　　　　　□任务完成
5. 作业步骤

涡轮增压器大大增加了发动机的动力,有力地改善了燃油的经济性。涡轮增压器的最大技术难度是涡轮机的冷却和润滑。发动机在工作时,废气不断冲到涡轮机的叶片上,使叶片的温度不断升高,特别是高速时温度上升很快,故对叶片的材料和润滑油的质量以及冷却方式的要求都十分严格。

(1)汽车发动机起动之后,不要急于加速。涡轮增压器叶轮的转速100000r/min以上,它完全靠发动机的机油润滑。发动机起动后,机油润滑的最佳状态需要1～2min。为了减少涡轮增压的高速磨损,建议冷车起动后先怠速运转,低速行驶400m左右,等机油的润滑性能好了再让发动机高转速运转,从而使涡轮增压器得到充分润滑,这一点在冬天显得尤为重要。

(2)要避免发动机长时间的怠速。当涡轮增压系统中气体压力过低和涡轮增压器轴的转速过低时,润滑油会通过密封件渗漏到涡轮和压气机中,污染叶轮,并且增大润滑油消耗量。最长不宜超过20min。

(3)发动机停车之前,不要立即熄火。涡轮增压器的转子轴是在高速、高温的环境下运转的,此时发动机突然停机,会由于失去机油润滑和冷却液循环,导致涡轮增压器内部的热量无法散出。将留在增压器内部的机油高温形成积炭。这样会加剧涡轮增压器的磨损,同时也会堵塞油道,造成慢性伤害。正确的操作要使涡轮增压器的温度和转速逐步地经过3～5min从高速到怠速运转再熄火。

(4)严禁采用"加速—熄火—空挡滑行"的操作方法。如果高速运转的发动机行驶后很快熄火,猛然切断机油润滑和冷却液循环,涡轮增压器的涡轮轴和轴承会产生干摩擦,时间一长磨损过大会漏油,严重时还可能使涡轮增压器轴与轴承"咬死",致使涡轮增压器损坏。

(5)使用符合要求的机油。由于增压器转速高达每分钟数万转,因此对机油的品质、清洁度要求都较高。同时增压器的转轴与轴套的配合间隙只有0.10～0.15mm,若机油过脏或失效,杂质会侵入上述配合面中,轻则加速其磨损,导致转速下降;重则不能形成正常的润滑油膜,会使转轴与轴套咬死。为此,发动机必须选用规定牌号的机油;当需要用国产机油替换国外牌号的机油时,替代油品必须经过权威部门化验,其主要技术指标必须同原用机油的技术指标一致或相近,且不同牌号的机油不能混用。为了保证机油有一定的清洁度,必须特别重视机油滤清器的定期维护,对于一次性机油滤芯,到期务必及时更换,不得清洗再用;必须按发动机对机油使用期限的要求及时更换机油。

(6)定期维护空气滤清器。带增压器的发动机,若空气滤清器堵塞,会使增压器压气机一侧由于压力差过大而形成负压引起机油泄漏,使压气机叶轮背面出现油迹;同时由于进气量减少,将使发动机燃油燃烧不充分,导致功率下降。所以,定期维护空气滤清器,对确保空气清洁和畅通极为重要。若空气滤芯破损或密封胶圈老化失效,空气滤清器就失去了作用,空气中的灰尘、砂粒很容易进入高速旋转的压气机叶轮,导致增压器转速不稳,出现振动和噪声,以及轴套、油封和气封等精密件加速磨损等现象;同时,空气中的微小尘埃通过增压器时,还会沉积在压气机壳喉口上,增加进气阻力,减少进气量,降低发动机功率。因此,一旦发现空气滤芯或密

封胶圈破损失效后,必须及时更换。

(7)长期停机的发动机,在重新起动之前,应拆下增压器润滑进油管,从进油口倒入50~60mL的干净的润滑油,预先润滑增压器,防止增压器因缺油而早期磨损。

(8)保证涡轮增压器可靠润滑和各连接处可靠的密封,不能漏油。漏油太多主要是由于密封圈老化、损坏、安装不当、润滑油进口压力过高、回油不畅、润滑油变质等引起的。增压器润滑油进口正常压力值为235~395kPa。当油压高于588kPa时润滑油便会从密封装置中泄漏,当油压低于98kPa或油压表显示压力突然下降时,应立即停车检查。

增压器的正确使用项目作业记录单见表3-8。

增压器的正确使用项目作业记录单　　　　　　　　　　表3-8

姓名		班级		学号		组别	
车辆类型				作业单号		作业日期	
操作项目				操作情况记录			
汽车发动机起动之后,不要急于加速							
要避免发动机长时间的怠速							
发动机停车之前,不要立即熄火							
严禁采用"加速—熄火—空挡滑行"的操作方法							
使用符合要求的机油							
定期维护空气滤清器							
长期停机的发动机增压器的使用							
涡轮增压器润滑时注意事项							

三、学习评价

1. 理论考核

1) 判断题

(1)车辆在磨合期内油耗量高,经济性好,行驶故障低。　　　　　　　　　　(　)

(2)汽油易燃、易爆、易产生静电,使用中要注意安全。严禁用汽油作煤油炉、汽化炉燃料,以免发生火灾。　　　　　　　　　　　　　　　　　　　　　　　　　　(　)

(3)发动机油抵抗腐蚀性物质对金属腐蚀的能力,称为发动机油的抗腐性。　(　)

(4)润滑脂(俗称黄油)是介于液体与固体之间的半流动的塑性物质。因而它既有固体的特性,没有液体的特性。　　　　　　　　　　　　　　　　　　　　　　　　(　)

(5)不同类型或不同牌号的制动液可以混合使用。对有特殊要求的制动系统,应加注特定牌号的制动液。　　　　　　　　　　　　　　　　　　　　　　　　　　　　(　)

(6)道路划设专用车道的,在专用车道内,其他车辆可以借道超车。　　　　(　)

(7)机动车通过有交通信号灯控制的交叉路口,向左转弯时,应当靠路口中心的右侧转弯。　　　　　　　　　　　　　　　　　　　　　　　　　　　　　　　　　(　)

(8)行人在没有人行横道的道路上横过车行道时,应当确认安全后直行通过,不得在车辆临近时突然加速或者中途倒退、折返。　　　　　　　　　　　　　　　　　(　)

(9)公路客运车辆载客超过额定乘员的,处500元以上2000元以下罚款。　(　)

(10)在高速公路上行驶的载货汽车的车厢不得载人。　　　　　　　　　　(　)

2) 单选题

(1) 选用冷却液时,选用冰点要比车辆运行地区的最低气温低(　　)左右。
　　A. 10℃　　　　　　B. 2℃　　　　　　C. 5℃

(2) 试验表明,轮胎气压过低或过高,轮胎的使用寿命都缩短,轮胎气压降低20%,轮胎的使用寿命会缩短(　　)。
　　A. 8%　　　　　　B. 10%　　　　　　C. 15%

(3) (　　)是我国机动车、非机动车在道路上行驶时应遵循的基本通行原则。
　　A. 右侧通行　　　　B. 左则通行　　　　C. 左右都可

(4) 海拔每升高1000m,发动机功率和转矩分别下降(　　)和(　　)左右。
　　A. 11%　12%　　　B. 12%　11%　　　C. 10%　10%

(5) 在夜间没有路灯或路灯照明不良的条件下须开启汽车前照灯并使用远光,以保证驾驶员能辨明车前(　　)以内路面的任何障碍物。
　　A. 120m　　　　　B. 150m　　　　　　C. 100m

(6) 没有划分机动车道、非机动车道、人行道的道路,机动车(　　)。
　　A. 在道路两侧通行　　　　　　　　B. 在道路中间通行
　　C. 实行分道通行　　　　　　　　　D. 可随意通行

(7) 机动车在高速公路上行驶时,遇有雾、雨、雪、沙尘、冰雹等气象条件,能见度小于100m时,除准确开启各种信号灯光外,车速不得超过每小时(　　);同车道前后两车应保持(　　)以上的距离。
　　A. 40km;50m　　　B. 60km;100m　　　C. 80km;150m

(8) 非机动车遇有前方路口交通堵塞时,应当(　　)。
　　A. 下车推行通过路口
　　B. 从人行横道内绕行通过路口
　　C. 不得进入路口

(9) 摩托车后座不得乘坐未满(　　)。
　　A. 14周岁未成年人　　　　　　　B. 16周岁未成年人
　　C. 12周岁未成年人

(10) 执行紧急任务的警车、消防车、救护车、工程救险车,(　　)。
　　A. 应按规定的路线地点行驶
　　B. 在保证安全的情况下不受行驶速度、行驶路线、行驶方向、信号灯的限制
　　C. 可不受任何限制

3) 多选题

(1) 汽油的使用性能包括(　　)。
　　A. 蒸发性　　　　　　　　　　　B. 抗爆性
　　C. 氧化安定性和腐蚀性　　　　　D. 清洁性和无害性。

(2) 发动机润滑油的使用性能包括(　　)。
　　A. 良好的润滑性　　　　　　　　B. 良好的低温操作性
　　C. 良好的黏温性　　　　　　　　D. 良好的清净分散性

(3)冷却液的使用性能包括( )。
　　A.低温黏度小,流动性好　　　　B.冰点低和沸点高
　　C.防腐性好　　　　　　　　　　D.不产生水垢,易起泡沫
(4)冷态起动可采用以下两种技术途径:( )。
　　A.提高发动机起动时的转速
　　B.降低发动机能起动的最低起动转速
　　C.降低发动机起动时的转速
　　D.提高发动机能起动的最低起动转速
(5)高温条件下行车应采取的主要措施:( )。
　　A.提高发动机冷却系统的冷却强度　　B.加强技术维护
　　C.防止气阻和爆震　　　　　　　　　D.防止轮胎爆破和注意车身维护
(6)交通信号灯由( )组成。
　　A.红灯(表示禁止通行)　　　　B.绿灯(表示允许通行)
　　C.黄灯(表示警示)　　　　　　D.蓝灯
(7)道路交通标线按功能可分为以下三类( )。
　　A.允许标线　　　　　　　　　　B.指示标线
　　C.警告标线　　　　　　　　　　D.禁止标线
(8)下列说法不正确的有( )。
　　A.驾驶电动自行车和残疾人机动轮椅车必须年满18周岁
　　B.非机动车通过有交通信号灯的交叉路口时,转弯的非机动车让直行的车辆、行人优先通行
　　C.道路交通安全法的空间效力范围包括港、澳地区
　　D.为了省油,下陡坡时可以熄火或者空挡滑行
(9)对登记后上道路行驶的机动车,应当依照法律、行政法规的规定,根据( )等不同情况,定期进行安全技术检验。
　　A.车辆用途　　　　　　　　　　B.载客载货数量
　　C.使用年限　　　　　　　　　　D.技术标准
(10)对违反道路交通安全法律、法规关于( )规定的,可以指出违法行为,并予以口头警告,令其立即驶离。
　　A.穿插排队的车辆　　　　　　　B.机动车停放
　　C.临时停车　　　　　　　　　　D.分道行驶

4)简答题
(1)汽车走合期的使用注意事项有哪些?
(2)发动机冷却液如何正确选用?
(3)发动机制动液如何正确使用?
(4)轮胎如何合理使用?
(5)高速公路行车注意事项有哪些?

2. 技能考核

(1) 自动变速器的正确使用项目评分表见表3-9。

自动变速器的正确使用项目评分表　　　　　　表3-9

基本信息	姓名		学号		班级		组别	
	规定时间		完成时间		考核日期		总评成绩	
任务工单	序号	步骤		完成情况		标准分	评分
				完成	未完成		
	1	考核准备： 材料： 工具设备：				10	
	2	P位的使用				5	
	3	R位的使用				5	
	4	N位的使用				5	
	5	D位的使用				10	
	6	S、L位的使用				5	
	7	起动和起步时的使用				10	
	8	坡道行驶时的使用				10	
	9	超车时的使用				10	
	10	清洁及整理				5	
安全						5	
5S						5	
团队协作						5	
沟通表达						5	
工单填写						5	

(2) 防抱死制动系统(ABS)的正确使用项目评分表见表3-10。

防抱死制动系统(ABS)的正确使用项目评分表　　　　　　表3-10

基本信息	姓名		学号		班级		组别	
	规定时间		完成时间		考核日期		总评成绩	
任务工单	序号	步骤		完成情况		标准分	评分
				完成	未完成		
	1	考核准备： 材料： 工具设备：				10	
	2	雪地或泥泞路面行驶时ABS的使用				5	
	3	ABS制动踏板的使用				5	
	4	ABS车辆轮胎的选用				5	
	5	ABS指示灯亮的正确判断				5	
	6	维修车轮速度传感器时注意事项				10	

续上表

	序号	步骤	完成情况		标准分	评分
			完成	未完成		
任务工单	7	维修 ABS 液压控制装置时注意事项			10	
	8	装有 ABS 车辆制动液的选用			10	
	9	对装备有安全气囊(SRS)的车辆进行 ABS 检修时注意事项			10	
	10	清洁及整理			5	
安全					5	
5S					5	
团队协作					5	
沟通表达					5	
工单填写					5	

(3)增压器的正确使用项目评分表见表 3-11。

增压器的正确使用项目评分表　　　　　　　　　表 3-11

基本信息	姓名		学号		班级		组别	
	规定时间		完成时间		考核日期		总评成绩	

	序号	步骤	完成情况		标准分	评分
			完成	未完成		
任务工单	1	考核准备： 材料： 工具设备：			10	
	2	汽车发动机起动之后,不易急于加速			5	
	3	要避免发动机长时间的怠速			5	
	4	发动机停车之前,不要立即熄火			5	
	5	严禁采用"加速—熄火—空挡滑行"的操作方法			10	
	6	使用符合要求的机油			5	
	7	定期维护空气滤清器			10	
	8	长期停机的发动机增压器的使用			10	
	9	涡轮增压器润滑时注意事项			10	
	10	清洁及整理			5	
安全					5	
5S					5	
团队协作					5	
沟通表达					5	
工单填写					5	

四、拓展学习

(一)部分品牌发动机润滑油介绍

1. 嘉实多

嘉实多是世界公认的润滑油专家。目前拥有多级护、多磁护、金嘉护、金牌护力以及多级嘉力等几大系列的汽车发动机用油。同时,也为包括两冲程发动机在内的很多摩托车提供相应的用油,比如R2、R4以及超霸等不同等级的机油。另外,在变速器油、齿轮油和制动液等相关领域也提供不同的产品。

嘉实多机油的主要特点就是当发动机冷起动时的机油流动性比较出色,能够迅速达到诸如液压气门顶等一些发动机内部的偏远位置。

2. 壳牌

英荷(英国、荷兰联营)皇家壳牌集团,简称壳牌公司。目前在国内有许多壳牌的专属加油站,其店内提供了包括红壳、黄壳、蓝壳以及灰壳等档次由低到高的机油,同时也销售爱德王子系列的摩托车机油,但市场占有率远不及嘉实多品牌。

壳牌的四冲程发动机油以出色的清洗能力而闻名,很多长时间坚持使用壳牌全合成机油的车辆在打开发动机时几乎都看不见一点油泥。

3. 美孚

总部设在美国得克萨斯州爱文市。1999年美孚石油和艾克森石油[标准石油公司后继者之一的新泽西标准石油曾先后使用埃索(Esso)、艾克森(Exxon)等名称]合并为艾克森美孚,成为世界第一大石油公司。在国内,您能够购买到包括美孚力霸、美孚速霸2000、美孚速霸1000以及美孚一号等不同档次的四冲程发动机油。而在摩托车用油领域,近两年美孚的产品也逐渐占据了一定的市场,口碑不错。

4. 道达尔

道达尔公司(TOTAL)是全球四大石油化工公司之一,总部设在法国巴黎,旗下由道达尔(TOTAL)、菲纳(FINA)、埃尔夫(ELF)三个品牌组成。

道达尔目前主要提供SG级的快驰3000、SJ级快驰4000、SL级快驰5000、SM级半合成快驰7000以及SM级全合成的快驰9000。黏稠度涉及5W30、15W40、20W50等多种型号。

5. 埃索

隶属于埃克森美孚集团,这类似于奥迪与大众之间的关系。但与美孚机油相比,它的主要市场其实是在一些工业机械方面。至于民用乘用车市场,则占有率不高。

埃索机油的主要产品包括埃索金4T、埃索傲超能、埃索环保、埃索劲力、埃索特佳力等众多不同档次、不同使用规格的机油。

6. 加德士

加德士公司(Caltex)是由雪佛龙与德士古两大油企于1936年组成的合营公司,其后两大油企于2001年合并为雪佛龙德士古,加德士遂成为旗下的全资拥有。

在民用的乘用车领域,加德士提供了德乐500和德乐350SAE两种发动机油,分别是全合成油和矿物油。而黏稠度仅有15W-40一种。因此,由于产品线少和宣传力度不够等原因,市场占有率较少,更多的重心还是放在了工业用油方面。

7. 红线(REDLINE)

红线(REDLINE)公司创办于1979年,其创办人PETER FILICE是一位润滑油工程师,他和另一位创始人TIM KERRGAN对于机油的品质要求十分严格,于是他们以自己的专业知识研发自己的机油,并开办了REDLINE机油公司。从其英文字母REDLINE(红线)的含义上,我们就能够明白,它代表着性能的极限,表示着REDLINE机油即便在高温高转的性能极限依然能提供最可靠最优秀的润滑作用。

在国际一些重要的赛场和国内的许多资深的改装玩家中,红线机油的口碑不错,经常被用在大功率、高转速的涡轮增压发动机中,并且即便在酷热的夏天长时间保持极限使用也能够提供出色的润滑和密封效果。

8. 福斯

创立于1931年的德国福斯油品集团,总部位于德国莱茵河畔的曼海姆市,历经70多年的发展,目前已成为世界上最大的专业润滑油制造商,专业研制、生产、销售各种车辆润滑油、摩托车油、工业润滑油及特种油脂。

福斯的全合成机油其主要特性是发动机会更加顺滑,噪声更低。但似乎高转速时的保护能力一般,长途驾驶时仍不能提供最佳的保证。不过由于市场价格比美孚一号低一些,所以仍能吸引许多爱车之人的选择。

9. BP

BP由前英国石油、阿莫科、阿科和嘉实多等公司整合重组形成,是世界上最大的石油和石化集团公司之一。

BP机油在国内的主要市场是在广东和浙江等南方地区,其销售网点也集中在遍布南方各省的数百家BP合资油站里。BP机油的主要特点是由于添加剂的作用,使得发动机内部的摩擦力得到有效降低,从而提高了发动机响应能力和降低了排放。

10. 昆仑

昆仑润滑油作为国产的机油品牌隶属于中国石油集团。由于背后有强大的财力支持,所以能够在开采、研发、加工以及测试阶段不惜财力以争取达到国际相同产品的最高水平。同时正因为有这样一个先进的硬件条件,所以其获得了包括戴姆勒、克莱斯勒、宝马等知名汽车集团的认可。不过,由于品牌力度不够,所以在国内的市场份额并不高,只能依靠比较低廉的价格获得一些更加重视成本的运输公司的青睐。如果您的用车仅仅局限于城市道路普通驾驶,那么昆仑机油实际上也是可以信赖的。

11. 长城

长城润滑油,它隶属于中国石化。金吉星系列是其主打的产品,涉及的市场范围包括中低端的家庭轿车、重型载货汽车以及一些油轮等。目前在汽配市场上的占有率不高,主要竞争对手为红壳。

12. 统一

统一润滑油现在是壳牌的另一个品牌。所以从工艺质量上是没有什么问题,但其主打的是低端市场,缺少SM级的全合成机油,更多市场精力还是放在了摩托车用油方面。其机油的最大特点是清洁能力强,但冷起动效果不佳。

(二)电动汽车的使用与维护

为了保证电动汽车在使用时发挥它应有的性能,要求在使用时应注意以下几个方面。

1. 动力电池的使用与维护

(1)电池闲置不用时,应每月充电一次,充电时尽量一次充满。防止动力电池存放时亏电,缩短寿命。

(2)在车辆刚起动、加载或爬坡时,应缓慢操作,避免猛踩加速踏板,以免形成瞬间大电流放电,损害电池极板,损伤元器件。在保证安全的前提下,行驶中应尽量减少频繁制动、起动,以节省电能。

(3)在使用过程中,要防止动力电池过度充电、过度放电和充电不足。如果续行里程在短时间内突然大幅度下降,应及时对电动部分进行检查、配组、修复。

(4)严禁在阳光下暴晒或在温度过高的环境中使用。保持动力电池散热、通风良好,防止电池活性下降、极板加速老化、续驶里程减少。

(5)检查电源连接是否正常。避免连接处氧化、发热、短路或因接触不良损害电池。

(6)轮胎气压不足会造成汽车阻力增大,耗电量增大,以及在相同电量时,行驶里程缩短。因此,在使用前应注意检查车况是否良好,如轮胎气压是否合适,前后制动是否灵敏,电量是否充足等,检查完成确定没有故障时才能出车。

(7)清洗时,要求车身处在阴凉处,温度为40℃以下。电动部分手工清洗,防止水流入车体充电插座造成车身线路短路。清洗剂的选用应按照制造厂的说明,或选用中性清洗剂,用软布浸上清洁液清洗,不要用力擦,以免损坏漆面。如果在沿海一带、撒有防冻剂的路面或沾有油脂等杂物或在空气里含有大量灰尘、铁屑或化学物质的地区、路面内行驶后,需立刻清洗车辆,以免引起油漆层的剥落或导致车身和零部件腐蚀。

2. 电动机的使用与维护

电动机在使用与维护时应注意以下事项:

(1)行车前检查电动及起动设备搭铁是否可靠,接线是否良好。

(2)检查电动机转动是否灵活,滑动轴承内的油位是否达到规定位置。

(3)行车时注意检查电动机所用熔断器的额定电流是否符合要求。

(4)电动机各紧固螺栓及安装螺栓是否拧紧。

(5)保持电动机清洁,不允许有杂物进入电动机内部;进风口和出风口必须保持畅通。

(6)电源电压、频率要符合电动机铭牌数据,电动机负载电流不得超过铭牌上的规定值,否则要查明原因,采取措施,不良情况消除后方能继续运行。

(7)检查电动机的温升是否超过容许的限度。

(8)在闻到焦味或发现不正常的振动、碰撞声或其他杂声时,应立即停车检查。

(9)定期检查轴承发热、漏油情况,定期更换润滑油。

(10)采用降温措施,改善环境温度。

3. 控制器的使用与维护

在日常使用时注意:环境温度是否在 -10 ~ +40℃;显示面板上显示的输出电流、电压、频率等各种数据是否清楚、正常;控制器是否过热,是否有异味;散热风道是否通畅;控制器运行中是否显示故障报警;控制器交流输入电压是否超过最大值;电动机等强电控制系统接地是否良好;急加速、急停车时,最好不要依靠控制器本身制动,应采用机械制动。

  对控制器进行定期检查维护;定期清除控制器内部灰尘;检查端子是否紧固,检查控制器内部导线绝缘是否腐蚀、变色或破损等;检查输入输出电容器、变压器等是否过热、变色烧焦或有异味。每半年检查一次直流回路滤波电解电容器(安全阀)是否胀出,外表面是否有裂纹、漏液、膨胀等;检查冷却风扇运行是否完好;检查控制器所有端子与搭铁端子绝缘电阻是否在正常范围内。

学习任务 4　一 级 维 护

工作情境描述

王某的丰田卡罗拉轿车行驶一段时间后,他按照丰田汽车公司的维护计划规定(间隔里程 5000km 或 6 个月)到 4S 店进行维护。请参照国家标准《汽车维护、检测、诊断技术规范》(GB/T 18344—2016),并结合丰田卡罗拉 GL 1.6LAT 轿车维护作业标准,制订合理的一级维护方法和工艺流程。

学习目标

通过本任务学习,应能:

1. 根据车辆型号查阅有关技术资料;
2. 较准确选用常用工具及量具;
3. 描述一级维护的项目、内容及意义;
4. 描述常见车用润滑油的特性,并能正确选用;
5. 描述传动系统、悬架系统的工作原理及基本结构;
6. 按照企业要求准确完成整车的一级维护及检查;
7. 跟顾客进行良好的沟通和交流,并符合公关礼仪的要求;
8. 描述 5S 理念的内涵,并能够自觉运用于工作中;
9. 进行成本核算和控制;
10. 自觉遵守劳动与环境保护的规定;
11. 具备良好的职业道德、劳动观念和团队合作精神。

学习时间

6 学时。

学习引导

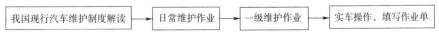

一、知识准备

(一)我国现行汽车维护制度

1. 汽车维护的重要性

汽车在使用过程中,在高温、高压和各种道路、环境等内部、外部因素的作用下,行驶到一定里程或使用一段时间后,技术状况将发生变化,各种油、液和易损件发生了一定的损耗,各总成和零部件必然会产生不同程度的磨损、松动、变形或其他损伤等,原有的尺寸、形状和表面质量会发生变化,破坏了零部件的配合特性和工作条件,从而导致性能下降。正确而及时地对汽车进行维护可以使汽车保持良好的工作状态,从而延长汽车的使用寿命。汽车维修行业内有"七分维护,三分修理"之说,由此可见汽车维护的重要性。

汽车行驶一定的里程和时间后,根据汽车维护技术标准,按照规定的工艺流程、作业范围、作业项目和技术要求所进行的预防性作业即为汽车维护。其目的就是保持车辆技术状况良好,确保行车安全,充分发挥汽车的使用效能并降低运行消耗,以取得良好的经济效益、社会效益和环境效益。

2. 汽车维护的原则

根据交通运输部《道路运输车辆技术管理规定》(交通运输部令2016年第1号),道路运输经营者应当建立车辆维护制度。道路运输经营者应当依据国家有关标准和车辆维修手册、使用说明书等,结合车辆类别、车辆运行状况、行驶里程、道路条件、使用年限等因素,自行确定车辆维护周期,确保车辆正常维护。

3. 汽车维护的分类

在汽车的使用过程中,由于汽车的新旧程度、使用地区条件的不同,在各个时期对汽车维护作业项目也不同。根据《汽车维护、检测、诊断技术规范》(GB/T 18344—2016)有关规定,汽车维护可分为日常维护、一级维护、二级维护三类。维护作业以清洁、检查、补给、润滑、紧固和调整六大作业为主,维护范围随着行驶里程的增加逐步扩大,内容逐步加深。

(1)日常维护是驾驶员为保持汽车正常工作状况的经常性工作,其作业的中心内容是清洁、补给和安全检视,通常是在每日出车前、行车中和收车后进行的车辆维护作业。

(2)一级维护是对经过较长里程运行后的汽车,由维修人员对汽车安全部件进行的检视维护作业。其作业中心内容除日常维护作业外,以润滑、紧固为主,并检查有关制动、操纵等系统中的安全部件。

(3)二级维护是由道路运输经营者组织实施的汽车维护作业,其作业中心内容除一级维护作业外,以检查、调整制动系统、转向操纵系统、悬架等安全部件,并拆检轮胎,进行轮胎换位,检查调整发动机工作状况和汽车排放相关系统等。这是汽车经过更长里程运行后,必须对车况进行较全面的检查、调整,以维持其良好的技术状况和使用性能,确保汽车的安全性、动力性和经济性等达到使用要求。

4. 汽车维护周期

(1)汽车日常维护的周期为:出车前、行车中、收车后。

(2)汽车一级维护、二级维护周期的确定应以行驶里程为基本依据,行驶里程间隔执行车辆维修资料等有关技术文件的规定。

(3)对于不便用行驶里程间隔统计、考核的汽车,可用行驶时间间隔确定一级维护、二级维护周期。

5. 汽车维护主要内容

汽车维护的主要工作内容有清洁、检查、补给、润滑、紧固和调整等。

(1)清洁工作。清洁工作是提高汽车维护质量、防止零部件腐蚀、减轻磨损和降低燃油消耗的基础,并为检查、补给、润滑、紧固和调整工作做好准备。其工作内容主要包括对燃油、润滑油、空气滤清器滤芯的清洁、汽车外表的维护和对有关总成、零部件内外部的清洁作业。

(2)检查工作。检查工作是汽车维护的重要工作之一。通过对汽车的检查,能确定零部件是否变异和损坏。其工作内容主要是检查汽车各总成和零部件是否齐全,连接是否紧固;是否有漏水、漏油、漏电和漏气等现象,利用汽车上的指示仪表、警报装置等随车诊断装置,检查各总成、机构和仪表等技术状况,对影响汽车安全行驶的转向、制动、灯光等工作情况应加强检查,汽车拆检或装配、调整时应检查各主要部分的配合间隙。

(3)补给工作。补给工作是指在汽车维护中,对汽车的燃油、润滑油料及特殊工作液体进行加注补充;对蓄电池进行补充充电、对轮胎进行补气等作业。要使汽车得到良好润滑,必须选用合适的润滑油品种,并及时正确地添加或更换润滑油料。

(4)润滑工作。润滑工作是为了减少有关摩擦副的摩擦力,减轻零部件的磨损。其工作内容包括按照汽车的润滑图表和规定的周期,用规定牌号的润滑油或润滑脂进行润滑,各油嘴、油杯和通气塞必须配齐,并保持畅通,发动机、变速器、转向器、驱动桥等应按规定补充、更换润滑油。

(5)紧固工作。紧固工作是为了使各部零部件连接可靠,防止零部件松动的维护作业。汽车在运行中,由于振动、颠簸、热胀冷缩等原因,会改变零部件的紧固程度,以致零部件失去连接的可靠性。紧固工作的重点应放在负荷重且经常变化的各部零部件的连接部位上,以及对各连接螺栓进行必要的紧固和配换。

(6)调整工作。调整工作是保证各总成和零部件长期正常工作的重要一环,调整工作的好坏,对减少零部件磨损、保持汽车使用的经济性和可靠性有直接的关系。其工作内容主要是按技术要求,恢复总成、零部件的正常配合间隙及工作性能等作业。

6.汽车日常维护技术规范

日常维护是属于预防性的维护作业,是驾驶员为保持汽车正常工作状况而进行的经常性工作,其作业的中心内容是清洁、补给和安全性能检视,通常是在每日出车前、行车中和收车后进行的车辆维护作业。其目的是保证车辆各部清洁和润滑,各总成、部件工作正常,尤其是要掌握车辆安全部件的技术状况,保证其工作可靠性。具体要求做到:车容整洁;工作介质(燃油、润滑油、动力转向液、冷却液、制动液及蓄电池电解液等)充足;密封良好;水、电、油、气无泄漏;附件齐全无松动;制动可靠,转向灵敏,灯光喇叭等工作正常。

汽车日常维护作业项目及技术要求见表4-1。

日常维护作业项目及技术要求　　　　　表4-1

序　号	作业项目	作业内容	技术要求	维护周期
1	车辆外观及附属设施	检查、清洁车身	车身外观及客车车厢内部整洁,车窗玻璃齐全、完好	出车前或收车后
		检查后视镜,调整后视镜角度	后视镜完好、无损毁,视野良好	出车前

续上表

序号	作业项目	作业内容	技术要求	维护周期
1	车辆外观及附属设施	检查灭火器、客车安全锤	灭火器配备数量及放置位置符合规定,且在有效期内。客车安全锤配备数量及放置位置符合规定	出车前或收车后
		检查安全带	安全带固定可靠、功能有效	出车前或收车后
		检查风窗玻璃刮水器	刮水器各挡位工作正常	出车前
2	发动机	检查发动机润滑油、冷却液液面高度,视情补给	油(液)面高度符合规定	出车前
3	制动系统	制动系统自检	自检正常,无制动报警灯闪亮	出车前
		检查制动液液面高度,视情补给	液面高度符合规定	出车前
		检查行车制动、驻车制动	行车制动、驻车制动功能正常	出车前
4	车轮及轮胎	检查轮胎外观、气压	轮胎表面无破裂、凸起、异物刺入及异常磨损,轮胎气压符合规定	出车前、行车中
		检查车轮螺栓、螺母	齐全完好,无松动	出车前
5	照明、信号指示装置及仪表	检查前照灯	前照灯完好、有效,表面清洁,远近光变换正常	出车前
		检查信号指示装置	转向灯、制动灯、示廓灯、危险报警灯、雾灯、喇叭、标志灯及反射器等信号指示装置完好有效,表面清洁	出车前
		检查仪表	工作正常	出车前、行车中

注:"符合规定"指符合车辆维修资料等有关技术文件的规定,以下同。

7. 一级维护技术规范

一级维护是对经过一定里程(间隔里程因车辆和使用条件而不同)运行后的汽车,由维修人员对汽车安全部件进行的检视维护作业。一级维护是指除日常维护作业外,以润滑、紧固为作业中心内容,并检查有关制动、操纵等系统中的安全部件的维护作业。具体作业项目与汽车结构形式有关,要根据汽车使用说明书、维修手册或有关的汽车维护技术标准的规定来确定。汽车一级维护作业项目及技术要求见表4-2。

学习任务 4　一级维护

一级维护基本作业项目及技术要求　　　　　　　　　　表 4-2

序号	作业项目		作业内容	技术要求
1	发动机	空气滤清器、机油滤清器和燃油滤清器	清洁或更换	按规定的里程或时间清洁或更换滤清器。滤清器应清洁，衬垫无残缺，滤芯无破损。滤清器安装牢固，密封良好
2		发动机润滑油及冷却液	检查油(液)面高度，视情更换	按规定的里程或时间更换润滑油、冷却液，油(液)面高度符合规定
3	转向系统	部件连接	检查、校紧万向节、横直拉杆、球头销和转向节等部位连接螺栓、螺母	各部件连接可靠
4		转向器润滑油及转向助力油	检查油面高度，视情更换	按规定的里程或时间更换转向器润滑油及转向助力油，油面高度符合规定
5	制动系统	制动管路、制动阀及接头	检查制动管路、制动阀及接头，校紧接头	制动管路、制动阀固定可靠，接头紧固，无漏气(油)现象
6		缓速器	检查、校紧缓速器连接螺栓、螺母，检查定子与转子间隙，清洁缓速器	缓速器连接紧固，定子与转子间隙符合规定，缓速器外表、定子与转子间清洁，各插接件与接头连接可靠
7		储气筒	检查储气筒	无积水及油污
8		制动液	检查液面高度，视情更换	按规定的里程或时间更换制动液，液面高度符合规定
9	传动系统	各连接部位	检查、校紧变速器、传动轴、驱动桥壳、传动轴支撑等部位连接螺栓、螺母	各部位连接可靠，密封良好
10		变速器、主减速器和差速器	清洁通气孔	通气孔通畅
11	车轮	车轮及半轴的螺栓、螺母	校紧车轮及半轴的螺栓、螺母	拧紧力矩符合规定
12		轮辋及压条挡圈	检查轮辋及压条挡圈	轮辋及压条挡圈无裂损及变形
13	其他	蓄电池	检查蓄电池	液面高度符合规定，通气孔畅通，电桩、夹头清洁、牢固，免维护蓄电池电量状况指示正常
14		防护装置	检查侧防护装置及后防护装置，校紧螺栓、螺母	完好有效，安装牢固
15		全车润滑	检查、润滑各润滑点	润滑嘴齐全有效，润滑良好。各润滑点防尘罩齐全完好。集中润滑装置工作正常，密封良好
16		整车密封	检查泄漏情况	全车不漏油、不漏液、不漏气

(二)工作安全与5S

车间作业应保证始终安全工作,防止伤害的发生,防止事故伤害到自己。如果你在工作中受伤,这将不仅仅影响你,而且也会对你的家庭、同事和公司造成影响。造成事故的主要因素有:一是人为因素造成的事故,由于不正确使用机器或工具,穿着不合适的衣物或由于不小心造成的事故。二是自然因素造成的事故,由于机器或工具出现故障,缺少完整的安全装置或者工作环境不良造成的事故。

1.工作着装

为防止事故的发生,工作服必须结实、合身,以便于工作。为防止工作时损坏汽车,不要暴露工作服的带子、纽扣等。防止受伤或烧伤的安全措施是不要裸露皮肤。工作时要穿安全鞋,穿着凉鞋或运动鞋是很危险的,而且易摔倒并因此降低工作效率,此外还能使穿戴者容易因为偶然掉落的物体而受到伤害。提升重的物体或拆卸热的排气管或类似的物体时,建议戴上手套。然而,对于普通的维护工作戴手套并非一项必需的要求,应根据所做的工作的类型来决定是否必须戴手套。工作着装如图4-1所示。

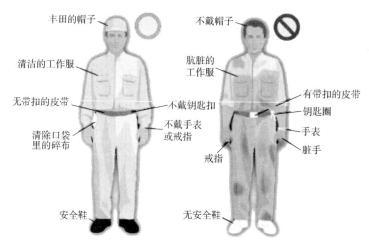

图4-1 工作着装

2.在工作场所内

(1)不要把工具或零件留在可能被踩到的地方。应该将其放置在工作架或工作台上,并养成好习惯。

(2)立即清理干净任何飞溅的燃油、润滑油或者润滑脂,防止自己或者他人滑倒。

(3)工作时尽量采取舒服的姿态,这不仅会提高工作效率,而且有可能避免跌倒或其他伤害。

(4)处理沉重的物体时要极度小心,因为如果它们跌落到你的脚上你可能会受伤。而且,记住如果你试图举起一个对你来说太重的物体,你的背部可能会受伤。

(5)从一个工作地点转移到另外一个工作地点时,一定要走指定的通道。

(6)不要在开关、配电盘或电动机等附近使用可燃物,因为它们容易产生火花,并造成火灾。

3. 使用工具工作时

遵守以下预防措施来防止发生伤害，如图 4-2 所示。

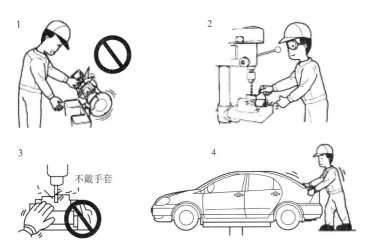

图 4-2　易产生危害的操作

（1）如果不正确地使用电气、液压和气动设备，可能导致严重的伤害。

（2）使用产生碎片的工具前，戴好护目镜。

使用砂光机和钻孔机一类的工具后，要清除其上的粉尘和碎片。

（3）操作旋转的工具或者工作在一个有旋转运动的地方时，不要戴手套。手套可能被旋转的物体卷入，伤到你的手。

（4）用升降机升起车辆时，初步提升到轮胎稍微离开地面为止。然后，在完全升起之前，确认车辆牢固地支撑在升降机上。升起后，千万不要试图摇晃车辆，因为这样可能导致车辆跌落，造成严重伤害。

4. 防火

为了防止火灾事故，在易燃品附近应遵照如下预防措施：

（1）吸满汽油或机油的碎布有可能自燃，所以应当将其放置到带盖的金属容器内。

（2）在机油存储地或可燃的零件清洗剂附近，不要使用明火。

（3）千万不要在处于充电状态的电池附近使用明火或产生火花，因为它们产生了可以点燃的爆炸性气体。

（4）仅在必要时才将燃油或清洗溶剂携带到车间，携带时还要使用密封的特制容器。

（5）不要将可燃性废机油和汽油丢弃到阴沟里，因为它们可能导致污水管系统产生火灾。应该将这些材料倒入排出罐或者其他合适的容器内。

（6）在燃油泄漏的车辆没有修好之前，不要起动该车辆上的发动机。修理燃油供给系统，例如拆卸化油器时，应当从蓄电池上断开负极电缆，以防止发动机被意外起动。

（7）如果火灾警报响起，所有人员应当配合扑灭火焰。要做到这一点，应知道灭火器放在何处及如何使用。

（8）不得在吸烟区以外的地方吸烟，要确认将香烟熄灭在烟灰缸里。

车间火灾隐患如图 4-3 所示。

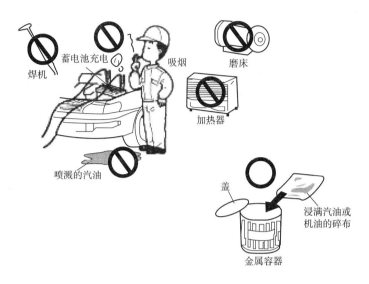

图 4-3　车间火灾隐患

5. 电气设备安全措施

不正确地使用电气设备可能导致短路和火灾。因此,要学会正确使用电气设备并认真遵守以下防护措施:

(1)如果发现电气设备有任何异常,立即关掉开关,并联系管理员/领班。

(2)如果电路中发生短路或意外火灾,在进行灭火步骤之前首先关掉开关。

(3)向管理员/领班报告不正确的布线和电气设备安装。

(4)有任何熔断丝熔断都要向上级汇报,因为熔断丝熔断说明有某种电气故障。

(5)不要靠近断裂或摇晃的导线。

(6)为防止电击,千万不要用湿手接触任何电气设备。

(7)千万不要触摸标有"发生故障"的开关。

(8)拔下插头时,不要拉导线,而应当拉插头本身。

(9)不要让电缆通过潮湿或浸有油的地方、炽热的表面,或者尖角附近。

(10)开关、配电盘或电动机等容易产生火花,不要在其附近使用易燃物。

6. 5S 理念

5S 是保持车间环境,实现轻松、快捷和可靠(安全)工作的关键点。

1)SEIRI(整理)

此过程将确定某种项目是否需要,不需要的项目应立即丢弃以便有效利用空间。按照必要性,组织和利用所有的资源,不管它们是工具、零件或信息。在工作场地指定一处地方来放置所有不必要的物品。收集工作场地中不必要的东西,然后丢弃。小心存放物品很重要,同样,丢弃不必要的物品也很重要。

2)SEITON(整顿)

这是一个整顿工具和零件的过程,目的是为了方便使用。将很少使用的物品放在单独的地方。将偶尔使用的物品放在你的工作场地。将常用的物品放在你的身边。

3) SEISO(清扫)

这是一个使工作场地内所有物品保持干净的过程。永远使设备处于完全正常的状态,以便随时可以使用。一个肮脏的工作环境是你缺少自信的反映。要养成保持工作场地清洁的好习惯。

4) SEIKETSU(清洁)

这是一个努力保持整理、整顿和清扫状态的过程,目的是防止任何可能问题的发生。这也是一个通过对各种物品进行分类,清除不必要的物品使你的工作场所保持干净的过程。任何事情都是有助于使工作环境保持清洁的因素:颜色、形状、各种物品的布局、照明、通风、陈列架以及个人卫生。如果工作环境变得清新明亮,能够给顾客带来良好的气氛。

5) SHITSUKE(自律)

自律形成文化基础,这是确保与社会协调一致的最起码的要求。

二、任务实施

项目1 更换机油和机油滤清器

1. 项目说明

客户的丰田卡罗拉轿车到网点做一级维护,按照丰田汽车公司的维护计划需对车辆进行机油和机油滤清器的更换,因此要求此维护作业按国家标准《汽车维护、检测、诊断技术规范》(GB/T 18344—2016),结合丰田卡罗拉 GL 1.6LAT 轿车维护作业标准进行操作。

2. 技术标准与要求

(1)每个学员能独立完成此项目。

(2)技术标准(表4-3)。

技术标准　　　　　　　　　　　　　　　　表4-3

项　　目	要　　求	项　　目	要　　求
油底壳放油螺塞力矩	37N·m	机油滤清器力矩	18N·m

3. 设备器材

(1)一汽丰田卡罗拉 GL 1.6LAT 轿车。

(2)两柱举升机。

(3)世达工具。

4. 作业准备

(1)清洁场地。　　　　　　　　　　　　　　　□任务完成

(2)常用工具、车辆、机油及机油滤清器等物品的准备。　□任务完成

(3)准备作业单。　　　　　　　　　　　　　　□任务完成

5. 操作步骤

(1)未更换机油时需要检查的项目:油位、适当的黏度、无污物、无污染(燃料或者冷却液),如图4-4所示。

(2)排放机油。

①检查发动机各种区域的接触面、油封、放油螺塞等区域是否漏油,如图4-5所示。

②拆卸放油螺塞和垫片,排放机油,如图4-6所示。

图4-4 检查机油

图4-5 检查密封情况

图4-6 拆卸放油螺塞

（3）更换机油滤清器。

①使用SST（专用维修工具），拆卸机油滤清器，如图4-7所示。

②检查和清洁机油滤清器安装表面。

③在新的机油滤清器垫片上涂清洁的机油。

④轻缓地拧动机油滤清器使其就位，然后拧紧直到垫片接触底座。

⑤使用专用维修工具再次拧紧3/4圈。

（4）安装一个新的垫片和放油螺塞。

（5）通过注油孔加注规定数量的机油，如图4-8所示。

图4-7 拆卸机油滤清器

图4-8 加注机油

（6）检查油位。预热发动机后停止发动机，5min或者更长时间以后，检查机油尺以确保油位处于规定的范围内，如图4-4所示。

提示：汽车停放在一个平面上检查油位。从发动机已经停止5min或者更长的时间之后，检查油位，目的是让发动机各个区域的机油完全沉积在集油盘中。

6. 记录与分析

机油和机油滤清器的更换项目作业记录单见表4-4。

学习任务 4 一级维护

机油和机油滤清器的更换项目作业记录单　　　　　　　　　　　　　　　表 4-4

姓名		班级		学号		组别	
车型		发动机型号		作业单号		作业日期	
项目				检查情况			
检查机油更换前的液位							
黏度							
污染及杂质							
发动机各结合表面的漏油情况							
机油滤清器的安装表面							
拧紧机油滤清器							
拧紧放油螺塞							
检查添加机油后的液面							
各结合表面的漏油情况							
结论							
建议处理意见							

项目 2　检查蓄电池

1.项目说明

丰田卡罗拉轿车做一级维护时,需要对蓄电池进行检查,要求按照国家标准《汽车维护、检测、诊断技术规范》(GB/T 18344—2016),并结合丰田卡罗拉 GL 1.6LAT 轿车维护作业标准对蓄电池进行全面规范的检查。

2.技术标准与要求

(1)每个学员能独立完成此项目。

(2)技术标准(表 4-5)。

技　术　标　准　　　　　　　　　　　　　　　　　　表 4-5

项　目	要　求
蓄电池负极端子	5.4N·m
蓄电池标准密度	在 20℃时为 1.25～1.29g/cm³
蓄电池电解液液面高度	位于 MAX 与 MIN 之间

3.设备器材

(1)一汽丰田卡罗拉 GL 1.6LAT 轿车。

(2)两柱举升机。

(3)世达工具。

4.作业准备

(1)清洁场地。

(2)常用工具、车辆等物品的准备。

(3)准备作业单。

5. 操作步骤

(1)电解液液位。检查蓄电池各个单元的液位是否处于上线和下线之间,如图4-9所示。如果很难确定电解液液位,则可通过轻轻摇晃汽车进行检查。同时可以通过拆卸一个通风孔塞并从该开口中查看,以检查电解液液位。需要加水时,应使用蒸馏水。

(2)检查蓄电池盖是否有裂纹或者渗漏。

(3)检查蓄电池端子是否腐蚀。

(4)检查蓄电池端子导线是否松动,如图4-10所示。

(5)检查蓄电池的通风孔塞是否损坏或者通风孔是否阻塞,如图4-11所示。

图4-9　检查蓄电池电解液液位　　图4-10　检查蓄电池连接端子　　图4-11　检查蓄电池通风孔

6. 记录与分析

蓄电池的检查项目作业记录单见表4-6。

蓄电池的检查项目作业记录单　　表4-6

姓名		班级		学号		组别	
车型		发动机型号		作业单号		作业日期	
项目	检查情况							
电解液液位							
蓄电池盖损坏情况							
蓄电池端子是否腐蚀							
蓄电池端子导线是否松动							
通风孔及孔塞							
结论							
建议处理意见							

项目3　检查制动系统

1. 项目说明

制动系统影响到行车安全,丰田卡罗拉轿车做一级维护时,需要对制动系统进行管路及磨损检查,要求按照国家标准《汽车维护、检测、诊断技术规范》(GB/T 18344—2001),并结合丰田卡罗拉GL 1.6LAT轿车维护作业标准对制动系统进行全面规范的检查。

2. 技术标准与要求

(1)每个学员能独立完成此项目。

(2)技术标准(表4-7)。

技 术 标 准　　　　　　　　　　表4-7

项　　　目	要　　　求
制动踏板距离地板的高度	145.8～155.8mm
制动踏板自由行程	1.0～6.0mm
制动液液面高度	MAX 与 MIN 之间

3.设备器材

(1)一汽丰田卡罗拉 GL 1.6LAT 轿车。

(2)两柱举升机。

(3)世达工具。

(4)游标卡尺、千分尺。

4.作业准备

(1)清洁场地。

(2)常用工具、量具、车辆等物品的准备。

(3)准备作业单。

5.操作步骤

(1)检查制动液液位。目视检查制动液的液位,是否在 MAX 与 MIN 之间,如图 4-12 所示。

(2)制动管路检查(图 4-13)。

①液体渗漏。检查制动管路连接部分是否有液体渗漏。

②安装状况。检查制动管道和软管,确保车辆运动时,或者转向盘完全转动到任何一侧时,不会因为振动而与车轮或者车身接触。

提示:检查时手动转动轮胎直到转向盘被完全转向一侧。

③损伤情况。检查制动管路是否有凹痕或者其他损坏。检查制动管路软管是否扭曲、磨损、开裂、隆起等。

提示:如果保护盖上有飞石的痕迹,则制动管路也可能有相同的损坏。

图 4-12　检查制动液液位

图 4-13　检查制动管路

6.记录与分析

制动系统的检查项目作业记录单见表 4-8。

制动系统的检查项目作业记录单　　　　　　　表 4-8

姓名		班级		学号		组别	
车型		发动机型号		作业单号		作业日期	
项目				检查情况			
制动系统泄漏情况							
制动管路损伤情况							
制动管路安装状况							
制动盘的表面状况							
结论							
建议处理意见							

三、学习评价

1. 理论考核

1）判断题

（1）车辆"三级维护"制度是指一级维护、二级维护和三级维护。（　　）

（2）汽油机润滑油不能用于柴油机。（　　）

（3）汽车一级维护是由道路运输经营者组织实施的汽车维护作业。（　　）

（4）日常维护，是以清洁、补给、紧固和安全检视为作业中心内容，由驾驶员负责执行的车辆维护作业。（　　）

（5）《汽车维护、检测、诊断技术规范》(GB/T 18344—2016)中规定，汽车一级维护、二级维护作业周期应以汽车的行驶时间间隔为基本依据。（　　）

（6）废油应倒入指定废油桶收集，然后倒入排水沟内，防止废油污染。（　　）

（7）在进行维修作业时，应穿上铁头安全鞋保护脚趾不受伤害。（　　）

（8）使用外径千分尺测量时，测微螺杆快靠近被测物体时应停止转动活动套管，而改用棘轮定位器旋钮使测微螺杆与被测物体接触，直到听到二三响"咔咔"声为止，避免产生过大的压力。（　　）

（9）在扳手或棘轮手柄上可以使用加长套管或其他类型的"加长手柄"。（　　）

2）单项选择题

（1）日常维护的中心内容是(　　)。

　　A. 清洁、润滑、紧固　　　　　　B. 清洁、补给和安全性能检视

　　C. 检查、调整　　　　　　　　　D. 拆检

（2）日常维护由(　　)来完成。

　　A. 维修工　　　B. 驾驶员　　　C. 生产厂　　　D. 销售商

（3）汽车主要是根据(　　)选用汽油。

　　A. 发动机压缩比　　　　　　　　B. 生产厂家规定

　　C. 汽车使用条件　　　　　　　　D. 发动机性能

（4）一级维护的作业内容，除了日常维护的作业内容外，以(　　)为主。

A. 润滑、紧固 　　　　　　　　B. 补给、紧固
C. 紧固、调整 　　　　　　　　D. 润滑、调整

(5)汽车一、二级维护周期的确定,应以汽车(　　)为基本依据。
　A. 行车时间间隔 　　　　　　B. 行驶里程
　C. 诊断周期 　　　　　　　　D. 修理厂规定

(6)现场"5S"内容不包括(　　)。
　A. 整理 　　　　B. 清扫 　　　　C. 整顿 　　　　D. 安全

(7)5S 现场管理中的整理是根据物品的(　　)来决定取舍。
　A. 购买价值 　　B. 使用价值 　　C. 是否占空间 　　D. 是否能卖好价钱

(8)整顿的目的是为了(　　)。
　A. 方便使用 　　B. 节约空间 　　C. 保持清洁 　　D. 形成自律

(9)拆卸螺栓时应尽量不使用的工具是(　　)。
　A. 套筒 　　　　B. 活动扳手 　　C. 开口扳手 　　D. 梅花扳手

(10)下列对于车间维修工作说法错误的是(　　)。
　A. 如果用空气喷嘴干燥或清洁零件,勿将气流对准周围的人
　B. 当维修人员眼内混入了液体或化学物质时应立即用水持续冲洗眼睛,并寻求专业医务人员帮助
　C. 要把危险的工作区隔离开来,防止参观者随意进入
　D. 可以在扳手或套筒把手上使用锤子敲击来拆卸螺栓

3)多项选择题

(1)汽车维修企业的一般安全操作规程有(　　)。
　A. 不准赤脚或穿拖鞋、高跟鞋和裙子上班,长发者要戴工作帽
　B. 工作时禁止吸烟
　C. 工作时要集中精神,不准说笑、打闹
　D. 使用一切机械工具及电气设备时,必须遵守其安全操作规程

(2)下列关于敲击工具的使用说法正确的是(　　)。
　A. 敲击工具应比被敲击物体质地更软
　B. 敲击钢铁或铸铁零件时应使用黄铜或铝制锤子
　C. 敲击塑料件时使用生牛皮棒槌或塑料二次冲击锤
　D. 需要敲击发动机缸体时应使用钢制锤子

(3)拆卸锈蚀的螺栓或螺母时,必须做好(　　)准备工作。
　A. 用钢丝刷将螺纹刷干净
　B. 在螺纹上喷溶锈剂
　C. 等待一段时间再松开
　D. 使用带加长杆或加长套管的扳手拆卸

(4)(　　)是汽车日常维护中要完成的工作。
　A. 清洗汽车,保持车容整洁 　　　B. 对制动液进行检视补给
　C. 清洗喷油器 　　　　　　　　　D. 检查轮胎气压

(5)根据《汽车维护、检测、诊断技术规范》有关规定,汽车维护分为(　　　)三种级别。
　　A.日常维护　　　　　　　　　　B.一级维护
　　C.二级维护　　　　　　　　　　D.走合期维护
(6)机动车维修企业在维修生产中产生的固体废物,包括(　　　)。
　　A.废旧蓄电池　　　　　　　　　B.废旧轮胎
　　C.废旧汽车零部件　　　　　　　D.生产与办公垃圾

4)简答题
(1)汽车维护与汽车修理有什么区别?
(2)简述汽车一级维护的作业内容和工艺流程。
(3)简述机油、机油滤清器的更换步骤及注意事项。
(4)简述蓄电池的维护项目。
(5)简述制动系统的维护项目。

2.技能考核
(1)机油和机油滤清器更换项目评分表见表4-9。

机油和机油滤清器更换项目评分表　　　　表4-9

基本信息	姓名		学号		班级		组别	
	规定时间		完成时间		考核日期		总评成绩	
	序号	步骤		完成情况		标准分	评分
			完成	未完成		
任务工单	1	考核准备: 车辆: 工具、量具及维修资料:			5	
	2	检查机油更换前的液位			5	
	3	黏度			5	
	4	污染及杂质			5	
	5	发动机各结合表面的漏油情况			5	
	6	机油滤清器的安装表面			5	
	7	拧紧机油滤清器			10	
	8	拧紧放油螺塞			10	
	9	检查添加机油后的液面			5	
	10	各结合表面的漏油情况			5	
	11	维护工艺路线合理,配合熟练、默契			5	
	12	项目检查齐全、方法正确			5	
	13	清洁及整理			5	
安全					5	
5S					10	
沟通表达					5	
工单填写					5	

(2)蓄电池的检查项目评分表见表4-10。

蓄电池的检查项目评分表   表4-10

基本信息	姓名		学号		班级		组别	
	规定时间		完成时间		考核日期		总评成绩	
任务工单	序号	步骤		完成情况		标准分	评分	
				完成	未完成			
	1	考核准备： 车辆： 工具、量具及维修资料：				5		
	2	电解液液位				10		
	3	蓄电池盖损坏情况				10		
	4	蓄电池端子是否腐蚀				10		
	5	蓄电池端子导线是否松动				10		
	6	通风孔塞				10		
	7	维护工艺路线合理,配合熟练、默契				5		
	8	项目检查齐全、方法正确				5		
	9	清洁及整理				5		
安全						5		
5S						10		
沟通表达						5		
工单填写						10		

(3)制动系统的检查项目评分表见表4-11。

制动系统的检查项目评分表   表4-11

基本信息	姓名		学号		班级		组别	
	规定时间		完成时间		考核日期		总评成绩	
任务工单	序号	步骤		完成情况		标准分	评分	
				完成	未完成			
	1	考核准备： 车辆： 工具、量具及维修资料：				10		
	2	制动系统泄漏情况				10		
	3	制动管路损伤情况				10		
	4	制动管路安装状况				10		
	5	制动盘的表面状况				10		
	6	维护工艺路线合理,配合熟练、默契				10		
	7	项目检查齐全、方法正确				5		
	8	清洁及整理				5		
安全						5		
5S						10		
沟通表达						5		
工单填写						10		

四、拓展学习

(一)道路运输车辆一级维护、二级维护推荐周期

道路运输车辆一级维护、二级维护推荐周期见表 4-12。

道路运输车辆一级维护、二级维护推荐周期　　　　表 4-12

适用车型		维护周期	
		一级维护行驶里程间隔上限值或行驶时间间隔上限值	二级维护行驶里程间隔上限值或行驶时间间隔上限值
客车	小型客车(含乘用车)(车长≤6 m)	10 000 km 或者 30 日	40 000 km 或者 120 日
	中型及以上客车(车长>6m)	15 000 km 或者 30 日	50 000 km 或者 120 日
货车	轻型货车(最大设计总质量≤3 500kg)	10 000 km 或者 30 日	40 000 km 或者 120 日
	轻型以上货车(最大设计总质量>3 500kg)	15 000 km 或者 30 日	50 000 km 或者 120 日
挂车		15 000 km 或者 30 日	50 000 km 或者 120 日

注:对于以山区、沙漠、炎热、寒冷等特殊运行环境为主的道路运输车辆,可适当缩短维护周期。

(二)汽车季节性维护

季节和气候的变化,必然导致与汽车运行条件密切相关的气温、气压等参数的变化。为了使汽车在不同的地区、不同的季节都能够可靠地工作,在季节转换之前,结合定期维护,并附加一些相应的作业项目,使汽车能够顺利地适应变化了的运行条件,这种附加性维护称为季节性维护。

1. 夏季汽车的车况特点与维护

1)夏季汽车的车况特点

(1)机油容易变稀、变质、挥发和烧损,导致润滑性能下降、机油消耗过快。发动机在高温下运转,机油的抗氧化安定性、黏温性及清净分散性等性能变坏,加剧其热分解、氧化和挥发。同时,干燥空气中的灰尘和潮湿空气中的水分通过进气系统和曲轴箱通风装置进入发动机油底壳,从而污染机油,引起机油变质。而变稀了机油通过汽缸壁、活塞、活塞环窜入燃烧室烧损,通过油底壳等加热区域时被蒸发,以及机油在高温下与积炭聚合成漆膜而黏附在汽缸壁上,加剧了发动机的磨损。

(2)加剧零部件的磨损。发动机在高温下运转,零部件的热膨胀加大,使其正常的配合间隙变小,摩擦阻力增大,磨损加剧。

(3)发动机充气性能变差,导致动力性下降。在高温条件下,因为气体的热膨胀,使进入汽缸里的可燃混合气或空气的数量减少,充气性能下降,从而导致发动机功率下降,使车辆行驶无力、加速性能变差。

(4)制动性能变差,行车安全系数降低。汽车的制动蹄片及制动鼓或制动盘由于受高温的影响,频繁制动后,容易产生热衰退,导致制动力下降。

(5)高温下,发动机供油系统容易产生气阻,影响发动机的正常工作。供油系统受热后,

部分燃油以气态的形式存于供油管路和油泵当中,不仅增大了燃油的流动阻力,同时由于气体的可压缩性,使油泵无法输送燃油,导致供油中断,并使喷油器等部件无法喷油,发动机无法正常工作。

(6)高温下,发动机容易产生自燃或爆震等不正常燃烧现象,使发动机使用寿命下降。随着大气温度的升高,进入汽缸的混合气温度也高,发动机的温度会更高,使窜入汽缸中的机油在高温缺氧的情况下生成胶质和积炭。而积炭黏附在活塞顶部、燃烧室壁、气门头部和火花塞上,形成炽热点,从而引起发动机炽热点火,形成自燃或爆震。

2)汽车夏季维护主要作业内容

(1)拆除发动机附加的保温装置,检视散热器百叶窗能否全开,清除发动机水套和散热器内的水垢,检查测试节温器的性能。

(2)按照车辆使用说明书中的要求或根据具体情况,放掉发动机油底壳、变速器、减速器、转向器等各总成内的润滑油,清洗后换用夏季用油(加注冬、夏通用润滑油的除外)。

(3)清洗燃料供给系统燃油箱、滤清器、燃油分配管、输油泵、喷油泵、喷油器和所有管路。

(4)汽油机要适当增大火花塞间隙和适当推迟点火提前角(电控单元控制点火系统的除外)。

(5)调整蓄电池电解液密度(适当降低,免维护的蓄电池除外)。

(6)采取相应的防暑降温措施。

2. 冬季汽车的车况特点与维护

1)冬季汽车的车况特点

(1)汽车难以起动或无法起动、怠速不稳。冬季气温较低,使燃油蒸发雾化困难,不易形成可燃混合气;机油的黏度过大致使发动机起动阻力增大;蓄电池容量下降等原因使起动转速下降。

(2)磨损严重,易产生噪声。由于机油黏稠而导致零部件润滑不及时,使磨损加剧,车辆运转噪声加大。因此,应及时将夏季用油换成冬季用油。

(3)空调的取暖效果变差。空调在秋天停用了一段时间后,某些运动部件会出现"咬死"现象,起动阻力加大,使空调电磁离合器打滑,过度磨损。长时间停用空调,还会使油封干枯、粘连失效,造成制冷剂泄漏。

(4)制动效果变差,制动距离变长,安全性能下降。对于气压制动系统,储气筒上的进、排气阀和制动管路等处容易结冰而堵塞气道,使压缩空气压力下降甚至中断,从而导致制动性能下降或制动失效。对于液压制动系统,由于制动液黏度增大,流动变慢,从而导致制动性能下降。

(5)转向阻力增大,转向困难,操纵性能下降。转向器中的齿轮油、转向助力油等的流动性会因低温而下降,阻力增大,从而导致转向困难,操纵性变差。

2)汽车冬季维护主要作业内容

(1)安装发动机附加保温罩及检修起动预热装置,检查测试节温器性能。

(2)发动机和底盘各总成均换用冬季润滑油(加注冬、夏通用润滑油的除外)。

(3)清洗燃料供给系统燃油箱、滤清器、燃油分配管、输油泵、喷油泵、喷油器和所有管路。

(4)适当减小火花塞间隙。

(5)调整蓄电池电解液的密度(适当增大,免维护的蓄电池除外)。

(6)采取防寒、防冻、防滑等保护措施。

(三)汽车维护工艺的组织形式

为了有效地完成汽车维护工作,维护作业地点应按工艺配备,合理布局,使各方面工作协调,充分利用人力、物力,减少消耗,取得最佳效益。维护工艺的组织通常是指汽车运输企业内维护地点(车间、工段和工位)的工艺组织,不包括加注燃油、外部清洁和安全检查等内容。

1. 按作业人员分工区分

根据作业人员的分工不同,汽车维护工艺的组织通常有全能工段式和专业工段式两种形式。

(1)全能工段式是把除外表维护作业外的其他规定作业组织在一个工段上实施,把执行各维护作业的人员编成一个作业组,在额定时间内,分部位有顺序地完成各自的作业项目。

(2)专业工段式是把规定的各项维护作业,按其工艺特点分配在一个或几个工段上,各专业工人在指定工段上完成各自的工作,工段上配有专门的设备。

2. 按工作地点布置区分

汽车维护工艺的组织形式还可按维护工作地点的布置方式,分为尽头式工段和直通式工段两种。

(1)尽头式工段如图4-14所示。汽车在维护时可各自单独地出入工段。汽车在维护期间,停在各自地点,固定不动,维护工人按照综合作业分工等不同的作业形式,围绕汽车交叉执行各项维护作业项目。各工段的作业时间可单独组织,彼此无影响。因此,尽头式工段适合于规模较小、车型复杂的运输企业在高级维护作业、小修时采用。

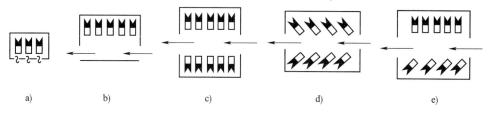

图4-14 尽头式工段

a)无内部通道;b)有内部通道;c)有内部通道(两侧布置);d)斜角式;e)混合式

(2)直通式工段,较适宜于按流水作业组织维护,各维护作业按作业顺序的要求分配在各工段(工位)上,工段的作业工人按专业分工完成维护作业,如图4-15所示。直通式工段完成维护作业的生产效率较高,因此,当企业有大量类型相同的汽车,而且维护作业内容和劳动量比较固定时,宜采用流水作业方式。

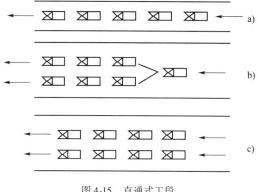

图4-15 直通式工段

学习任务 5 二级维护

工作情境描述

某客户的丰田卡罗拉轿车行驶近 4 万 km，他按照丰田汽车公司的维护计划规定的间隔里程 5000km 或 6 个月，到 4S 店进行维护。请参照国家标准《汽车维护、检测、诊断技术规范》(GB/T 18344—2016)，并结合丰田卡罗拉 GL 1.6LAT 轿车维护作业标准，完成维护作业。

学习目标

通过本任务学习，应能：

1. 根据车辆型号查阅有关技术资料；
2. 准确选用常用工具及量具；
3. 描述二级维护的项目、内容及意义；
4. 检查并维护蓄电池的技术状态；
5. 完成整车的二级维护及检查；
6. 跟顾客进行良好的沟通和交流，并符合公关礼仪的要求；
7. 自觉遵守 5S 要求；
8. 独立进行成本核算和控制；
9. 自觉遵守劳动与环境保护的规定；
10. 具备良好的职业道德、劳动观念和团队合作精神。

学习时间

30 学时。

学习引导

一、知识准备

(一)汽车二级维护的定义

二级维护是指除一级维护作业外，以检查、调整制动系统、转向操纵系统、悬架等安全部件，并拆检轮胎，进行轮胎换位，检查调整发动机工作状况和汽车排放相关系统等为主的维护作业。

当汽车行驶到一定里程后,零部件的磨损和变形会增加,为了延长汽车的使用寿命和保证行车安全,必须按期进行汽车二级维护。

汽车二级维护是我国现行汽车维护作业中的最高一级。二级维护要求在维护前进行不解体检测诊断,以确定附加作业项目;强调对安全部件的检查和调整;检查、调整发动机工况和排气污染控制装置的工作情况等。

(二)汽车二级维护的基本要求

汽车二级维护的目的是消除安全隐患,恢复车辆使用技术性能,尤其是排放和安全性能。所以二级维护作业应满足以下基本要求:

(1)汽车二级维护前进厂检测。依据进厂检测结果进行故障诊断并确定附加作业项目。

(2)汽车维护作业过程检验。这是控制二级维护作业质量的重要环节。汽车二级维护是否达到预期目的,取决于二级维护的基本作业和附加维护作业项目是否到位,是否按技术要求完成作业任务。只有进行维护作业过程的检验,才能对汽车维护质量进行有效控制,达到维护的目的。

(3)汽车维护竣工检验。企业应有明确的针对具体车型的汽车维护竣工检验技术标准,根据该标准配备相应的检测设备以及掌握现代汽车检测诊断技术的质量检验员,这是保证汽车维护质量的关键。

(三)汽车二级维护工艺过程

汽车二级维护是现行维护制度中的最高级别维护,其目的是维持汽车各总成、系统和机构具有良好的工作性能,及时排除故障和隐患,保证汽车动力性、经济性、环保性、操纵性及安全性等各项综合性能指标满足要求,确保汽车在二级维护间隔期内能够正常运行。

汽车二级维护工艺流程如图5-1所示。

(1)汽车二级维护首先要进行检测,汽车进厂后,根据汽车技术档案的记录资料(包括车辆运行记录、维修记录、检测记录、总成修理记录等)和驾驶员反映的车辆使用技术状况(包括汽车动力性、异响、转向、制动及燃料、润料消耗等)确定所需检测项目。

(2)依据检测结果及车辆实际技术状况进行故障诊断,从而确定附加作业。

(3)附加作业项目确定后与基本作业项目一并进行二级维护作业。

(4)二级维护过程中要进行过程检验,过程检验项目的技术要求应满足有关的技术标准或规范。

(5)二级维护作业完成后,应进行竣工检验,竣工检验合格的车辆,由维护企业填写《汽车维护竣工出厂合格证》后方可出厂。

(四)二级维护进厂检测

二级维护进厂检测包括规定的检测项目以及根据驾驶员反映的车辆技术状况确定的检测项目。检测项目的技术要求应符合国家有关的技术标准和车辆维修资料等相关规定。进厂检测时应记录检测数据或结果,并据此进行车辆故障诊断,依据进厂检测结果进行故障诊断并确定附加作业项目。

二级维护规定的进厂检测项目见表5-1。

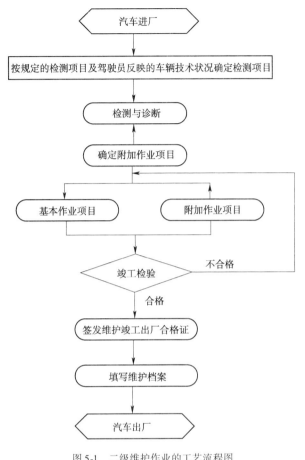

图 5-1 二级维护作业的工艺流程图

二级维护规定的进厂检测项目 表 5-1

序号	检测项目	检测内容	技术要求
1	故障诊断	车载诊断系统(OBD)的故障信息	装有车载诊断系统(OBD)的车辆,不应有故障信息
2	行车制动性能	检查行车制动性能	采用台架检验或路试检验,应符合 GB 7258 相关规定
3	排放	排气污染物	汽油车采用双怠速法,应符合 GB 18285 相关规定;柴油车采用自由加速法,应符合 GB 3847 相关规定

1. 汽车二级维护前检测、诊断的要求

从汽车维护检测项目来看,有性能参数的检测,有系统工作状态参数的检测,有系统工作状况的检查,还有一些总成部件的一般检视。对不同的检测项目有不同的检测要求,汽车二级维护检测诊断在总体上提出以下两方面的要求:

(1) 对汽车二级维护检测项目进行检测时,应使用该检测项目的专用检测仪器,仪器精度须满足有关规定。

这主要是针对那些汽车性能参数的检测,如发动机功率、汽缸压力、车辆定位角等。一是强调了一定要用仪器或设备进行检测;二是强调要合理选择符合技术要求的专用检测仪器,保证检测数据的准确性。

(2)汽车二级维护检测项目的技术要求应参照国家有关的技术标准或原厂要求。检测项目所应达到的技术标准,一是国家有关的技术标准,指那些国家对车辆有统一要求的技术性能指标。如在安全方面,国家对制动性能(包括制动力)制定的《机动车运行安全技术条件》;又如在环境保护方面,对在用车排放污染物排放限值有国家标准。二是原厂要求,指检测项目中除有国家标准统一要求的之外,应以"原厂要求"为标准,明确了汽车维护的技术质量要求,体现了恢复原车技术状态这一汽车二级维护的基本宗旨。

2. 汽车二级维护附加作业项目的确定和执行

汽车是一个复杂的运动机械,其技术性能与使用环境有着千丝万缕的联系,一个故障现象可能牵涉到很多方面的因素。因此,通过维护前不解体检测,准确评定汽车技术状况,确定合适的附加作业项目,是一项技术难度较大的工作,应根据检测结果,结合汽车运行等各方面的信息(驾驶员反映、性能检测结果和汽车技术档案等),对汽车技术状况进行综合评价,确定合理的附加作业项目。

汽车二级维护附加作业项目的确定,根据检测结果进行汽车故障诊断,确定以消除汽车故障为目的的二级维护附加作业项目和作业内容,恢复汽车的正常技术状况。附加作业项目确定后与基本作业项目一并进行二级维护作业。

(五)二级维护基本作业项目及要求

汽车二级维护基本作业项目是无论车辆的技术状况如何都必须完成的内容,它真正体现了"强制维护"的要求。车辆二级维护的技术规范规定的基本作业项目和要求是原则性的,具有指导意义。

二级维护基本作业项目及技术要求见表5-2。

二级维护基本作业项目及技术要求　　　　　　　　表5-2

序号	作业项目		检测内容	技术要求
1	发动机	发动机工作状况	检查发动机起动性能和柴油发动机停机装置	起动性能良好,停机装置功能有效
			检查发动机运转情况	低、中、高速运转稳定,无异响
2		发动机排放机外净化装置	检查发动机排放机外净化装置	外观无损坏、安装牢固
3		燃油蒸发控制装置	检查外观,检查装置是否畅通,视情更换	炭罐及管路外观无损坏、密封良好、连接可靠,装置畅通无堵塞
4		曲轴箱通风装置	检查外观,检查装置是否畅通,视情更换	管路及阀体外观无损坏、密封良好、连接可靠,装置畅通无堵塞
5		增压器、中冷器	检查、清洁中冷器和增压器	中冷器散热片清洁,管路无老化,连接可靠,密封良好。增压器运转正常,无异响,无渗漏

续上表

序号	作业项目	检测内容	技术要求
6	发动机 / 发电机、起动机	检查、清洁发电机和起动机	发电机和起动机外表清洁,导线接头无松动,运转无异响,工作正常
7	发动机 / 发动机传动带(链)	检查空气压缩机、水泵、发电机、空调机组和正时传动带(链)磨损及老化程度,视情调整传动带(链)松紧度	按规定里程或时间更换传动带(链)。传动带(链)无裂痕和过量磨损,表面无油污,松紧度符合规定
8	发动机 / 冷却装置	检查散热器、水箱及管路密封	散热器、水箱及管路固定可靠,无变形、堵塞、破损及渗漏。箱盖接合表面良好,胶垫不老化
9	发动机 / 火花塞、高压线	检查水泵和节温器工作状况	水泵不漏水、无异响,节温器工作正常
9	发动机 / 火花塞、高压线	检查火花塞间隙、积炭和烧蚀情况,按规定里程或时间更换火花塞	无积炭,无严重烧蚀现象,电极间隙符合规定
9	发动机 / 火花塞、高压线	检查高压线外观及连接情况,按规定里程或时间更换高压线	高压线外观无破损、连接可靠
10	发动机 / 进气歧管、排气歧管、消声器、排气管	检查进气歧管、排气歧管、消声器、排气管	外观无破损,无裂痕,消声器功能良好
10	发动机 / 进气歧管、排气歧管、消声器、排气管	清洁发动机外部,检查隔热层	无油污、无灰尘,隔热层密封良好
11	发动机 / 发动机总成	检查、校紧连接螺栓、螺母	油底壳、发动机支撑、水泵、空气压缩机、涡轮增压器、进排气歧管、消声器、排气管、输油泵和喷油泵等部位连接可靠
12	制动系统 / 储气筒、干燥器	检查、紧固储气筒,检查干燥器功能,按规定里程或时间更换干燥剂	储气筒安装牢固,密封良好。干燥器功能正常,排水阀通畅
13	制动系统 / 制动踏板	检查、调整制动踏板自由行程	制动踏板自由行程符合规定
14	制动系统 / 驻车制动	检查驻车制动性能,调整操纵机构	功能正常,操纵机构齐全完好、灵活有效
15	制动系统 / 防抱死制动装置	检查连接线路,清洁轮速传感器	各连接线及插接件无松动,轮速传感器清洁
16	制动系统 / 鼓式制动器	检查制动间隙调整装置	功能正常
16	制动系统 / 鼓式制动器	拆卸制动鼓、轮毂、制动蹄,清洁轴承位、轴承、支承销和制动底板等零件	清洁,无油污,轮毂通气孔通畅
16	制动系统 / 鼓式制动器	检查制动底板、制动凸轮轴	制动底板安装牢固、无变形、无裂损。凸轮轴转动灵活,无卡滞和松旷现象
16	制动系统 / 鼓式制动器	检查轮毂内外轴承	滚柱保持架无断裂,滚柱无缺损、脱落,轴承内外圈无裂损和烧蚀

续上表

序号	作业项目		检测内容	技术要求
16	制动系统	鼓式制动器	检查制动摩擦片、制动蹄及支承销	摩擦片表面无油污、裂损,厚度符合规定。制动蹄无裂纹及明显变形,铆接可靠,铆钉沉入深度符合规定。支承销无过量磨损,与制动蹄轴承孔衬套配合无明显松旷
			检查制动蹄复位弹簧	复位弹簧不得有扭曲、钩环损坏、弹性损失和自由长度改变等现象
			检查轮毂、制动鼓	轮毂无裂损,制动鼓无裂痕、沟槽、油污及明显变形
			装复制动鼓、轮毂、制动蹄,调整轴承松紧度、调整制动间隙	润滑轴承,轴承位涂抹润滑脂后再装轴承。装复制动蹄时,轴承孔均应涂抹润滑脂,开口销或卡簧固定可靠。制动摩擦片与制动鼓摩擦面应清洁,无油污。制动摩擦片与制动鼓配合间隙符合规定。轮毂转动灵活且无轴向间隙。锁紧螺母、半轴螺母及车轮螺母齐全,拧紧力矩符合规定
17	制动系统	盘式制动器	检查制动摩擦片和制动盘磨损量	制动摩擦片和制动盘磨损量应在标记规定或制造商要求的范围内,其摩擦工作面不得有油污、裂纹、失圆和沟槽等损伤
			检查制动摩擦片与制动盘间的间隙	制动摩擦片与制动盘之间的转动间隙符合规定
			检查密封件	密封件无裂纹或损坏
			检查制动钳	制动钳安装牢固、无油液泄漏。制动钳导向销无裂纹或损坏
18	转向系统	转向器和转向传动机构	检查转向器和转向传动机构	转向轻便、灵活,转向无卡滞现象,锁止、限位功能正常
			检查部件技术状况	转向节臂、转向器摇臂及横直拉杆无变形、裂纹和拼焊现象,球销无裂痕、不松旷,转向器无裂损、无漏油现象
19	转向系统	转向盘最大自由转动量	检查、调整转向盘最大自由转动量	最高设计车速不小于 100 km/h 的车辆,其转向盘的最大自由转动量不大于15°,其他车辆不大于25°

续上表

序号	作业项目	检测内容	技术要求
20	行驶系统 车轮及轮胎	检查轮胎规格型号	轮胎规格型号符合规定,同轴轮胎的规格和花纹应相同,公路客车(客运班车)、旅游客车、校车和危险货物运输车的所有车轮及其他车辆的转向轮不得装用翻新的轮胎
		检查轮胎外观	轮胎的胎冠、胎壁不得有长度超过25mm或深度足以暴露出帘布层的破裂和割伤以及凸起、异物刺入等影响使用的缺陷。具有磨损标志的轮胎,胎冠的磨损不得触及磨损标志;无磨损标志或标志不清的轮胎,乘用车和挂车胎冠花纹深度应不小于1.6mm;其他车辆的转向轮的胎冠花纹深度应不小于3.2mm,其余轮胎胎冠花纹深度应不小于1.6mm
		轮胎换位	根据轮胎磨损情况或相关规定,视情进行轮胎换位
		检查、调整车轮前束	车轮前束值符合规定
21	悬架	检查悬架弹性元件,校紧连接螺栓、螺母	空气弹簧无泄漏、外观无损伤。钢板弹簧无断片、缺片、移位和变形,各部件连接可靠。U形螺栓螺母拧紧力矩符合规定
		减振器	减振器稳固有效,无漏油现象,橡胶垫无松动、变形及分层
22	车桥	检查车桥、车桥与悬架之间的拉杆和导杆	车桥无变形、表面无裂痕、油脂无泄漏,车桥与悬架之间的拉杆和导杆无松旷、移位和变形
23	传动系统 离合器	检查离合器工作状况	离合器接合平稳,分离彻底,操作轻便,无异响、打滑、抖动及沉重等现象
		检查、调整离合器踏板自由行程	离合器踏板自由行程符合规定
24	变速器、主减速器、差速器	检查、调整变速器	变速器操纵轻便,挡位准确,无异响、打滑及乱挡等异常现象,主减速器、差速器工作无异响
		检查变速器、主减速器、差速器润滑油液面高度,视情更换	按规定的里程或时间更换润滑油,液面高度符合规定
25	传动轴	检查防尘罩	防尘罩无裂痕、损坏,卡箍连接可靠,支架无松动
		检查传动轴及万向节	传动轴无弯曲,运转无异响。传动轴及万向节无裂损、不松旷
		检查传动轴承及支架	轴承无松旷,支架无缺损和变形

续上表

序号	作业项目		检测内容	技术要求
26	灯光导线	前照灯	检查远光灯发光强度,检查、调整前照灯光束照射位置	符合 GB 7258 规定
27		线束及导线	检查发动机舱及其他可视的线束及导线	插接件无松动、接触良好。导线布置整齐、固定牢靠,绝缘层无老化、破损,导线无外露。导线与蓄电池桩头连接牢固,并有绝缘层
28	车架车身	车架和车身	检查车架和车身	车架和车身无变形、断裂及开焊现象,连接可靠,车身周正。发动机罩锁扣锁紧有效。车厢铰链完好,锁扣锁紧可靠,固定集装箱箱体、货物的锁止机构工作正常
			检查车门、车窗启闭和锁止	车门和车窗应启闭正常,锁止可靠。客车动力启闭车门的车内应急开关及安全顶窗机件齐全、完好有效
29		支撑装置	检查、润滑支撑装置,校紧连接螺栓、螺母	完好有效,润滑良好,安装牢固
30		牵引车与挂车连接装置	检查牵引销及其连接装置	牵引销安装牢固,无损伤、裂纹等缺陷,牵引销颈部磨损量符合规定
			检查、润滑牵引座及牵引销锁止、释放机构,校紧连接螺栓、螺母	牵引座表面油脂均匀,安装牢固,牵引销锁止、释放机构工作可靠
			检查转盘与转盘架	转盘与转盘架贴合面无松旷、偏歪。转盘与牵引连接部件连接牢靠,转盘连接螺栓应紧固,定位销无松旷、无磨损,转盘润滑
			检查牵引钩	牵引钩无裂纹及损伤,锁止、释放机构工作可靠

(六)汽车二级维护过程检验

对汽车二级维护进行过程检验的目的是实现维护过程的质量控制。二级维护过程检验明确三点要求:一是维护作业全过程实施跟踪检验的要求,即应在二级维护作业项目(含基本作业项目和附加作业项目)执行过程中全面的自始至终实施质量检验;二是要做检验记录,特别是对配合间隙、调整数据或拧紧力矩等技术参数要求的作业项目,要有检验数据的记录,作为作业过程的质量监督的依据,也可作为汽车竣工出厂检验提供依据和参考;三是明确了过程检验的技术标准,即二级维护基本作业项目中技术要求的内容。维护过程检验是一项过程质量管理工作,是确保汽车维护质量的重要环节。

学习任务 5 二级维护

(七)汽车二级维护竣工检验

汽车维护竣工检验是一项对汽车维护质量进行的检测评定工作。汽车在维修企业进行二级维护后,必须进行竣工检验;各项目参数符合国家标准或行业标准及地方标准;竣工检验合格的车辆填写维护竣工出厂合格证后方可出厂。检验不合格的车辆应进行进一步的检测、诊断和维护,直到达到维护竣工技术要求为止。

《汽车维护、检测、诊断技术规范》(GB/T 18344—2016)对汽车二级维护竣工检验明确了以下要求:一是实施维护竣工制度,这是行业一贯坚持的做法;二是以国家或行业及地方有关标准作为车辆维护竣工检验的统一标准,而非原车出厂规定或其他;三是实行出厂合格证制度,合格证一方面可作为维护质量评定结果的凭证,也可为实行质量保质期制度提供依据;四是检验不合格的车辆应进行进一步的检测、诊断和维护,直到达到维护竣工技术要求为止。

二级维护竣工检验项目及技术要求见表 5-3。

二级维护竣工检验项目及技术要求 表 5-3

序号	检验部位	检验项目	技术要求	检验方法
1	整车	清洁	全车外部、车厢内部及各总成外部清洁	检视
2		紧固	各总成外部螺栓、螺母紧固,锁销齐全有效	检查
3		润滑	全车各个润滑部位的润滑装置齐全,润滑良好	检视
4		密封	全车密封良好,无漏油、无漏液和无漏气现象	检视
5		故障诊断	装有车载诊断系统(OBD)的车辆,无故障信息	检测
6		附属设施	后视镜、灭火器、客车安全锤、安全带、刮水器等齐全完好,功能正常	检视
7	发动机及其附件	发动机工作状况	在正常工作温度状态下,发动机起动三次,成功起动次数不少于两次,柴油机三次停机均应有效,发动机低、中、高速运转稳定、无异响	路视或检视
8		发动机装备	齐全有效	检视
9	制动系统	行车制动性能	符合 GB 7258 规定,道路运输车辆符合 GB 18565 规定	路视或检测
10		驻车制动性能	符合 GB 7258 规定	路视或检测
11	转向系统	转向机构	转向机构各部件连接可靠、锁止、限位功能正常,转向时无运动干涉,转向轻便、灵活,转向无卡滞现象	检视
		转向盘最大自由转动量	转向节臂、转向器摇臂及横直拉杆无变形、裂纹和拼焊现象,球销无裂纹、不松旷,转向器无裂损、无漏油现象	
12			最高设计车速不小于 100 km/h 的车辆,其转向盘的最大自由转动量不大于 15°,其他车辆不大于 25°	检测

续上表

序号	检验部位	检验项目	技术要求	检验方法
13	行驶系统	轮胎	同轴轮胎应为相同的规格和花纹,公路客车(客运班车)、旅游客车、校车和危险品运输车的所有车轮及其他机动车的转向轮不得装用翻新的轮胎,轮胎花纹深度及气压符合规定,轮胎的胎冠、胎壁不得有长度超过25mm或深度足以暴露出帘布层的破裂和割伤以及凸起、异物刺入等影响使用的缺陷	检查、检测
14		转向轮横向侧滑量	符合 GB 7258 规定,道路运输车辆符合 GB 18565 规定	检测
15		悬架	空气弹簧无泄漏、外观无损伤。钢板弹簧无断片、缺片、移位和变形,各部件连接可靠,U 形螺栓螺母拧紧力矩符合规定	检查
16		减振器	减振器稳固有效,无漏油现象,橡胶垫无松动、变形及分层	检查
17		车桥	无变形、表面无裂痕,密封良好	检视
18	传动系统	离合器	离合器接合平稳,分离彻底,操作轻便,无异响、打滑、抖动和沉重等现象	路试
19		变速器、传动轴、主减速器	变速器操纵轻便,挡位准确,无异响、打滑及乱挡等异常现象,传动轴、主减速器工作无异响	路试
20	牵引连接装置	牵引连接装置和锁止机构	汽车与挂车牵引连接装置连接可靠,锁止、释放机构工作可靠	检查
21	照明、信号指示装置和仪表	前照灯	完好有效,工作正常,性能符合 GB 7258 规定	检视、检测
22		信号指示装置	转向灯、制动灯、示廓灯、危险报警灯、雾灯、喇叭、标志灯及反射器等信号指示装置完好有效	检视
23		仪表	各类仪表工作正常	检视
24	排放	排气污染物	汽油车采用双急速法,应符合 GB 18565 规定。柴油车采用自由加速法,应符合 GB 7258 规定	检测

二、任务实施

项目1 检查与更换冷却液

1. 项目说明

某客户的丰田卡罗拉轿车到网点做二级维护,按照丰田汽车公司的维护计划需进行冷却液的更换,要求此维护作业按国家标准《汽车维护、检测、诊断技术规范》(GB/T 18344—2016),并结合丰田卡罗拉 GL 1.6LAT 轿车维护作业标准进行操作。

2.技术标准与要求

(1)每个学员能独立完成此项目。

(2)技术标准:参考丰田卡罗拉轿车技术资料。

3.设备器材

(1)一汽丰田卡罗拉GL 1.6LAT轿车。

(2)两柱举升机。

(3)世达工具。

4.作业准备

(1)清洁场地。

(2)车辆、工具、冷却液等物品的准备。

(3)准备作业单。

5.操作步骤

1)冷却液检查

(1)冷却液液位检查。发动机预热后,让发动机冷却下来。然后,拆卸散热器盖并检查冷却液液位是否合适。正常检查冷却液液位时没有必要拆卸散热器盖。

注意:如果想在发动机仍然发热时拆卸散热器盖,在盖上放一块布并且松开45°以便释放压力。然后拆卸散热器盖。不要立即拆卸散热器盖,否则冷却液将会溅出。

检查储液罐中的冷却液是否处于规定的范围内,如图5-2所示。

提示:散热器冷却时检查冷却液液位。因为如果散热器发热,冷却液将会是高液位。

(2)冷却液渗漏检查。检查冷却液是否从散热器、橡胶软管、散热器盖和软管夹周围渗漏,如图5-3所示。

(3)软管损坏及松动检查。检查属于冷却系统的橡胶软管是否有裂纹、隆起或者硬化。检查软管连接和管箍的安装是否松动。

(4)冷却液冰点检查。从膨胀水箱内取少许冷却液置于冷却液冰点检测仪上并读取数值,如图5-4所示。

图5-2 检查冷却液液位　　图5-3 检查水管接头　　图5-4 检查冷却液冰点

2)冷却液更换

(1)排放发动机冷却液。在散热器排放塞的下方放置废旧冷却液收集器,以便收集排放出来的冷却液。松开散热器盖45°,待散热器内部的压力释放后,取下散热器盖。松开散热器排放塞(图5-5)及发动机排放塞,以便排放冷却液。

通过散热器和发动机以及储液罐的排放塞排放发动机冷却液。收集的冷却液应当作工业

图 5-5 散热器排放塞

废水处理以便保护环境。

(2) 加注冷却液。

① 向加注口加注冷却液,注意加注时不宜过快,防止冷却液溢出。

② 加注冷却液时,用力捏压散热器的出水软管和进水软管,以便排出空气。

③ 待冷却液液面不再下降时,拧紧散热器盖,并向膨胀水箱加注冷却液到最高线。

④ 起动发动机,并预热到散热器开启的温度,同时开启空调暖风,以便管路内部的空气全部排出。

⑤ 停止发动机运转,待发动机冷却液温度下降后,检查冷却液液面高度,若液面变低,则在添加之后重复以上的操作;若没有下降,则表明冷却液添加已经合适。

6. 记录与分析

冷却液的检查与更换项目作业记录单见表 5-4。

冷却液的检查与更换项目作业记录单 表 5-4

姓名		班级		学号		组别	
车型		发动机型号		作业单号		作业日期	
项目	检查情况							
更换前的冷却液液位检查							
冷却液渗漏检查							
软管损坏及松动检查							
冷却液冰点检查							
冷却液排放							
起动发动机检查							
更换完毕后的液位检查							
结论							
建议处理意见							

项目 2 检查制动器

1. 项目说明

客户的丰田卡罗拉轿车需要进行制动器的检查,要求此维护作业按国家标准《汽车维护、检测、诊断技术规范》(GB/T 18344—2016),并结合丰田卡罗拉 GL 1.6LAT 轿车维护作业标准进行操作。

2. 技术标准与要求

(1) 每个学员能独立完成此项目。

(2) 技术标准:

① 前轮制动摩擦块厚度:标准值 12mm,最小值 1mm。

②前轮制动盘厚度:标准值22mm,最小值19mm。
③前轮制动盘径向圆跳动:0.05mm。

3. 设备器材

(1)一汽丰田卡罗拉GL 1.6LAT轿车。

(2)两柱举升机。

(3)世达工具、游标卡尺、千分尺、百分表等。

4. 作业准备

(1)清洁场地。

(2)车辆、工具、量具等物品的准备。

(3)准备作业单。

5. 操作步骤

1)制动摩擦块厚度检查

拆下制动卡钳,取下制动盘两侧的摩擦块,并清洁制动盘和摩擦块上的灰尘,使用游标卡尺测量制动摩擦块的厚度,如图5-6所示。确保其与外制动摩擦块没有明显的偏差。一般情况下,内外摩擦块厚度偏差不大于10%~15%,摩擦块厚度极限为不小于新片厚度的1/3。确保制动摩擦块没有不均匀磨损。

如果制动摩擦块的厚度低于磨损极限,则更换制动摩擦块。

提示:使用该次检查和上一次检查之间的行驶距离,估计到下一次检查前的行驶距离。通过检查自从上一次检查到现在的制动摩擦块的磨损,来估计制动摩擦块在下一次检查时的情况。在下一次计划检查时,如果估计制动摩擦块的厚度将会小于可接受的磨损值时,建议车主更换制动摩擦块。

根据行驶距离估计制动摩擦块的剩余磨损量,如图5-7所示。

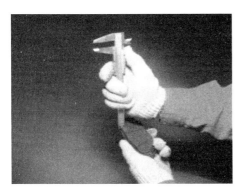

图5-6 测量摩擦块厚度

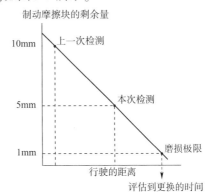

图5-7 估算摩擦块剩余量

2)制动盘的检查

检查制动盘上是否有刻痕、不均匀或者异常磨损以及裂纹和其他损坏。使用千分尺测量制动盘的厚度,测量点选在距离轮盘外缘10mm、间隔120°处的三个位置,将最小值记录为轮盘厚度,如图5-8所示。

使用一个百分表测量制动盘圆跳动量,如图5-9所示。使用磁力表座,在距离制动盘外缘

10mm处固定百分表,保持百分表测量杆与制动盘垂直,旋转制动盘一周,读取并记录数值。

3)制动液渗漏检查

检查制动卡钳中是否有液体渗漏,如图5-10所示。如果制动液溅出或者粘在油漆上,应立即用水漂洗。否则,将损坏油漆表面。

图5-8　测量制动盘厚度

图5-9　测量制动盘圆跳动量

图5-10　检查制动液泄漏

6.记录与分析

制动器的检查项目作业记录单见表5-5。

制动器的检查项目作业记录单　　　　　　　　　　　　表5-5

姓名		班级		学号		组别	
车型		发动机型号		作业单号		作业日期	
项目	检查情况						
摩擦块厚度							
内外摩擦块的偏差							
摩擦块的不均匀磨损							
制动盘的厚度							
制动盘的圆跳动量							
制动卡钳处制动液的泄漏							
结论							
建议处理意见							

项目3　更换制动液

1.项目说明

客户的丰田卡罗拉轿车需要进行制动液的更换,要求按照国家标准《汽车维护、检测、诊断技术规范》(GB/T 18344—2016),并结合丰田卡罗拉GL 1.6LAT轿车维护作业标准进行更换操作。

2.技术标准与要求

(1)两人配合完成此项目。

(2)技术标准:

①前盘式制动器放油螺塞拧紧力矩:8.3N·m。

②后盘式制动器放油螺塞拧紧力矩:10N·m。

3.设备器材

(1)一汽丰田卡罗拉GL 1.6LAT轿车。

(2)两柱举升机。

(3)世达工具、1.6LAT 汽车专用制动液一桶。

4.作业准备

(1)清洁场地。

(2)车辆、工具、制动液等物品的准备。

(3)准备作业单。

5.操作步骤

(1)一人位于驾驶室内踩压制动踏板,一人位于车下制动轮缸处排放旧制动液。

(2)车辆底部制动液的更换顺序为右后轮→左后轮→右前轮→左前轮。

(3)车下人员将软管接到制动轮缸放油螺塞,如图5-11所示,同时发信号给车上人员。

(4)车上人员收到车下人员的指令后,连续踩压制动踏板数次,并保持踏紧情况。车下人员拧松放油螺塞1/4圈,放出旧的制动液,然后再拧紧放油螺塞,如图5-12所示。

(5)在更换制动液的过程中,时刻注意储液罐制动液液位的变化,适时添加制动液,以免储液罐液面过低,如图5-13所示。

 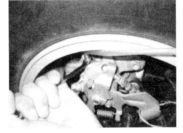 

图5-11 放油螺塞处连接软管　　　图5-12 拧紧放油螺塞　　　图5-13 添加制动液

(6)重复上述动作4~6次,直到旧的制动液完全被排出。

(7)所有制动液更换完毕后,将储液罐内的制动液液面调整到最高刻度线位置,拧上储液罐盖,用布清理溅出的制动液。再次检查制动轮缸放油螺塞是否拧紧,清理放油螺塞周围的制动液,安装排放螺帽。

6.记录与分析

制动液的更换项目作业记录单见表5-6。

制动液的更换项目作业记录单　　　　　　　　表5-6

姓名		班级		学号		组别	
车型		发动机型号		作业单号		作业日期	
项目				检查情况			
制动液的排放顺序							
排放过程中制动液的加注							
制动轮缸放油螺塞的拧紧力矩							
排放螺帽的安装							
制动液最终液位							
结论							
建议处理意见							

项目4　更换燃油滤清器

1. 项目说明

客户的丰田卡罗拉轿车到网点做二级维护,按照丰田汽车公司的维护计划需对车辆进行燃油滤清器的更换,因此要求此维护作业按国家标准《汽车维护、检测、诊断技术规范》(GB/T 18344—2016),并结合丰田卡罗拉 GL 1.6LAT 轿车维护作业标准进行操作。

2. 技术标准与要求

(1)每个学员能独立完成此项目。

(2)技术标准:蓄电池负极端子拧紧力矩:5.4N·m。

3. 设备器材

(1)一汽丰田卡罗拉 GL 1.6LAT 轿车。

(2)两柱举升机。

(3)世达工具。

4. 作业准备

(1)清洁场地。

(2)车辆、工具、燃油滤清器等物品的准备。

(3)准备作业单。

5. 操作步骤

(1)关闭点火开关,断开蓄电池,如图 5-14 所示。

(2)拆下后排座椅,如图 5-15 所示。

(3)拆卸后地板检修孔盖,断开与燃油滤清器总成相连接的油管和导线,如图 5-16 所示。

　　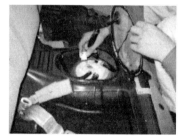

图 5-14　断开蓄电池　　　　图 5-15　拆下后排座椅　　　　图 5-16　断开与燃油滤清器总成相连接的油管和导线

(4)将燃油滤清器及燃油泵总成取出,如图 5-17 所示,操作过程中,注意保护燃油泵和燃油量传感器。

(5)分离燃油泵及燃油滤清器,如图 5-18 所示。

(6)更换新的燃油滤清器,在燃油滤清器的油封上涂机油,组装好燃油泵总成。按照拆卸相反的顺序装入燃油泵总成、连接好管路及导线。起动发动机运行 2~3min,确认油管和导线的连接状况,排除渗漏情况后,装好后排座椅,燃油滤清器更换操作完毕。

6. 记录与分析

燃油滤清器的更换项目作业记录单见表 5-7。

图 5-17　取出燃油泵总成

图 5-18　从滤清器上拉出燃油泵

燃油滤清器的更换项目作业记录单　　　　　　　　　　　　表 5-7

姓名		班级		学号		组别	
车型		发动机型号		作业单号		作业日期	
项目				检查情况			
拆卸后排座椅							
断开燃油泵总成的连接管及导线							
取出燃油泵总成							
拆下燃油滤清器							
更换新的燃油滤清器及密封圈							
发动机起动检查							
结论							
建议处理意见							

项目 5　更换火花塞

1. 项目说明

客户的丰田卡罗拉轿车到网点做二级维护,按照丰田汽车公司的维护计划需对车辆进行火花塞的更换,因此要求此维护作业按国家标准《汽车维护、检测、诊断技术规范》(GB/T 18344—2016),并结合丰田卡罗拉 GL 1.6LAT 轿车维护作业标准进行操作。

2. 技术标准与要求

(1)每个学员能独立完成此项目。

(2)技术标准:参考丰田卡罗拉轿车技术资料。

3. 设备器材

(1)一汽丰田卡罗拉 GL 1.6LAT 轿车。

(2)两柱举升机。

(3)世达工具。

4. 作业准备

(1)清洁场地。

（2）车辆、工具、火花塞等物品的准备。

（3）准备作业单。

5.操作步骤

（1）清理汽缸体上部火花塞周围的部位，防止异物进入汽缸体，断开点火线圈的连接导线，如图5-19所示。

（2）松开点火线圈的固定螺母，取下点火线圈，如图5-20所示。

（3）用专用工具拆下火花塞，检查火花塞的电极磨损、裂纹及积炭情况，如图5-21所示。

图5-19　断开点火线圈的接头　　　图5-20　取出点火线圈　　　图5-21　拆下火花塞

（4）更换新的火花塞，按照与拆卸相反的顺序安装。

6.记录与分析

火花塞的更换项目作业记录单见表5-8。

火花塞的更换项目作业记录单　　　　　　　　　　　　　表5-8

姓名		班级		学号		组别	
车型		发动机型号		作业单号		作业日期	
项目				检查情况			
汽缸体上部清理							
断开点火线圈连接接头							
拆卸点火线圈							
拆卸火花塞							
火花塞的积炭及损坏检查							
火花塞的安装							
结论							
建议处理意见							

三、学习评价

1.理论考核

1）选择题

（1）汽车二级维护的中心内容是(　　　)。

A. 清洁、润滑、紧固 　　　　　　　B. 清洁、补给和安全检视
C. 检查、调整制动系统等安全部件 　　D. 拆检

(2)更换燃油滤清器时,燃油滤清器安装(　　)。
A. 有方向性　　　B. 无方向性　　　C. 没有明确规定

(3)测量制动盘厚度时,需要测量(　　)。
A. 1处　　　B. 2处　　　C. 3处　　　D. 4处

(4)用千分尺测量制动盘厚度时,测量点需选在距离轮盘边缘(　　)处。
A. 10mm 　　　　　　　　　　B. 15mm
C. 20mm 　　　　　　　　　　D. 30mm

(5)制动盘圆跳动量极限为(　　)。
A. 0.05mm 　　　　　　　　　B. 0.10mm
C. 0.15mm 　　　　　　　　　D. 0.20mm

(6)制动液定期更换的原因是(　　)。
A. 制动液具有吸湿性 　　　　B. 制动液分解产生气体
C. 制动液冰点降低

(7)冷却系统液面降低时,允许添加少量的(　　)进行补充。
A. 电解液 　　　　　　　　　B. 蒸馏水
C. 矿泉水 　　　　　　　　　D. 制动液

(8)火花塞的电极间隙一般为(　　)。
A. 0.5~0.7mm　　B. 1.0~1.2mm　　C. 1.5~1.7mm

(9)汽车二级维护竣工检验是对承修汽车在二级维护过程中作业项目维护质量的一次综合检验,由(　　)来完成。
A. 专职检验员和专职修理工 　　B. 专职修理工和专业检测线
C. 专职检验员和专业检测线 　　D. 专职检验员和专业工量具

2)判断题
(1)一般情况下,新摩擦片没有内外侧区分标志,可随便安装。　　　　(　　)
(2)更换新摩擦片时,一定要将制动轮缸回位,否则摩擦片将无法安装。(　　)
(3)可用气动扳手紧固轮胎螺母。　　　　　　　　　　　　　　　　　(　　)
(4)冷却系统橡胶软管存在裂纹、凸起及硬化时,应及时更换。　　　　(　　)
(5)汽车底盘不影响车容,故不需要做维护。　　　　　　　　　　　　(　　)
(6)制动液添加得越多越好。　　　　　　　　　　　　　　　　　　　(　　)
(7)汽车二级维护前必须对其进行技术评定以确定附加作业项目。　　　(　　)
(8)二级维护不包括一级维护的内容。　　　　　　　　　　　　　　　(　　)
(9)发动机正常状况下其功率应不小于额定功率的80%。　　　　　　　(　　)
(10)二级维护是新的维护制度中最高级别的维护。　　　　　　　　　 (　　)

3)简答题
(1)简述冷却液更换的步骤。
(2)对汽油滤清器如何进行维护?

(3)如何进行盘式制动器的维护?
(4)简述火花塞的更换步骤。
(5)简述制动液的更换过程。

2．技能考核

(1)冷却液的检查与更换项目评分表见表5-9。

冷却液的检查与更换项目评分表　　　　　　　表5-9

基本信息	姓名		学号		班级		组别	
	规定时间		完成时间		考核日期		总评成绩	

任务工单	序号	步骤	完成情况		标准分	评分
			完成	未完成		
	1	考核准备： 车辆： 工具、量具及维修资料：			5	
	2	更换前的冷却液液位检查			10	
	3	冷却液渗漏检查			10	
	4	软管损坏及松动检查			10	
	5	冷却液冰点检查			10	
	6	冷却液排放			10	
	7	起动发动机检查			5	
	8	更换完毕后的液位检查			5	
	9	项目检查齐全、方法正确			5	
	10	清洁及整理			5	
安全					5	
5S					5	
沟通表达					5	
工单填写					5	

(2)制动器的检查项目评分表见表5-10。

(3)制动液的更换项目评分表见表5-11。

(4)燃油滤清器的更换项目评分表见表5-12。

(5)火花塞的更换项目评分表见表5-13。

制动器的检查项目评分表 表5-10

基本信息	姓名		学号		班级		组别	
	规定时间		完成时间		考核日期		总评成绩	
任务工单	序号	步骤		完成情况		标准分	评分	
				完成	未完成			
	1	考核准备：车辆：工具、量具及维修资料：				5		
	2	摩擦块厚度				13		
	3	内外摩擦块的偏差				10		
	4	摩擦块的不均匀磨损				10		
	5	制动盘的厚度				12		
	6	制动盘的圆跳动量				10		
	7	制动卡钳处制动液的泄漏				10		
	8	项目检查齐全、方法正确				5		
	9	清洁及整理				5		
安全						5		
5S						5		
沟通表达						5		
工单填写						5		

制动液的更换项目评分表 表5-11

基本信息	姓名		学号		班级		组别	
	规定时间		完成时间		考核日期		总评成绩	
任务工单	序号	步骤		完成情况		标准分	评分	
				完成	未完成			
	1	考核准备：车辆：工具、量具及维修资料：				5		
	2	制动液的排放顺序				10		
	3	排放过程中制动液的加注				10		
	4	制动轮缸放油螺塞的拧紧力矩				15		
	5	排放螺帽的安装				15		
	6	制动液最终液位				10		
	7	项目检查齐全、方法正确				10		
	8	清洁及整理				5		
安全						5		
5S						5		
沟通表达						5		
工单填写						5		

燃油滤清器的更换项目评分表　　　　　表 5-12

基本信息	姓名		学号		班级		组别	
	规定时间		完成时间		考核日期		总评成绩	

	序号	步骤	完成情况		标准分	评分
			完成	未完成		
任务工单	1	考核准备： 车辆： 工具、量具及维修资料：			5	
	2	拆卸后排座椅			10	
	3	断开燃油泵总成的连接管及导线			10	
	4	取出燃油泵总成			10	
	5	拆下燃油滤清器			15	
	6	更换新的燃油滤清器及密封圈			10	
	7	发动机起动检查			10	
	8	项目检查齐全、方法正确			5	
	9	清洁及整理			5	
安全					5	
5S					5	
沟通表达					5	
工单填写					5	

火花塞的更换项目评分表　　　　　表 5-13

基本信息	姓名		学号		班级		组别	
	规定时间		完成时间		考核日期		总评成绩	

	序号	步骤	完成情况		标准分	评分
			完成	未完成		
任务工单	1	考核准备： 车辆： 工具、量具及维修资料：			5	
	2	汽缸体上部清理			10	
	3	断开点火线圈连接接头			10	
	4	拆卸点火线圈			10	
	5	拆卸火花塞			10	
	6	火花塞的积炭及损坏检查			10	
	7	火花塞的安装			15	
	8	项目检查齐全、方法正确			5	
	9	清洁及整理			5	
安全					5	
5S					5	
沟通表达					5	
工单填写					5	

学习任务6　常见故障诊断

工作情境描述

客户王先生反映自己驾驶的丰田卡罗拉1.6L轿车行驶9500km后,行驶中踩下加速踏板时感觉加速无力,油耗增加。到丰田4S店进行维护与检修,请您根据所学知识,针对该故障现象拟订一个故障诊断方案,并对该故障实施修复。

学习目标

通过本任务学习,应能:

1. 准确判断汽车常见故障的症状;
2. 制定汽车常见故障诊断流程;
3. 查阅有关维修手册、电路图等技术资料;
4. 规范使用诊断设备、工具;
5. 掌握常见故障的诊断思路和方法;
6. 理解5S理念的内涵,具备良好职业素养。

学习时间

12学时。

学习引导

一、知识准备

(一) 汽车故障诊断与检测的原则、方法及诊断流程

1. 汽车故障诊断与检测的原则

1) 先思后行

当发动机出现故障时,根据故障现象先进行故障分析,在清楚可能的故障原因后再选择适当的程序和方法进行故障诊断操作,以防止故障诊断操作的盲目性,尤其是对故障原因比较复杂的故障现象,"先思后行"既可避免对无关部位做无效的检查,又不会漏检有关的故障部位,达到准确迅速排除故障之目的。

2）先外后内

在选择故障诊断程序和操作次序时,先对发动机电子控制系统以外的故障原因进行检查,然后再对电子控制系统进行诊断操作,以避免费时费力去检查发动机电子控制系统,而不能及时找到真正的故障原因。

3）故障码优先

当故障自诊断系统监测到电子控制系统故障时,均会以故障码的方式储存故障信息,但并不是所有的故障都通过发动机故障警告灯报警,因此无论仪表板上的发动机故障警告灯是否亮起报警,在对发动机电子控制系统进行检查以前,均应先进行读取故障码操作,以便充分利用故障自诊断系统迅速而准确地排除故障。

4）先简后繁

能以简单方法检查的可能故障部位优先检查。直观检查最为简单,一些通过看、摸、听、闻等方法可以确认的故障部位优先检查;需要用仪器、仪表或其他专用工具进行检测的部位,也应将较易检查的安排在前面。这样可使电控发动机的故障诊断变得较为简单。

5）先熟后生

电控发动机的一些故障现象可能有多个故障原因,不同故障原因出现的概率是不同的,对常见的故障部位先进行检查,往往可迅速确定故障部位,省时省力。

6）先备后用

电子控制系统元件性能是否良好、电路是否正常,通常以电压或电阻等参数值来判断。没有这些诊断参数,不了解检测的位置,往往会使电子控制系统的故障诊断变得很困难或根本无法进行。所谓先备后用就是在检修前,应准备好有关的诊断参数、检修资料或备件,以保证故障诊断的顺利进行。

2. 汽车故障诊断与检测的基本方法

汽车的故障诊断就是根据汽车的故障现象,利用各种检查和监测手段,分析、查找故障原因,并准确判断出故障部位。汽车技术状况的诊断是通过检查、测量、分析、判断等一系列活动完成的,常用的故障诊断基本方法如下。

1）直观诊断法

汽车故障的直观诊断也称人工诊断或经验诊断,其方法是通过道路试验和直观检查的方法来确定汽车的技术状况和故障。这种诊断方法的优点是不需要专用设备,成本花费少;但诊断的速度比较慢,而且不准确,需要经验丰富的技术人员,同时诊断对象仅适于查找比较明显的故障。通常情况下,直观诊断法可以概括为问、看、听、嗅、摸、试六个字。

(1)问:就是调查。接到故障车后,首先要向驾驶员详细询问车辆的行驶里程、行驶状况、行驶条件、维修情况、故障先兆迹象、故障属突变还是渐变等。即使是具有丰富经验的维修技术人员,不问明情况去盲目诊断,也会影响诊断速度和质量。

(2)看:就是通过眼睛对整车或相关部位进行观察,发现汽车比较明显的异常现象。如看排气的颜色、看漏油严重程度、看机油变色情况、看损坏部位等,都能判断出某些故障。

(3)听:就是听声响,从而确定哪些是异常响声。汽车整车及各总成、各系统在正常工作时,发出的声音一般都是有一定规律的,通过仔细辨别能大致判断出声音是否正常,从而判断异响的部位和故障所在。

(4)嗅:就是凭借汽车故障部位散发的特殊气味来诊断故障,有些故障出现后,会产生比较特殊的气味,据此可以准确地判断故障部位所在。如电路短路的焦味、制动片的焦味、燃烧不完全的油烟味等。

(5)摸:就是用手触试。手摸可以直接感觉到故障部位的发热情况、振动情况、漏气及机件灵活程度等,从而判断出部件是否打滑、咬死、烧坏等。

(6)试:就是试验验证。如诊断人员可亲自试车去体验故障的部件,用单缸断火法断定发动机异响的部位,可用更换零件法来证实故障的部位。

以上六个方面,并非每一种故障诊断均需执行,不同的故障可视其具体情况灵活运用。在检查和排除故障时,一定要注意安全。

直观诊断方法,要求进行故障诊断操作的人员必须首先掌握被诊断系统的结构和工作原理,对其可能产生故障的现象、原因有一定的了解,并能掌握关键部件的检查方法及出现故障的可能。直观诊断方法由于受诊断者的经验和对诊断车辆的熟悉程度限制,诊断结果差别较大。经验丰富的诊断专业人员,可以利用直观诊断方法诊断出汽车及各总成可能出现的绝大多数故障。在诊断无故障码故障或用检测设备难以诊断的疑难故障方面,直观诊断法具有其他各种诊断法无可比拟的优点。

2)仪器、设备诊断法

仪器、设备诊断法指在汽车不解体情况下,利用汽车品牌专用诊断仪或通用诊断仪的读取故障码、数据流、执行器测试、示波器等功能对车载电器件进行实时诊断,对检测的参数、曲线、波形进行分析研究,作为判断故障原因所在的依据的方法,或者使用常用仪表(车装仪表、万用表、电压表、真空表、燃油压力表、汽缸压力表等)检测参数作为判断机械故障的依据的方法。

故障诊断仪检测目的:检查被识别出来的诊断代码与实际故障症状是否相符,代码指示的故障系统可能与实际显示故障的系统不相符。

故障诊断仪诊断方法如下:

(1)检查诊断代码和定格数据并记下来。

(2)清除诊断代码,根据诊断提问再现故障症状。

要点:要判断车辆被带进来时显示代码是由现时故障还是由过去故障引起的,清除显示代码一次,然后进行再现试验,如图6-1所示。

(3)再次识别诊断代码并判断代码是否与故障有关。

要点:如果显示相同的代码,可以判断故障发生在代码指示的系统中。如果显示的是与故障无关的代码,或者显示的是正常代码,现在的故障是由其他原因引起的。因此,应进行适合于故障症状的故障排除。

(4)定格数据:当诊断代码被记录下来后,定格数据就是ECU的数据故障,是根据故障信号系统是开路还是短路,以及冻结帧的类型进行判断的。

3)征兆模拟法

对于偶发性故障,故障征兆模拟试验是一种行之有效的诊断措施。在故障诊断中常常会遇到偶发性故障,这种故障在平时没有明显的故障征兆,特殊条件下才偶然出现。因此要对这种类型的故障现象进行诊断,就必须首先模拟车辆出现故障时相似的条件和环境,设法使故障特征再现。

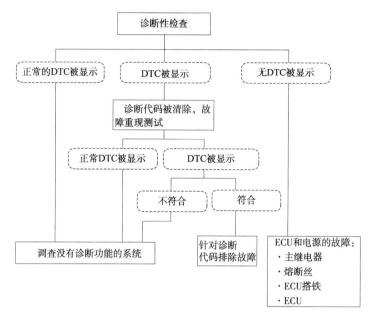

图 6-1　诊断仪检测方法

技术人员应根据顾客反应的故障症状,通过使用一种方法来进行故障再现。根据症状发生的条件,应通过综合几种方法来进行再现。具体有:施加振动、加热或冷却、施加电负荷等方法。

(1)施加振动法。

模拟车辆振动的时候,造成发动机倾斜或电气配线被拉的情况,振动传感器和电气配线,以再现故障,包括接触不良。检查方法如下:

①部件和传感器。用手指轻轻拍打可疑的部件或传感器,如图 6-2 所示。

要点:过大振动继电器,容易使其断路,以致在其完全无故障时显示继电器有故障。

②电气配线和接头。轻轻地上下或左右摆动电气配线以检查故障,如图 6-3 所示。连接器接点和线束穿过车身处,是要检查的主要部位。如图 6-4 所示。

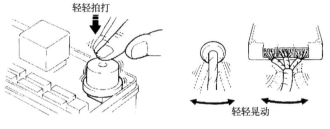

图 6-2　轻拍电器件　　　图 6-3　轻晃电气配线

要点:当振动似乎是主要原因时,上下左右轻轻晃动连接器并拿住轻拉,重点检查。

连接器是否松动? 导线线束松弛度够吗? 要特别注意:连接器端子肮脏、端子张开使接触松动;如果接头中的端子脱开了,粗心地推入电气配线会接上端子,使故障不能被再现出来。

(2)加热或冷却法。

造成部件由于温度变化而扩张或收缩的状况,加热或制冷部件,以便再现接触不良或

学习任务6 常见故障诊断

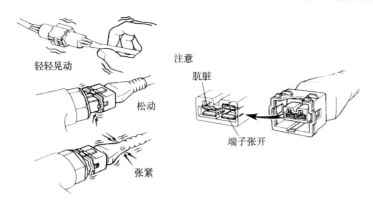

图6-4 连接器检查

短路。

检查方法：用吹风机(图6-5)、小型空调机、冰箱等对部件加热或制冷，以检查是否发生故障。

要点：加热到技术人员仍可以用手触摸的温度(约60℃或更低)；不要打开ECU等的盖子直接对电子部件加热或制冷。

(3)淋水法。

造成进水或在接头处水汽冷凝的状况，把水洒到车辆上，以再现故障，包括接触不良或短路。

检查方法：把水洒到车辆上以检查是否发生故障，如图6-6所示。

要点：不要直接把水洒到发动机舱，把水喷到散热器的前部，以间接地把水汽加到车辆上。不要直接把水洒到电子部件上。如果雨水漏进发动机舱，水可能会通过电气配线进入ECU或接头。因此，应检查这个情况，尤其是如果车辆有漏水的历史，那就更要检查。

(4)施加电负荷法。

造成蓄电池电压降低或发生波动的状况，加上一个大的电气负荷以再现故障，包括压降或波动。

检查方法：打开所有电气装置，包括加热器鼓风机、前照灯、后窗去雾器以检查故障，如图6-7所示。

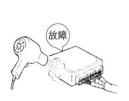  

图6-5 吹风机加热法　　图6-6 淋水法　　图6-7 施加负荷

4)试验法

试验法是指进行道路试验及其他一些相关试验。有些故障只有在汽车运行或特定条件下才能显现，维修前试验可验证故障现象，找出故障规律；维修后试验可检测故障是否排除，并检验维修质量和技术水平。

5）换件诊断法

换件诊断法是采用对机械零部件或电气元件进行互换或用已知性能完好的器件进行替换的对比试验方法。当怀疑某个器件发生故障时，可用一个好的器件去替换该器件，然后进行试验，这些器件可以来自车辆本身，也可以来自同型号的其他车辆，也可以来自器件库。替换后若故障消失，证明判断正确，故障部位确实在该处；若故障特征没有变化，证明故障不在此处；若故障有好转但未完全排除，可能除了此处故障外，还存在其他故障点，需进一步查找。换件诊断法是一种行之有效的常用方法，但此方法要求准备较多的备件，而且还必须和原车零部件型号一致，这样做会使库存增加，加大维修成本。

6）故障树分析法

故障树分析法是将系统故障形成的原因由总体至部分按树枝状逐级细化的分析方法，它是汽车故障诊断最常用的分析方法。发动机个别汽缸不工作故障诊断树流程图如图6-8所示。

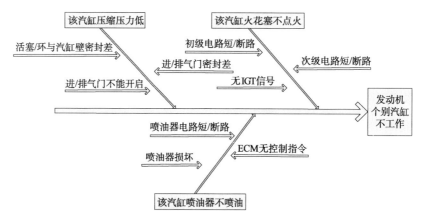

图6-8　个别汽缸不工作故障诊断树流程图

7）分段检查诊断法

分段检查诊断法是指汽车维修人员按照汽车上的线路、管路和系统的工作路线检查故障的方法。

8）局部拆检诊断法

局部拆检诊断法是指在已经判明故障发生在某个总成后，一时还不能准确判断具体故障部位，按照总成的工作原理，进行局部拆装检查的方法。

9）图表分析诊断法

图表分析诊断法是指根据故障特征对相关端子在不同的供电条件下实施检测，将测量值与标准值进行对比，找出可疑点进行数据分析的方法，见表6-1。

测量值与标准值对比　　　　　　　　　　　　　表6-1

端子定义	标准值			测量值			故障特征
	断开点火开关	打开点火开关+CC	发动机运转	断开点火开关	打开点火开关+CC	发动机运转	
32NR							
A2	0	5	5	0	0	0	

续上表

端子定义	标 准 值			测 量 值			故障特征
A4	0	4.2	1.4	0	5	5	
B3	0	$0.6 \leq U \leq 4$	0.6	0	$0.4 \leq U \leq 3.6$	0.4	
B4	0	2.46	2.46	0	0	0	

需要说明的是,以上各种诊断方法各有其优缺点,每一种故障诊断方法并不能被其他诊断方法完全取代。在实际应用中,应根据客观情况,灵活使用各种不同的诊断方法,使它们之间互为补充,提高汽车故障诊断的准确性。

3. 汽车故障诊断基本流程

汽车故障诊断基本流程是汽车故障诊断中最基础的也是完整的诊断过程,是对诊断内容的最一般的概括和总结,汽车故障诊断基本内容包括从故障症状出发,通过问诊试车(验证故障症状)、分析研究(分析结构原理)、推理假设(推出可能原因)、流程设计(提出诊断步骤)、测试确认(测试确认故障点)、修复验证(排除故障后验证),最后达到发现故障最终原因的目的,如图6-9所示。

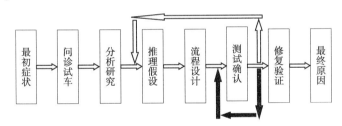

图6-9 汽车故障诊断基本流程

1)最初症状

最初症状是故障诊断的出发点。故障症状分为:

(1)可感觉到的性能和功能发生改变的症状——功能性故障。

(2)察觉到的外观和状态发生改变的症状——警示性故障。

(3)可检测到的参数和指标发生改变的症状——隐蔽(检测)性故障。

2)问诊试车

问诊试车:问诊是通过对车主的询问了解汽车故障症状的过程;试车则是对汽车故障症状的实际验证进一步确认故障症状的过程。

(1)问诊。问诊不仅要达到全面了解故障症状的目的,更重要的是要把握住故障症状发生时的前因后果。

(2)试车。试车的目的在于再现车主所述的故障症状,以验证故障症状的真实性,同时试验故障症状再现时的特征、时间、地点、环境、条件、工况等客观状态,也就是说要将问诊中记录的内容逐一验证,以便为进一步分析故障原因做好准备。

3)分析研究

分析研究是在问诊试车后根据故障症状,对汽车结构和原理进行的深入研究分析,目的在于分析故障生成的机理,故障产生的条件和特点,为下一步推出故障原因作准备。在分析研究阶段一定要认真查找、仔细阅读上述各种技术资料,彻底搞懂所维修系统的结构组成和工作原理,只有在全面掌握结构组成、深刻理解工作原理的基础上才能为下一步深入判断汽车故障原因奠定坚实的基础,特别是对电子控制系统软硬件匹配不当的故障,单从硬件电路和元器件出发检查故障是很难发现的,必须深入了解软件的控制过程后才能通过对比分析的方式发现故障的原因所在。

4)推理假设

推理假设是根据工作原理和故障症状推出故障原理的过程,在这环节中除了对工作原理的深刻理解之外,还应该注意到故障症状所对应的故障本质,也就是说虽然我们在这个环节还不知道是什么最终原因导致的故障症状的发生,也就是还不知道故障点到底在哪里,但是,此故障发生机理应该已经基本明确。例如,进一步分析导致混合气浓的原因,可以知道无非有两个:一是燃油多;二是空气少。在推理假设环节中常应用因果图分析法。

5)流程设计

流程设计是在推理假设环节之后,根据假设的可能故障原因,设计出实际应用的故障诊断流程图的过程,这个过程包括首先建立以故障症状为顶端事件的故障树,然后根据这个故障树建立故障诊断流程图表。按照故障树应用所给出的具体方法完成故障树和故障诊断流程图设计。

下面以汽车动力不足的故障症状为例说明从故障树到故障诊断流程图表的设计步骤,如图6-10所示。

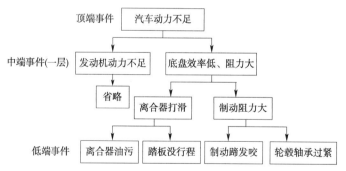

图6-10 动力不足故障诊断树

6)测试确认

测试确认是在不解体或只拆卸少数零部件的前提下完成的,它包含检测、试验、确认三个部分。

(1)检测。检测即检查与测量,主要指基本检查和设备仪器测量两个方面。基本检查包括人工直观检查和简单仪表检查两个部分。人工直观检查主要是通过人的感官功能对汽车各个部分的外观、声响、振动、温度、状态和气味进行的直接观察,它包括看、听、摸、嗅四个部分。

(2)试验。试验主要指对系统的边测试边验证的过程,试验是对经过检测量环节后初步判断出来的故障点进行的一边模拟试验一边动态测量的深入测试,试验方式主要有传感器模拟试验、执行器驱动试验、振动模拟试验、加热模拟试验、加湿模拟试验、加载模拟试验、互换对比(替换法)试验、隔离对比(短路、断路)试验。

(3)确认。确认主要是指对系统测试过后得出的结果进行的确认,证明的是中端事件和底端事件是否成立,证明结果只有肯定和否定两个。如果得到的是肯定的结果,则验证了中间事件或低端事件的成立。若是中端事件成立时,再按照诊断流程指向下一个中端事件的检测试验环节。若是底端事件成立时,说明最小故障点已发现,经过确认证实最小故障点。

7)修复验证

修复验证是在测试确认最小故障点发生部位后,对故障点进行的修复以及对修复后的结果进行的验证。它分为修复方法的确定和修复后的验证两个部分。

8)最终原因

对故障最终原因进行查找时,应该从故障模式入手分析导致故障发生的内因和外因,汽车故障发生的外部原因是由汽车的使用环境恶劣程度、使用时间或里程的长短、汽车设计制造中的缺陷、使用中的驾驶和操作不当、维修过程中质量欠佳和零配件使用错误等因素导致的。而汽车故障发生的内部原因是由物理、化学或机械的变化因素导致的。要分析出导致汽车故障发生的最终原因,就要通过对最小故障点的损坏状况进行认真的检查分析,还要通过问诊调查以及上述内外因素的分析判断,找到故障最终原因,并针对最终原因采取相应措施,消除造成故障发生的内外影响因素,彻底排除故障。

(二)常见汽车故障诊断设备识别、功能及使用

汽车故障诊断设备品种繁多,性能也越来越多,在4S店使用的汽车故障诊断仪一般是厂家指定的专用诊断仪。下面介绍几种汽车故障诊断设备的功能及使用。

1.丰田汽车使用的专用手持式诊断仪

功能:

(1)读取故障码。储存在ECU中的故障码可以通过直接与ECU联系的方式在手持式测试仪显示器上显示,手持式测试仪能从ECU存储器中清除故障码。

(2)OBD/MOBD读取的数据。通过ECU和传感器连接手持式测试仪可以作为电压表或试波仪来显示各传感器的信息数据。

(3)可以定格数据。

丰田手持式诊断仪如图6-11所示。

2.通用诊断仪功能介绍

1)博世740综合诊断仪

博世740综合诊断仪(图6-12)的基本功能:

(1)无外载测功功能即加速测功法。

(2)检测点火系统,初级与次级点火波形的采集与处理,平列波、并列波与重叠角的处理与显示,断电闭合角和开启角、点火提前角的测定等。

(3)机械和电控喷油过程各参数(压力、波形、喷油、脉宽、喷油提前角等)的测定。

(4)进气歧管真空度波形测定与分析。

(5)各缸工作均匀性测定。

(6)起动过程参数(电压、电流、转速)测定。

(7)各缸压缩压力判断。
(8)电控供油系统个传感器的参数测定。
(9)万用表功能。
(10)排气分析功能。

图 6-11　丰田手持式诊断仪

图 6-12　博世 740 综合诊断仪

2)金德 KT600 智能诊断仪

金德 KT600 智能诊断仪是集多种功能于一体的诊断设备。

该设备配用三通道/五通道汽车专用示波器,有纵列、三维、阵列、单缸等多种次级显示方式,并显示点火击穿电压、闭合角、燃烧时间、转速等,可调取各电控系统的故障码和读取数据流,并具备对数据流和波形显示/存储功能,如图 6-13 所示。

图 6-13　金德 KT600 智能诊断仪

3)汽车专用解码器

图 6-14 所示为汽车检测和故障诊断过程中经常使用的汽车专用解码器。汽车专用解码

器是一种汽车电控系统故障检测仪,是用来与汽车电控系统的控制模块进行数据交流的专用仪器,也是到目前为止检测汽车电控系统故障最有效的仪器。汽车专用解码器的主要功能如下:

(1)读取电控系统的故障码,为修理提供最大帮助。

(2)在故障排除后清除故障码,使系统完全恢复正常。

(3)读取电控系统控制模块中的数据流,以便对系统运行有全面的认识,有些汽车专用解码器还可对控制模块中的某些数据进行更改。

图 6-14　汽车专用解码器

(4)可以进行执行元件的诊断,即通过解码器直接向执行器发出动作指令,以检查执行元件及其电路的工作状况是否正常。

(5)路试时监测并记录各传感器、执行器的工作参数,以便日后进行分析判断。

(6)可通过计算机或其网络系统机进行资料的更新升级。

(7)有的汽车专用解码器还具有万用表、示波器、打印机及电控系统电路图和维修指导、客户档案管理等功能。

4)尾气分析仪(图 6-15、图 6-16)

尾气分析仪是一种辅助诊断设备,虽品牌不同,但其作用都是用了检测发动机在不同工况下尾气中不同成分气体含量,技术人员通过检测结果分析,找出引起故障的原因。

图 6-15　博世 BEA250 尾气分析仪　　　图 6-16　LB-506 卧式尾气分析仪

5)蓄电池检测仪(图 6-17、图 6-18)

蓄电池检测仪可以根据维修人员设定的参数,对蓄电池的使用寿命进行检测,并给维修人员提供直观的数据,从而能够对蓄电池进行客观准确的检测。

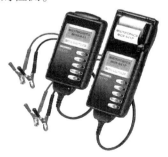

图 6-17　博世 SAT131 蓄电池性能检测仪　　　图 6-18　便携式蓄电池性能检测仪

6)喷油器性能检测仪

喷油器性能检测仪功能如下:

(1)对喷油器喷射性能实施检测(图6-19、图6-20)。
(2)对喷油量检测。
(3)对喷油器清洗(图6-21)。

图6-19 控制面板参数设定

图6-20 喷油器性能检测

图6-21 喷油器清洗

7)数字万用表、测电笔

数字万用表是进行常规检测用的一种常用工具,用来测量直流电压、交流电压、直流电流、交流电流、电阻、电容、频率、温度、占空比、三极管、二极管及通断测试等,如图6-22所示。

试灯一般由二极管制作而成。二极管测电笔如图6-23所示。试灯使用简单、方便,所以在汽车诊断与检测中被广泛使用。

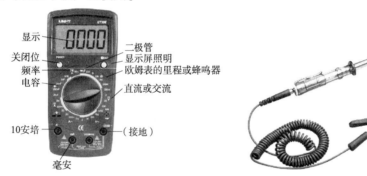

图6-22 数字万用表　　　　图6-23 二极管测电笔

要点:在检测与汽车电控单元相连接的线路时不能使用灯泡试灯,而只能使用由发光二极管制作的试灯,否则会损坏电子元件。

8)各种压力表

汽缸压力表是检测汽缸压缩压力的一种专用压力表,它一般由压力表头、导管、止回阀和接头等组成,如图6-24所示。

燃油压力表(图6-25)用于测试发动机燃油系统的压力,可以检查燃油供给系统(包括汽油泵、滤清器、燃油压力调节器、喷油器、进油管、回油管等)的工作是否正常,也可以用来测试特定地点的压力,例如排气管的压力是否符合要求。

(三)发动机常见故障判断

1.发动机起动困难

发动机起动困难故障大致分为两类:一类是发动机不能正常转动;另一类是发动机能转动,但需要多次起动才能正常运转。在设计排除发动机起动困难故障的程序时,要注意以下两点:

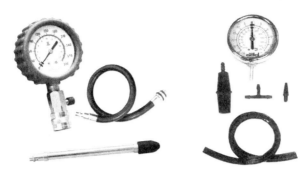

图 6-24　汽缸压力表　　图 6-25　燃油压力表

（1）为了能够起动发动机，重要的因素是充分的起动速度和发动机起动的三要素。因此，针对重点进行系统性检查以找出故障原因所在的位置。

（2）有效地使用发动机 ECU 的诊断功能进行故障排除。

1）故障诊断流程（图 6-26）。

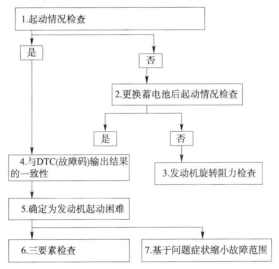

图 6-26　起动无力诊断流程

2）与 DTC 输出结果的一致性流程（图 6-27）。

尽管 DTC 输出结果显示异常，然而 DTC 所显示的故障与用户所指出的故障并不相同。在这种情况下就要检查 DTC 和问题症状之间的关系。

（1）显示正常的 DTC，可以判断故障出现在无法有 DTC 显示的部位。显示 DTC，检查 DTC 输出结果与问题症状是否一致。

（2）当无 DTC 值显示时，应考虑 ECU 是否自身有故障。在这种情况下可以判定在电源或相关部位出了故障。

3）三要素检查

如果未显示 DTC，也未出现初燃烧，可以认定是故障出在三要素上。"三要素检查"可以将故障原因范围缩小到点火、燃油或压缩系统。

（1）点火系统。如果点火火花很弱或者根本没有火花，就不会显示与点火信号或相关部

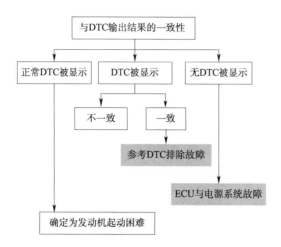

图 6-27 与 DTC 输出一致性检查

位有关的 DTC 数据。因此,可以判断出点火次级系统而不是点火初级系统出现了故障。

(2)燃油系统。检查燃油是否有压力,喷油器是否工作。如果燃油没压力,可以判定故障出在喷油泵或其相关部位。

(3)压缩系统。压缩压力下降可导致发动机起动困难。如果压缩压力下降,在出现发动机起动困难之前就会出现由于怠速不良或动力不足造成的故障。检查压缩系统。

4)根据故障症状缩小故障检查的范围

根据"发动机起动时间长"和"发动机起动困难"的症状缩小故障原因范围。合适的空燃比对于起动发动机是非常重要的。空燃比对发动机稳定性的影响非常大,所以在查找故障原因时,要根据故障出现时的情况首先查找那些影响空燃比的因素,如图 6-28 所示。根据火花塞的潮湿情况判断空燃比的浓稀状况。

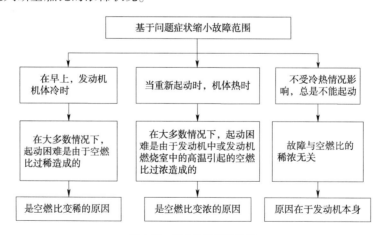

图 6-28 缩小故障范围检查

2. 怠速不良故障

由于怠速不良造成的发动机症状分为两种情况:一种是发动机运转不稳,振动大;另一种是发动机怠速不稳定。

在制定怠速不良的故障检修流程时要注意以下一点:如果怠速出现问题,故障检修方法或故障部位视故障出现情况的不同存在很大差异。对故障发生情况进行全面的确认以及确定故障范围是属于怠速不良或怠速故障是非常重要的。怠速故障诊断流程如图6-29所示。

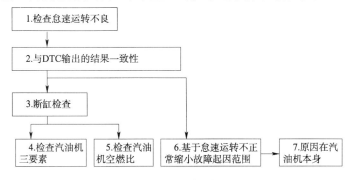

图6-29　怠速故障诊断流程

1) 核实怠速不良

对怠速不良的症状进行核实,怠速不良的原因视"怠速不稳"或"怠速异常"两种情况。所以,只有了解怠速不良的情况才能缩小故障原因的范围。

怠速不稳的症状就是发动机运转不稳,有振动。而怠速异常的症状就是发动机转速不在规定范围之内。例如:怠速过高、怠速过低、转速波动、发动机负荷变化时转速下降等。尽管症状是怠速不良,然而有时这种故障可能是由于怠速异常(怠速过低)造成的,如图6-30所示。

2) 与DTC输出结果的一致性

尽管DTC显示异常,然而DTC所显示的故障与用户所述的故障并不一样,因此要检查症状之间的关系。若显示正常的DTC,可以判断故障出现在无法有DTC显示的部位;若显示DTC,检查DTC输出结果与问题症状是否一致。检查ECU数据。检查流程如图6-31所示。

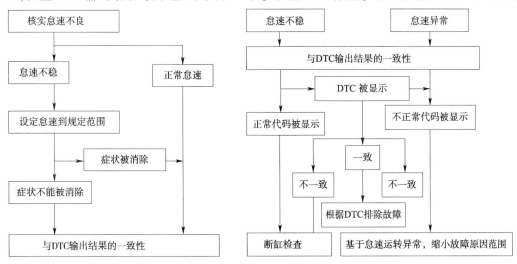

图6-30　核实怠速不良　　　　　图6-31　与DTC输出结果的一致性检查

3) 断缸检查

判断这种故障是"影响某个汽缸"还是"对所有汽缸都有影响"。断缸检查法:如果这种故障只影响某个汽缸,就检查这个汽缸的"发动机三要素"。如果这种故障对所有汽缸都有影响,就检查空燃比。检查流程如图6-32所示。

4)检查汽油机的"三要素"

如果这种故障只影响某个汽缸,可以认定发动机的三要素之一发生了故障,也就是说点火、燃油或压缩系统发生了故障,如图6-33所示。

(1)点火系统。如果点火时火花小或根本没有火花,就不会显示点火信号或相关部位的诊断码,因此,可以判断出点火次级系统而不是点火初级系统出现了故障。重点检查点火及预热系统。

(2)供油系统。检查喷油器是否工作,重点检查燃油系统。

(3)压缩系统。使用缸压表测量压缩压力,重点检查压缩系统。

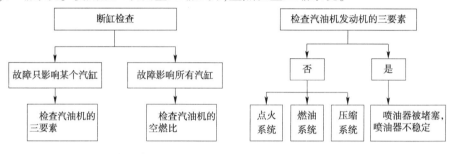

图6-32 断缸检查　　　　图6-33 三要素检查

5)检查汽油机的空燃比

如果故障影响所有汽缸,在检修故障时检查空燃比是非常重要的。检查空燃比缩小故障原因范围。空燃比检查可参考维修手册。

6)根据怠速异常情况缩小故障原因范围

如果怠速过高或不稳,考虑是否进气量过大。如果怠速过低,则进气量太小。在这种情况下检查怠速,缩小故障原因查找范围。

(1)汽油机怠速过高或不稳定检查部位。

①ISCV系统(怠速控制系统):

a. ISCV出现故障。

b. ISCV控制系统(ECU的插接器、线束)出现故障。

c. 冷却液温度传感器范围/性能出现问题。

②发动机系统:

a. 节气门系统出现故障(节气门未完全关闭)。

b. 进气系统吸气出现问题。

(2)怠速过低检查部位

①ISCV系统:

a. ISCV体出现故障。

b. ISCV控制系统(ECU插接器、线束)出现故障。

c. 冷却液温度传感器范围/性能出现问题。

②发动机系统:

a. 节气门体系统出现故障(节气门全关闭位置出现故障)。

b. 进气系统堵塞。
c. 发动机转动阻力提高。
3. 机油压力过低
机油压力过低诊断流程如图6-34所示。

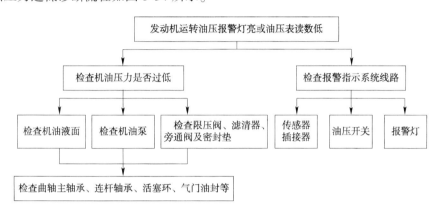

图6-34 机油压力过低诊断流程

(四)汽车底盘常见故障判断
1. 离合器分离不彻底
离合器分离不彻底诊断流程如图6-35所示。

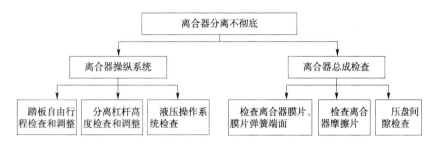

图6-35 离合器分离不彻底诊断流程

2. 手动变速器跳挡
(1)故障现象:汽车在某一挡位行驶时,变速杆自动跳回空挡。跳挡一般发生在发动机中高速、负荷突然变化或车辆剧烈振动时,尤其在重载加速或爬坡时,且多发生在直接挡或超速挡。
(2)故障原因:变速器跳挡主要是由于操纵机构磨损、变形或调整不当,变速器轴轴向窜动或轴线的同轴度、平行度误差过大,齿轮、齿圈严重磨损等原因所致。
(3)故障诊断流程如图6-36所示。

3. 手动变速器挂挡困难
(1)故障现象:离合器工作良好,变速杆不能正常挂上挡位,或者勉强挂入挡位后,又很难退回。
(2)故障原因:变速器换挡困难的主要原因为操纵机构和同步器失效。
(3)手动变速器挂挡困难诊断流程如图6-37所示。

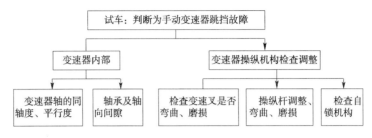

图 6-36　手动变速器跳挡诊断流程

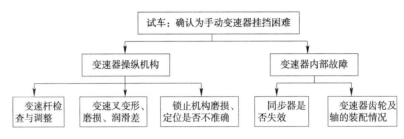

图 6-37　手动变速器挂挡困难诊断流程

4. 转向沉重

(1) 故障现象：汽车行驶过程中，驾驶员左右转动转向盘时，感到沉重费力，无回正感，甚至打不动。

(2) 故障原因：转向沉重既与转向助力系统有关又与机械转向系统有关，又与行驶系统有关。

(3) 转向沉重故障诊断流程如图 6-38 所示。

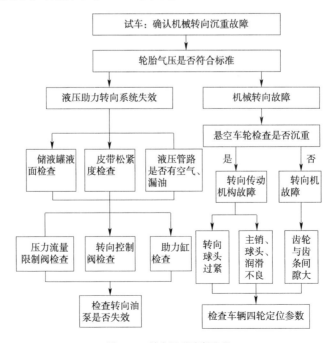

图 6-38　转向沉重诊断流程

5.车辆行驶跑偏

（1）故障现象：汽车行驶时稍松转向盘就会自动偏向一侧，必须用力握住转向盘才能保证车辆的直线行驶。

（2）故障原因：车辆行驶跑偏主要是两侧车轮受力不等所致。

①两前轮轮胎气压不等、磨损程度不同、轮毂轴承预紧度不等。

②存在单边制动拖滞现象。

③前轮定位不一致。

④前悬架两侧减振弹簧弹力不等或减振器工作性能存在较大差异。

⑤车辆两侧轴距不相等。

（3）车辆行驶跑偏的故障诊断流程如图6-39所示。

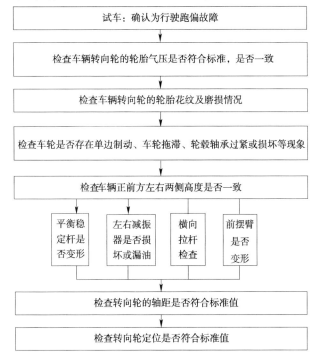

图6-39 车辆行驶跑偏诊断流程

（五）汽车电气常见故障判断

汽车电气系统包括电源系统、起动系统、中央门锁与防盗系统、照明系统、信号系统和仪表系统等。下面以发电机不发电、起动机不能起动为例，阐述其故障常见部位及故障诊断与检测方法。

1.起动机不运转

（1）故障现象：点火开关转至起动挡，起动机不运转。

（2）故障原因：

①蓄电池严重亏电。

②线路接触不良或断路。

③起动机故障。

④电磁开关电路故障。

⑤点火开关故障。

⑥自动变速器变速杆不在 P 或 N 位。

⑦无起动信号(带小电流起动车辆)。

(3)起动机不运转诊断流程。检测之前保证蓄电池已充电,且电磁开关上的导线接头、发电机、车身与蓄电池之间搭铁线接触良好,无氧化和烧蚀。故障诊断流程如图6-40所示。

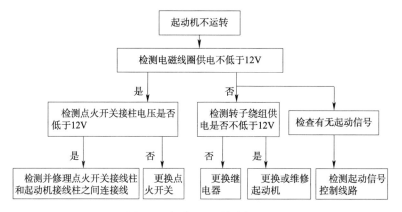

图 6-40　起动机不运转诊断流程

2.发电机报警灯不亮

(1)故障现象:将点火开关打至点火挡,不起动发动机,发电机报警灯不亮。

(2)故障原因:报警灯被烧坏、发电机及调节器故障、继电器盒或线路断路等原因。

(3)发电机报警灯不亮诊断流程。在蓄电池正常,皮带张紧力和接线无误的情况下,按图6-41所示的流程进行故障诊断。

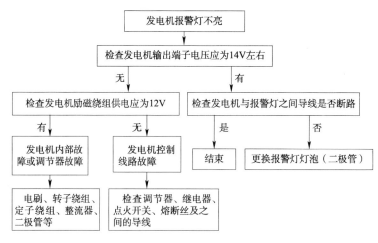

图 6-41　发电机报警灯不亮诊断流程

3.发电机报警灯常亮

(1)故障现象:发动机运转,发电机报警灯常亮,即使提高发动机转速也不熄灭。

(2)故障原因:

①发电机或调节器故障。
②线路发生短路。
③继电器盒故障。
④发电机皮带断裂。

(3) 故障诊断流程。先检查发电机皮带是否断裂,若皮带良好,调好张紧力后按图6-42所示流程进行故障诊断。

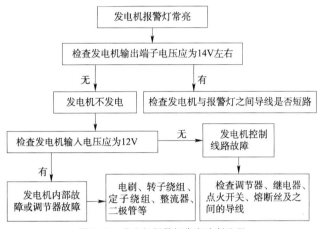

图 6-42 发电机报警灯常亮诊断流程

二、任务实施

项目 1 发动机加速不良故障诊断

1. 项目说明

一辆丰田卡罗拉 GL1.6 AT 轿车行驶里程 75000km,据客户反映:车辆行驶中踩下加速踏板没有明显提速。动力性明显下降。停车后发动机怠速始终为 1200r/min,并且冷车起动和热车起动没有明显变化,请你按照技术要求给出诊断方案,找出故障点,并将怠速不良故障排除。

2. 技术标准与要求

(1) 每组学员能在 30min 内完成此项目。

(2) 技术参数及检测条件见表 6-2。

技术参数及检测条件　　　　　　　　　表 6-2

检测仪连接(万用表)	条 件	规 定 状 态
B25-5(VC)—B31-67(VCT1)	始终(断开 ECM 和节气门体连接器)	<1Ω
B25-6(VTA)—B31-115(VTA1)	始终(断开 ECM 和节气门体连接器)	<1Ω
B25-4(VTA2)—B31-114(VTA2)	始终(断开 ECM 和节气门体连接器)	<1Ω
B25-3(E2)—B31-91(ETA)	始终(断开 ECM 和节气门体连接器)	<1Ω
B25-5(VC)或 B31-67(VCT1)与车身搭铁	始终(断开 ECM 和节气门体连接器)	10kΩ 或更大
B25-6(VTA)或 B31-115(VTA1)与车身搭铁	始终(断开 ECM 和节气门体连接器)	10kΩ 或更大
B25-4(VTA2)或 B31-114(VTA2)与车身搭铁	始终(断开 ECM 和节气门体连接器)	10kΩ 或更大
B25-5(VC)—B25-3(E2)	点火开关置于 ON,节气门断开	4.5～5.5V

3. 设备器材

（1）丰田卡罗拉 GL1.6 AT 轿车两辆。

（2）博世 KT600 汽车故障诊断仪两台。

（3）汽车专用万用表两只。

（4）世达工具及常用工具两套。

（5）翼子板垫布、转向盘套、座椅套、脚垫各两套。

4. 作业准备

（1）1ZR-FE 发动机控制系统维修手册及电路图　　　　□ 任务完成

（2）CAN 通信系统维修手册及电路图。　　　　　　　　□ 任务完成

（3）维修单及记录单。　　　　　　　　　　　　　　　□ 任务完成

5. 操作步骤

（1）引导车辆进入维修车位。

（2）客户故障症状询问。

（3）客户故障症状验证与初步分析。

车辆起动 5min，温度升到正常温度，发现发动机发抖，跟客户反映症状一致，为怠速不良故障。

（4）外观检查。

①进气管检查。

②发动机舱熔断丝盒熔断丝、插接器、线路检查. 如图 6-43 所示。

③发动机 ECU、传感器插接器、线路检查。

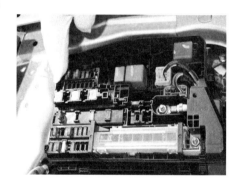

图 6-43　外观检查

（5）用 KT600 诊断仪读取故障码和数据流

①将 KT600 诊断仪连接到车辆诊断插口（DLC3），如图 6-44 所示。

图 6-44　诊断仪与诊断插座连接

②将点火开关置于 ON 位置。
③打开诊断仪,如图 6-45 所示。

图 6-45　打开诊断仪

④选择以下菜单项:汽车诊断/选择车型/发动机与变速器/读取故障码/清除故障码/再读取故障码和数据流,如图 6-46 所示。

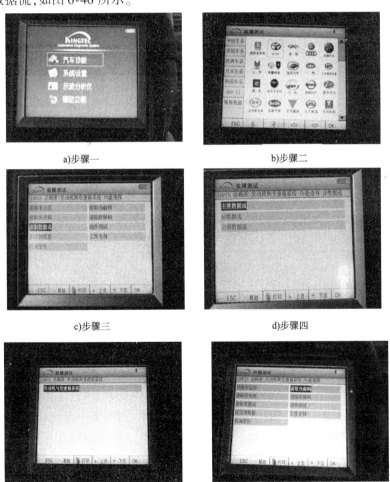

a)步骤一　　　　　　　　　　　b)步骤二

c)步骤三　　　　　　　　　　　d)步骤四

e)步骤五　　　　　　　　　　　f)步骤六

图　6-46

g) 步骤七　　　　　　　　　　h) 步骤八

图 6-46　读取故障码流程

读取故障码:DTC-P0123 为节气门/踏板位置传感器/开关"A"电路高输入。

⑤查阅技术资料并对故障症状分析。

a. 故障症状表见表 6-3。

故障症状　　　　　　　　　　　　　　　　　　表 6-3

症　　状	可　疑　部　位
发动机转速过高(怠速不良)	空调信号线路
	节气门体
	节气门体控制
	发动机冷却液温度传感器
	PCV 软管
	PCV 系统
	ECM 电源电路

b. 在不同状态下节气门位置传感器相关参数及故障部位见表 6-4。

节气门位置传感器相关参数及故障部位　　　　　　表 6-4

1 号节气门位置(VTA1)松开加速踏板时	2 号节气门位置(VTA2)松开加速踏板时	1 号节气门位置(VTA1)踩下加速踏板时	1 号节气门位置(VTA2)踩下加速踏板时	故　障　部　位
0~0.2V	0~0.2V	0~0.2V	0~0.2V	VC 电路断路
4.5~5.0V	4.5~5.0V	4.5~5.0V	4.5~5.0V	E2 电路断路
0~0.2V 或 4.5~5.0V	2.4~3.4V(失效保护)	0~0.2V 或 4.5~5.0V	2.4~3.4V(失效保护)	VTA1 电路断路或对搭铁短路
0.7~1.3V(失效保护)	0~0.2V 或 4.5~5.0V	0.7~1.3V(失效保护)	0~0.2V 或 4.5~5.0V	VTA1 电路断路或对搭铁短路
0.5~1.1V	2.1~3.1V	3.3~4.9V(非失效保护)	4.6V 至 5.0V(非失效保护)	节气门位置传感器电路正常

c. 节气门控制线路电路如图 6-47 所示。

⑥踩下加速踏板和松开加速踏板分别观察节气门开启角度。并观察诊断仪显示 VTA1 和 VTA2 两路信号的电压是否与参考值一致。实测结果为:踩下加速踏板时,节气门体 1 号位置 VTA1 为 0~0.2V,松开加速踏板时,节气门体 1 号位置 VTA1 也是 0~0.2V。没有明显变化

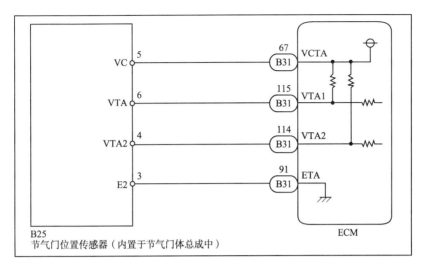

图 6-47 节气门控制线路电路

(参考表 6-4)。

⑦检查 ECM(VC 电压)。

a. 断开节气门传感器端子,如图 6-48 所示。

b. 用万用表检测传感器 B25-5(VC)—B25-3(E2)之间的电压应为 4.5~5.5V。电压正常说明供电线良好,进行下一步检查,如图 6-49 所示。

图 6-48 断开节气门位置传感器

图 6-49 检查 ECM(VC 电压)

⑧检测传感器与 ECM 之间是否短路,如图 6-50 所示。

a. 将点火开关置于 OFF 位置。

b. 断开节气门位置传感器端子。

c. 断开 ECM 连接器。

d. 用万用表将传感器 B25-5 或 ECM-B31-67(VCTA)、B25-6(VTA)或 ECM-B31-115(VCTA1)、B25-4(VTA2)或 ECM-B31-114(VCTA2)分别与车身搭铁,若其阻值为 10kΩ 或更大为正常,见表 6-5。

图 6-50 检测传感器与 ECM 之间是否短路

测试条件与规定状态　　　　　　　　　　　　表 6-5

检测仪(万用表)连接	测试条件	规定状态
B25-5 或 ECM-B31-67(VCTA)与车身搭铁	始终	10kΩ 或更大
B25-6(VTA)或 ECM-B31-115(VCTA1)与车身搭铁	始终	10kΩ 或更大
B25-4(VTA2)或 ECM-B31-114 与车身搭铁	始终	10kΩ 或更大

⑨检测传感器与 ECM 之间是否断路,如图 6-51 所示。

图 6-51 检测传感器与 ECM 之间是否断路

a. 断开节气门体连接器。

b. 断开 ECM 连接器。用万用表分别检测传感器 B25-3(E2)、B25-4(VTA2)、B25-5(VC)、B25-6(VTA)与 ECM-B31-91(ETA)、ECM-B31-114(VTA2)、ECM-B31-67(VCTA)、ECM-B31-115(VTA1)之间导线是否断路,若小于 1Ω 为正常(表 6-6)。实测结果 B25-5(VC)—ECM-B31-67(VCTA)之间阻值为无穷大,说明这根导线断路。

测试条件与规定状态　　　　　　　　　　　　表 6-6

检测仪(万用表)连接	测试条件	规定状态
B25-5(VC)—ECM-B31-67(VCTA)	始终(断开 ECM 和节气门体连接器)	<1Ω
B25-6(VTA)—ECM-B31-115(VCTA1)	始终(断开 ECM 和节气门体连接器)	<1Ω
B25-4(VTA2)—ECM-B31-114(VTA2)	始终(断开 ECM 和节气门体连接器)	<1Ω
B25-3(E2)—ECM B31-91(ETA)	始终(断开 ECM 和节气门体连接器)	<1Ω

⑩用备用导线跨接 ECM-B31-67(VCTA)至 B25-5(VC)。

将诊断仪重新连接到 DLC3,将点火开关置于 ON 位置并开启诊断仪。清除故障码。起动发动机并使发动机怠速运转 15s 或以上。重新读取故障码,发现无故障码。

⑪试车:汽车行驶中加速正常,动力性良好,故障排除。

6.记录与分析

发动机加速不良的检查作业记录单见表 6-7。

发动机加速不良的检查作业记录单 表 6-7

姓名		班级		学号		组别	
车型		发动机型号		作业单号		作业日期	
项目				检查情况			
诊断设备、工具、资料准备							
诊断仪连接及正确使用							
读取故障码、数据流及数据定格							
线路及插接器等部件的外观检查							
传感器与 ECM 之间是否断路、短路检查							
ECM 及传感器供电检查							
传感器搭铁及信号检查							
故障点确认							
5S 标准							
评语:							

项目 2 发动机起动困难故障诊断

1.项目说明

一辆丰田卡罗拉 GL1.6 AT 轿车行驶里程 35000km,据客户反映:起动困难,尤其在冬季冷起动时故障症状明显。试车后初步确定发动机起动困难故障,请按照诊断思路和诊断方法排除故障并修复。

2.技术标准与要求

(1)一个学员能在 30min 内完成此项目。

(2)冷却液温度传感器在不同状态下技术标准见表 6-8。

冷却液温度传感器在不同状态下技术标准 表 6-8

显示的温度	故障	显示的温度	故障
−40℃(−40℉)	断路	温度在 80~100℃(176~212℉)	正常
140℃(280℉)或更高	短路		

3.设备器材

(1)丰田卡罗拉 GL1.6 AT 轿车两辆(分两组)。

(2)博世 KT600 汽车故障诊断仪两台。

(3)汽车专用万用表、测试笔各两只。

(4)燃油压力表、汽缸压力表各两只。

(5)世达工具及常用工具两套。

(6)翼子板垫布、转向盘套、座椅套、脚垫各两套。

(7)两柱举升机。

4.作业准备

(1)1ZR-FE 发动机控制系统维修手册及电路图。　　□ 任务完成

(2)CAN 通信系统维修手册及电路图。　　□ 任务完成

(3)维修单及记录单。　　□ 任务完成

5.操作过程

(1)引导车辆进入维修车位。

(2)客户故障询问。

(3)客户故障验证与初步分析。

①客户故障验证。打开点火开关起动车辆,发动机运转,但不能正常起动,排除起动系统故障。初步确定故障为发动机控制系统故障或机械故障。

②故障症状原因分析。引起此故障症状的原因有:燃油泵控制电路、燃油泵、发动机冷却液温度传感器、点火系统、喷油器、喷油器电路、进气系统、节气门体等。

(4)发动机控制系统外观检查。

①检查进气系统有无老化、破损。

②检查燃油供给系统控制线路有无松动,熔断丝有无烧毁、燃油管路是否有破损。

③检查点火系统控制线路熔断丝是否烧毁、插接器是否松旷。

(5)用 KT600 诊断仪测试。

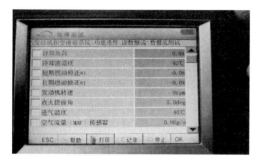

图 6-52　读取主要数据流

①将智能检测仪连接到车辆诊断插口(DLC3)。

②将点火开关置于 ON 位置。

③打开诊断仪。

④选择以下菜单项:汽车诊断/选择车型/发动机与变速器/读取故障码/清除故障码/再读取故障码和数据流,如图 6-46、图 6-52 所示。

a.故障码(DTC):P0115 发动机冷却液温度传感器电路故障。

b.数据流:诊断仪显示为 -40℃(-40℉)。

(6)参考故障症状表和查找并分析电路图。

①查找故障症状,见表 6-9。

学习任务 6　常见故障诊断

故障症状及故障部位　　　　　　　　　　　　　表 6-9

故障症状	引起故障部位
发动机运转正常但起动困难	燃油泵控制电路
	燃油泵
	发动机冷却液温度传感器
	点火系统
	喷油器
	喷油器电路
	进气系统
	节气门体

②故障测试条件及故障码对照表见表 6-10。

故障测试条件及故障码对照表　　　　　　　　　表 6-10

故障码（DTC）	DTC 检测条件	故障部位
P0115	发动机冷却液温度传感器电路断路或短路 0.5s	（1）发动机冷却液温度传感器断路或短路、发动机冷却液温度传感器； （2）ECM
P0117	发动机冷却液温度传感器电路短路 0.5s	（1）发动机冷却液温度传感器短路； （2）发动机冷却液温度传感器； （3）ECM
P0118	发动机冷却液温度传感器电路断路 0.5s	（1）发动机冷却液温度传感器断路； （2）发动机冷却液温度传感器； （3）ECM

③电路图分析（参考图 6-53）。

图 6-53　发动机冷却液温度传感器控制电路

(7) 用诊断仪检测发动机冷却液温度传感器与 ECM 之间线束是否短路。

①断开发动机冷却液温度传感器插接器。

②连接发动机冷却液温度传感器端子1和2,如图6-54所示。

图6-54　冷却液温度传感器与ECM之间短路检查

③将诊断仪连接到DLC3。

④将点火开关置于ON位置并开启诊断仪,进入菜单选项。

⑤读取诊断仪显示值,应在140℃(284°F)或更高为正常,如图6-54所示。

(8)用诊断仪对ECM与冷却液温度传感器线束短路检查。

图6-55　ECM与冷却液温度传感器线束短路

①断开发动机冷却液温度传感器插接器。

②将诊断仪连接到DLC3。

③将点火开关置于ON位置并开启诊断仪,进入菜单选项。

④读取诊断仪显示值,应在-40℃(-40°F),如图6-55所示。

⑤若显示值正常,重新安装冷却液温度传感器插接器,进行下一项操作。

(9)冷却液温度传感器搭铁线检查。

①分别断开冷却液温度传感器插接器和ECM插接器。

②用万用表检测冷却液温度传感器端子B3-2或者B31-97(THW)与车身搭铁,阻值应为10kΩ或更大为正常,如图6-56所示。

(10)用万用表检测冷却液温度传感器与ECM之间线束的阻值。

①分别断开冷却液温度传感器插接器和ECM插接器。

②用万用表检测冷却液温度传感器B3-2与ECM的B31-97(THW)端子的阻值应为小于1Ω。如图6-57所示。

③用万用表检测冷却液温度传感器B3-1与ECM的B31-96(ETHW)端子的阻值应为小于1Ω。

④但实测结果冷却液温度传感器B3-1与ECM的B31-96(ETHW)端子的阻值为无穷大。说明故障点为这根线路断路。

(11)重新安装冷却液温度传感器插接器和ECM插接器,用备用导线跨接冷却液温度传感器端子 B3-2 与 B31-97(THW)端子。

(12)打开点火开关,用诊断仪进入选项菜单,清除故障码,再读取故障码,发现没有故障码。

(13)试车:起动车辆正常,故障已排除。

图 6-56 冷却液温度传感器与 ECM 插接器导线搭铁检查

图 6-57 冷却液温度传感器与 ECM 之间阻值

6. 记录与分析

发动机起动困难检查作业记录单见表 6-11。

发动机起动困难检查作业记录单 表 6-11

姓名		班级		学号		组别	
车型		发动机型号		作业单号		作业日期	
项目				检查情况			
诊断设备、工具、资料准备							
客户故障症状与分析							
读取故障码、数据流及数据定格							
熔断丝、线路及插接器、进行系统等部件的外观检查							
用诊断仪对发动机冷却液温度传感器与 ECM 之间线束进行断路检查							
用诊断仪对发动机冷却液温度传感器与 ECM 之间线束进行短路检查							
用万用表对冷却液温度传感器与 ECM 之间线束的阻值进行检查							
故障点确认							
5S 标准							
评语:							

项目3　车辆行驶跑偏故障诊断

1. 项目说明

一辆丰田卡罗拉轿车行驶里程85000km,据客户反映:车辆行驶中有跑偏现象,必须在转向盘施加一个力才能控制方向。试车后初步判断为行驶跑偏故障,因此应按技术标准对起动系统进行检修,请制定诊断思路和诊断方法排除故障。

2. 技术标准与要求

技术标准与要求见表6-12。

技术标准与要求　　　　　　　　　　　　表6-12

项目	主销后倾		前轮外倾		前束		总前束
	左前	右前	左前	右前	左前	右前	
四轮定位	4.78°~6.28°	4.78°~6.28°	0.69°~0.83°	0.83°~0.67°	0.00°~0.16°	0.16°~0.00°	0.00°~0.32°
轴距	2600mm						

3. 设备器材

(1)丰田卡罗拉 GL1.6 AT 轿车一辆。

(2)四轮定位仪一台。

(3)轮胎平衡仪一台。

(4)游标卡尺、千分尺、直尺各两只。

(5)世达工具及常用工具一套。

(6)吸油棉纱、油盘等。

(7)两柱举升机。

4. 作业准备

(1)丰田汽车底盘维修资料及配置参数。　　　　　□任务完成

(2)丰田汽车转向系统、制动系统维修工艺。　　　□任务完成

(3)维修单及记录单。　　　　　　　　　　　　　□任务完成

5. 操作步骤

(1)引导车辆进入维修车位。

(2)客户故障询问。

(3)客户故障验证与初步分析。

首先对车辆试车,试车的结果是自动跑偏,跟客户反映的故障症状一致。引起此故障的原因有:两前轮的轮胎气压不一致;前桥变形;前减振器损坏;前轮制动器存在单边制动或拖滞;转向轮定位不准确等。

检查车辆转向轮的轮胎气压是否符合标准,是否一致,如图6-58所示。

①检查车辆转向轮的轮胎花纹及磨损情况,如图6-59所示。

②观察车辆正前方左右两侧高度是否一致,如图6-60所示。

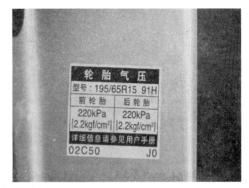

图 6-58　检查轮胎气压

图 6-59　检查轮胎花纹及磨损　　　　图 6-60　左右高度检查

③行车后检查情况，若温度不一致，温度过高的车轮存在单边制动、车轮拖滞或轮毂轴承过紧或损坏等现象，如图 6-61、图 6-62 所示。

图 6-61　车轮温度检查　　　　图 6-62　车轮制动器、轴承检查检查

④检查前桥各部件，平衡稳定杆是否变形、前摆臂是否变形、左右减振是否损坏或漏油，如图 6-63~图 6-66 所示。

⑤检查转向轮的轴距是否符合标准。

⑥检查转向轮定位是否符合标准值。

图 6-63 平衡稳定杆检查

图 6-64 横向拉杆检查

图 6-65 三角臂检查

图 6-66 螺旋减振器检查

6. 记录及分析

车辆行驶跑偏故障诊断项目作业记录单见表 6-13。

车辆行驶跑偏故障诊断项目作业记录单　　　　　表 6-13

姓名		班级		学号		组别	
车型		发动机型号		作业单号		作业日期	
项目				检查情况			
诊断设备、工具、资料准备							
转向轮轮胎气压及磨损程度检查							
车辆正前方左右两侧高度检查							
平衡稳定杆、前摆臂、左右减振器检查							
制动器检查							
轮毂轴承检查							
前轮及后轮轴距及转向轮定位检查							
故障点确认							
5S 标准							
评语：							

项目4 发动机不能起动故障诊断

1. 项目说明

一辆丰田卡罗拉GL1.6 AT轿车行驶里程10000km,据客户反映:接通点火开关起动挡时,起动机不能带动发动机正常运转,试车后初步确定发动机起动系统故障,因此应按技术标准对起动系统进行检修,请制定诊断思路和诊断方法排除故障。

2. 技术标准与要求

技术标准与要求见表6-14。

技术标准与要求　　　　　　　　　　　　　　　表6-14

检测仪连接	条件	规定状态参数
读取数值(起动信号有无)	点火开关置于ON	OFF
	点火开关置于START	ON
ST继电器端子1—车身搭铁	发动机起动位置	9~14V
ST继电器端子3—端子5	点火开关不在起动挡位	10kΩ或更大
	点火开关在起动挡位	<1Ω
ST继电器端子2—车身搭铁	始终	<1Ω
A5-2—E4-1(ST1)	始终	<1Ω
A5-2—E4-1(ST1)车身搭铁	始终	10kΩ或更大
点火开关所有端子	LOCK	10kΩ或更大
E4-2(AM1)—E4-1(ST1)	START	<1Ω
AM1和AM2熔断丝	始终	<1Ω

3. 设备器材

(1)一汽丰田卡罗拉GL1.6 AT轿车两辆。

(2)博世KT600汽车故障诊断仪两台。

(3)汽车专用万用表两只。

(4)测试笔两只、跨接线两根。

(5)世达工具及常用工具一套。

(6)翼子板垫布三件;转向盘套、座椅套、脚垫各两套。

4. 作业准备

(1)1ZR-FE发动机控制系统维修手册及电路图。　　　□任务完成

(2)CAN通信系统维修手册及电路图。　　　□任务完成

(3)维修单及记录单。　　　□任务完成

5. 操作步骤

(1)引导车辆进入维修车位。

(2)客户故障询问。

(3)客户故障验证与初步分析。打开点火开关起动车辆,发动机不运转,初步断定为起动系统有故障。

(4) 用 KT600 诊断仪测试。

①将智能检测仪连接到车辆诊断插口(DLC3)。

②将点火开关置于 ON 位置。

③打开诊断仪。

④选择以下菜单项:汽车诊断/选择车型/发动机与变速器/读取故障码/清除故障码/再读取故障码和主要数据流,如图 6-67 所示。

图 6-67　读取不同状态下起动信号

⑤读取数据:将点火开关分别置于 ON、START 位置,读取有无起动信号。正常状态应为表 6-15 所示。

点火开关不同位置的起动信号　　　　　　　　　表 6-15

点 火 开 关 位 置	起 动 信 号
ON	OFF
START	ON

查看结果为无起动信号。进行下一步外观检查和起动控制线路检查。

(5) 起动控制系统外观检查

①蓄电池检查。

②起动控制线路检查。

a. 分别检查熔断丝 FIMAIN、ALT、AM1、AM2。

b. 分别检查点火开关插接器、ECM 插接器、离合器踏板开关插接器及继电器端子 1、2、3、5 连接情况。

③分别检查起动机端子 B8-1、B4-1 固定是否牢固。

(6) 参考故障症状表和查找并分析电路图,见表 6-16。

故障症状及可疑部位　　　　　　　　　表 6-16

故 障 症 状	可 疑 部 位
发动机不能运转(不能起动)	停机系统
	起动机信号电路
	起动机

起动系统关于起动信号工作描述:发动机起动时,电流从点火开关端子 ST1 流向驻车挡/空挡位置开关(自动传动桥)或离合器踏板开关(手动传动桥),并流向 ECM 的端子 STA 信

号),如图 6-68 所示。

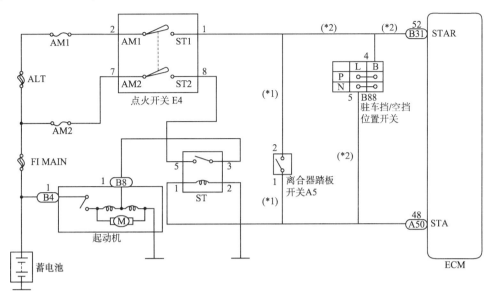

图 6-68 起动控制系统电路图
*1-手动传动桥；*2-自动传动桥

(7)检查 ST 继电器(电源)。

①从 5 号继电器盒上拆下 ST 继电器,如图 6-69 所示。

②点火开关位于起动位置,测量 ST 继电器端子 1 与车身搭铁,标准电压值为 9~14V,如图 6-70 所示。

③测量起动继电器端子 3 与端子 5 之间电阻,阻值应为 10kΩ 或更大,如图 6-71 所示。

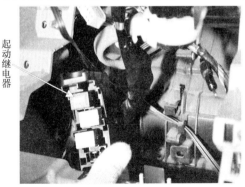

图 6-69 ST 继电器检查　　　　图 6-70 继电器端子 1 电压测量

如果检查正常,则重新安装 ST 继电器。如果检查异常,则更换。

(8)检查线束和连接器。

①检查 ST 继电器—车身搭铁,阻值应小于 1Ω。

②检查 ECU 与驻车挡位/空挡位置开关(自动挡车型)。

③检查 ST 继电器—离合器踏板开关总成的线束和插接器。断开离合器踏板开关总成插接器,用电表进行短路、断路检查。

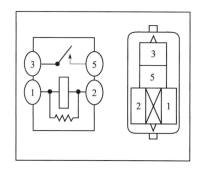 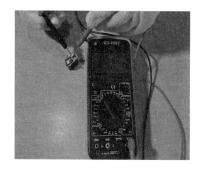

图 6-71 ST 继电器检测
1、2、3、5-端子

断路检查:ST 继电器端子 1 与离合器踏板开关总成 A5-1 之间阻值应为小于 1Ω。

短路检查:ST 继电器端子 1 或离合器踏板开关总成 A5-1 与车身搭铁阻值应为 10kΩ。

④离合器踏板开关总成检查。断开离合器踏板开关总成插接器,用电表测量阻值,当开关销未按下时,端子 1 与端子 2 之间阻值应为 10kΩ 或更大;当开关销按下时,端子 1 与端子 2 之间阻值应小于 1Ω。

⑤如果检查异常,则更换离合器踏板开关总成。

(9)检查熔断丝(AM1 熔断丝)。

①从仪表板接线盒上拆下 AM1 熔断丝。

②测量电阻值应小于 1Ω。

③如果正常,则安装 AM1 熔断丝,若异常,则更换。

(10)检查点火开关总成—ECU 之间的线束和插接器。

①断开 ECU 插接器。

②断开点火开关总成插接器。

③用万用表检测 B31-52(STAR)—E4-1(ST1)应小于 1Ω。否则为断路。

④用万用表检测 B31-52(STAR)或 E4-1(ST1 与车身搭铁,测量值应为 10kΩ 或更大。否则为短路。

⑤如果检查正常,则重新连接 ECM 插接器和点火开关总成插接器,若异常,则更换。

(11)检查点火开关总成。

①断开点火开关总成插接器。

②将点火开关置于 START 位置,用万用表检测 E4-2(AM1)—E4-1(ST1)应小于 1Ω。

③若检查正常,则重新连接点火开关总成插接器,若异常,则更换。

(12)将点火开关置于 ON 位置,用万用表检测点火开关 E4-7 端子与车身搭铁电压应为 12V。检测结果为 0V,说明点火开关 E4-7 端子与蓄电池之间线路断路。

(13)检查 AM2 熔断丝。用万用表检查 AM2 熔断丝的阻值应小于 1Ω,如图 6-72 所示。实测结果为无穷大,更换新的熔断丝。

(14)重新连接诊断仪读取数值。将点火开关分别置于 ON 和 OFF 位置,观察有无起动信号,如图 6-73 所示。若有,说明故障点应是 AM2 熔断丝烧毁。

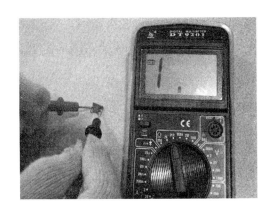
图 6-72 AM2 熔断丝检测

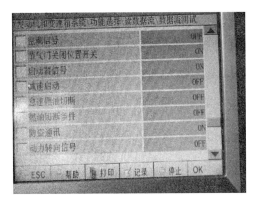
图 6-73 重新读取起动信号

(15)试车:起动发动机,若起动正常,则故障排除。

说明:以上检查正常仍不能起动车辆还应该检查停机系统和起动机本身,相关检查方法参考 EI-8 和 ST8 相关资料(略)。

6.记录及分析

发动机不能起动故障诊断项目作业记录单见表 6-17。

发动机不能起动故障诊断项目作业记录单　　　　　　　表 6-17

姓名		班级		学号		组别	
车型		发动机型号		作业单号		作业日期	
项目				检查情况			
诊断设备、工具、资料准备							
诊断仪连接及正确使用							
读取故障码、数据流及数据定格							
蓄电池、线路及插接器等电器件外观检查							
ST 继电器(电源)检查							
继电器与 ECM 线束的断路、短路检查							
点火开关总成检查							
故障点确认(重新读取故障码)							
5S 标准							
评语:							

项目5　发电机指示灯常亮故障诊断

1. 项目说明

一辆 2007 款丰田卡罗拉轿车行驶里程 75000km，据客户反映：打开点火开关，发电机指示灯发亮；起动后，发电机指示灯微红；提高发动机转速，发电机指示灯亮度反而增强。因此应按技术标准对电源控制系统进行检修，请制定诊断思路和诊断方法排除故障。

2. 技术标准与要求

检测项目及标准见表 6-18。

检测项目及标准　　　　　　　表 6-18

检 测 项 目	测 试 条 件	标准及要求
发电机输出电压	发动机中速运转	13～14.7V
发电机输入电压	发动机不运转，打开点火开关	12V
发电机与指示灯之间导线短路	发动机不运转，关闭点火开关	0Ω

3. 设备器材

(1) 丰田卡罗拉 GL1.6 AT 轿车两辆。
(2) 博世 KT600 汽车故障诊断仪两台。
(3) 汽车专用万用表两只。
(4) 测试笔两只、跨接线两根。
(5) 世达工具及常用工具一套。
(6) 翼子板垫布三件；转向盘套、座椅套、脚垫各两套。

4. 作业准备

(1) 发电机控制系统维修手册及电路图。　　□ 任务完成
(2) 维修单及记录单。　　□ 任务完成

5. 操作步骤

(1) 引导车辆进入维修车位。
(2) 客户故障询问。
(3) 客户故障验证与初步分析。

①客户故障症状验证：经过试车，症状与客户反映现象一致，初步判断引起发电机指示灯常亮的原因：发电机不发电、继电器、调节器、发电机控制线路故障等，如图 6-74 所示。

图 6-74　组合仪表显示发电机指示灯常亮

②查找位置图,如图 6-75、图 6-76 所示。

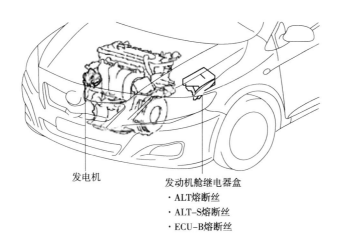

图 6-75　发动机舱熔断丝盒位置

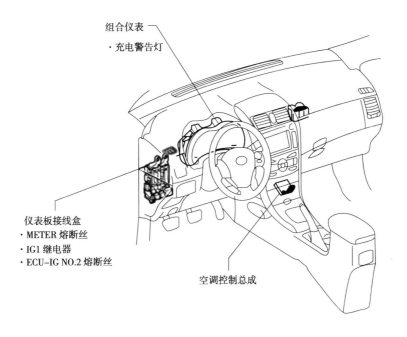

图 6-76　驾驶室控制单元位置

③查找发动机控制电路图,如图 6-77、图 6-78 所示。

(4)外观检查。

①检查发电机控制系统相关熔断丝 ECU-IG-NO2、ALT-S、ALT、ECU-B、METER 是否烧蚀,如图 6-79 所示。

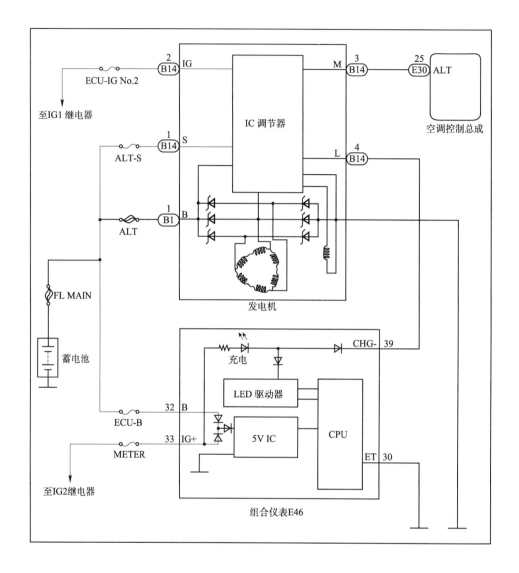

图 6-77　发电机控制系统连接图

②检查发电机接柱、调节器插接器、组合仪表插接器是否脱落、松动。

(5)起动发动机,使发动机在 2000r/min 运转,用万用表检测发电机输出端子 B1 电压应为 14V,如图 6-80 所示。

(6)发动机不运转,打开点火开关,用万用表检查发电机 B14-2 端子电压应为 12V,如图 6-81所示。

(7)上述检查发电机输出端子 B1 无电压,而 B14-2 端子都有电压,说明问题出在发电机内部故障或调节器故障。应重点检查调节器和发电机内部。

(8)若 B14-2 端子无 12V 电压,应检查 B14-2 端子至继电器或点火开关线路。

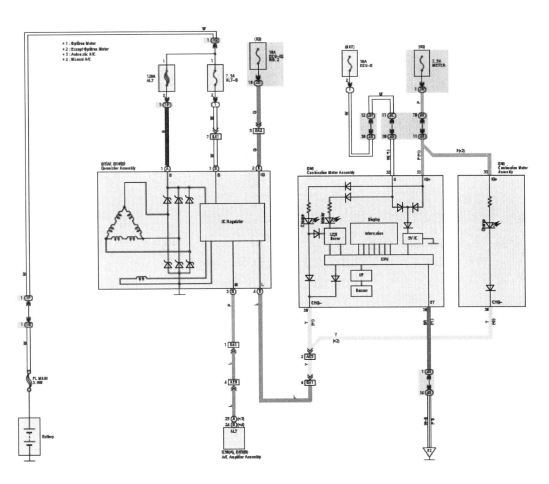

图 6-78 发电机控制系统原理图

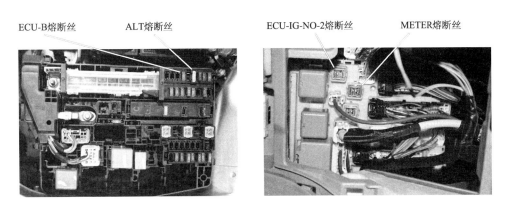

图 6-79 发动机舱、驾驶室熔断丝检查

图6-80 发电机输出电压检测

图6-81 发电机输入电压检测

（9）若发电机输出端子B1、B14-2端子都有电压,应检查发电机B14-4端子与组合仪表E46-CHG+的39号端子之间的导线是否有开路、短路现象。

（10）若用万用表检查发电机B14-4端子与组合仪表E46-CHG+的39号端子之间电压为无穷大,说明两个端子之间导线断路。若正常,进行下一步检查。

（11）用万用表检查发电机B14-4端子与组合仪表E46-CHG+的39号端子之间电压为0V,说明两个端子之间导线有短路,初步判断为引起发电机指示灯不熄灭的原因。

（12）用跨接线连接发电机B14-4端子与组合仪表E46-CHG+的39号端子,起动发动机中速运转指示灯熄灭,说明故障有可能是这根导线短路。

（13）试车:修复后试车,起动车辆后,发电机指示灯熄灭,故障排除。

6. 记录及分析

发电机指示灯正常亮检查作业记录单见表6-19。

发电机指示灯常亮检查作业记录单　　　　　表6-19

姓名		班级		学号		组别	
车型		发动机型号		作业单号		作业日期	
项目				检查情况			
诊断设备、工具、资料准备							
发电机端子插接器、线束、熔断丝外观检查							
发电机输出电压检查							
发电机B1-1端子电压检查							
发电机内部、调节器检查							
IG2继电器检查							
发电机B14-4端子与组合仪表E46-CHG+的39号端子的断路、短路检查							
故障点确认							
5S标准							
评语:							

三、学习评价

1. 理论考核

1)选择题(不定项选择)

(1)用汽缸压力表检测汽油发动机汽缸压缩压力节气门置于(　　)位置。
　　A. 全闭　　　　　　　　B. 半开　　　　　　　　C. 全开

(2)用汽缸压力表检测汽缸压缩压力时,测得压力如高于原设计规定,可能的原因是(　　)。
　　A. 燃烧室内积炭过多　　B. 汽缸磨损过大　　　　C. 气门关闭不严

(3)用汽缸压力表检测汽缸压缩压力时,两次检测结果均表明某相邻两缸压力都相当低,说明是(　　)窜气。
　　A. 两缸相邻处的汽缸衬垫烧损
　　B. 某缸进气门关闭不严
　　C. 某缸磨损过大

(4)进气管真空度常用(　　)检测最为方便快捷。
　　A. 示波器　　　　　　　B. 发动机综合性能分析仪　C. 真空表

(5)以下能用来表征发动机汽缸密封性的诊断参数是(　　)。
　　A. 气门间隙　　　　　　B. 汽缸压力　　　　　　C. 点火提前角

(6)用示波器检测汽油机高压波形时,发现某一个汽缸的点火系统点火高压过高,说明故障可能在(　　)。
　　A. 点火器　　　　　　　B. 点火线圈　　　　　　C. 火花塞

(7)用示波器检查点火波形,发现各缸均出现次级电压过低,说明故障可能在(　　)。
　　A. 混合气较稀　　　　　B. 混合气较浓　　　　　C. 火花塞间隙较大

(8)使用辛烷值较高的汽油时,应将点火时间略为(　　)。
　　A. 提前　　　　　　　　B. 推迟　　　　　　　　C. 不变

(9)电控汽油喷射发动机的点火提前角一般是(　　)。
　　A. 可调的　　　　　　　B. 不可调的　　　　　　C. 固定不变的

(10)两相邻汽缸的压力均大大低于设计规定压力说明(　　)。
　　A. 气门漏气　　　　　　　　　　　　　　　　　B. 活塞环漏气
　　C. 两缸相邻处汽缸垫烧损

(11)可感觉到的性能和功能发生改变的症状叫(　　)。
　　A. 功能性故障　　　　　B. 警示性故障　　　　　C. 隐蔽性故障

(12)问诊是(　　)。
　　A. 对车主的询问了解汽车故障的过程
　　B. 对汽车故障症状的实际验证
　　C. 对汽车的结构和原理进行的深入研究分析

(13)发动机负荷增大时,怠速转速(　　)。
　　A. 降低　　　　　　　　B. 升高　　　　　　　　C. 不变

(14)（　　）主要是指通过人工直观查看和设备仪器分析进行的检查和测量来完成的技术检察过程。

  A. 检测　　　　　　　　B. 试验　　　　　　　　C. 确认

(15)（　　）主要是指通过对系统的模拟试验和动态分析进行的测试和验证来完成的技术检察过程。

  A. 检测　　　　　　　　　　　　　　　　B. 试验

  C. 确认

(16)（　　）主要是指通过诊断流程的逻辑分析对检测和试验的结果做出的判断,最后确认故障发生点的部位。

  A. 检测　　　　　　　　B. 试验　　　　　　　　C. 确认

(17)（　　）的目的在于再现车主所述的故障症状,以验证故障症状的真实性。

  A. 问诊　　　　　　　　B. 试车　　　　　　　　C. 推理

(18)冷车起动困难的根本原因是(　　)。

  A. 混合气过浓　　　　　　　　　　　　　B. 混合气过稀

  C. 混合气过浓或过稀

(19)电控发动机不能起动的原因有(　　)。

  A. 曲轴位置传感器无信号

  B. 空气流量计无信号

  C. 冷却液传感器无信号

(20)（　　）就是电控模块ECM的故障。

  A. 电源系统故障　　　　　B. 节点故障　　　　　C. 链路故障

2) 判断题

(1) 汽缸压缩压力越高越好。　　　　　　　　　　　　　　　　　　　（　　）

(2) 汽缸压缩压力可以表征汽缸密封性。　　　　　　　　　　　　　　（　　）

(3) 进气管负压与汽缸密封性无关。　　　　　　　　　　　　　　　　（　　）

(4) 用汽缸压力表测量汽缸压力,必须先把火花塞全部拆下,一缸一缸地进行。（　　）

(5) 起动电流与汽缸压力成正比。　　　　　　　　　　　　　　　　　（　　）

(6) 可以通过检测曲轴箱通风情况的好坏来判断汽缸的密封性。　　　　（　　）

(7) 检测进气管负压时需要预热发动机。　　　　　　　　　　　　　　（　　）

(8) 示波器可以将测得波形与标准波形同时显示,进行比较,可获得故障部位信息。

 （　　）

(9) 将多缸发动机次级电压的波形重叠在一起的波形称为重叠波。　　（　　）

(10) 点火系统高压波显示个别汽缸点火电压过低,可能为该缸的火花塞间隙小或绝缘体损坏。　　　　　　　　　　　　　　　　　　　　　　　　　　　　　　（　　）

(11) 电控发动机的电子点火系统的点火提前角也是可以调整的。　　（　　）

(12) 突然将加速踏板踩到底,使汽车处于急加速状态,若听到的突爆声强烈,且车速提高后长时间不消失,则为点火时间过早。　　　　　　　　　　　　　　　　（　　）

(13) 突然将加速踏板踩到底,使汽车处于急加速状态,若听到的突爆声强烈,且车速提

学习任务6 常见故障诊断

后长时间不消失,则为点火时间过迟。　　　　　　　　　　　　（　　）
（14）汽车故障诊断的基本思路是从试车入手的。　　　　　　　（　　）
（15）问诊是通过对车主的询问了解汽车故障症状的过程。　　　（　　）
（16）热车起动困难的原因是混合气过稀。　　　　　　　　　　（　　）

3）简答题
（1）简述车辆不能起动原因与诊断思路。
（2）简述车辆行驶动力不足的原因及诊断思路。
（3）简述汽缸压力检测的方法。
（4）汽车转向沉重、跑偏的原因有哪些？

2．技能考核

发动机加速不良项目评分表见表6-20。

发动机加速不良项目评分表　　　　　　　　　　　　　　　　　　表6-20

基本信息	姓名		学号		班级		组别	
	规定时间		完成时间		考核日期		总评成绩	
任务工单	序号	步骤		完成情况		标准分	评分	
				完成	未完成			
	1	考核准备： 车辆： 诊断设备、工具及维修资料：				5		
	2	诊断仪连接及正确使用				10		
	3	读取故障码、数据流及数据定格				10		
	4	线路及插接器等部件的外观检查				10		
	5	传感器与ECM之间是否断路、短路检查				10		
	6	ECM及传感器供电检查				15		
	7	传感器搭铁及信号检查				10		
	8	ECM及传感器供电检查				5		
	9	故障点确认（重新读取故障码）				5		
安全						5		
5S						5		
沟通表达						5		
工单填写						5		
评语：								

车辆起动困难项目评分表见表6-21。

车辆起动困难项目评分表　　　　表6-21

基本信息	姓名		学号		班级		组别	
	规定时间		完成时间		考核日期		总评成绩	

	序号	步骤	完成情况		标准分	评分
			完成	未完成		
任务工单	1	考核准备： 车辆： 诊断设备、工具及维修资料：			5	
	2	诊断仪连接及正确使用			10	
	3	客户故障症状与分析			10	
	4	读取故障码、数据流及数据定格			10	
	5	熔断丝、线路及插接器、进行系统等部件的外观检查			10	
	6	用诊断仪对发动机冷却液温度传感器与ECM之间线束断路检查			15	
	7	用诊断仪对发动机冷却液温度传感器与ECM之间线束短路检查			10	
	8	用万用表对冷却液温度传感器与ECM之间线束的阻值检查			5	
	9	用万用表对冷却液温度传感器与ECM之间线束搭铁检查			5	
安全					5	
5S					5	
沟通表达					5	
工单填写					5	
评语：						

车辆行驶跑偏故障项目评分表见表6-22。

学习任务6 常见故障诊断

车辆行驶跑偏故障项目评分表　　　　　　　　　　　　　　　　　　　表6-22

<table>
<tr><td rowspan="2">基本信息</td><td colspan="2">姓名</td><td colspan="2">学号</td><td colspan="2">班级</td><td colspan="2">组别</td></tr>
<tr><td colspan="2">规定时间</td><td colspan="2">完成时间</td><td colspan="2">考核日期</td><td colspan="2">总评成绩</td></tr>
<tr><td rowspan="11">任务工单</td><td rowspan="2">序号</td><td rowspan="2" colspan="2">步骤</td><td colspan="2">完成情况</td><td rowspan="2">标准分</td><td rowspan="2">评分</td></tr>
<tr><td>完成</td><td>未完成</td></tr>
<tr><td>1</td><td colspan="2">诊断设备、工具、资料准备</td><td></td><td></td><td>5</td><td></td></tr>
<tr><td>2</td><td colspan="2">转向轮轮胎气压及磨损程度检查</td><td></td><td></td><td>10</td><td></td></tr>
<tr><td>3</td><td colspan="2">车辆正前方左右两侧高度检查</td><td></td><td></td><td>10</td><td></td></tr>
<tr><td>4</td><td colspan="2">平衡稳定杆、前摆臂、左右减振器检查</td><td></td><td></td><td>10</td><td></td></tr>
<tr><td>5</td><td colspan="2">制动器检查</td><td></td><td></td><td>10</td><td></td></tr>
<tr><td>6</td><td colspan="2">轮毂轴承检查</td><td></td><td></td><td>10</td><td></td></tr>
<tr><td>7</td><td colspan="2">前轮及后轮轴距及转向轮定位检查</td><td></td><td></td><td>15</td><td></td></tr>
<tr><td>8</td><td colspan="2">故障点确认</td><td></td><td></td><td>10</td><td></td></tr>
<tr><td>9</td><td colspan="2">清洁及整理</td><td></td><td></td><td>5</td><td></td></tr>
<tr><td colspan="4">安全</td><td colspan="2"></td><td>5</td><td></td></tr>
<tr><td colspan="4">5S</td><td colspan="2"></td><td>5</td><td></td></tr>
<tr><td colspan="4">沟通表达</td><td colspan="2"></td><td>5</td><td></td></tr>
<tr><td colspan="4">工单填写</td><td colspan="2"></td><td>5</td><td></td></tr>
<tr><td colspan="8">评语：</td></tr>
</table>

发动机不能起动故障诊断评分表见表6-23。

发动机不能起动故障诊断评分表　　　　　　　　　　　　　　　　　　表6-23

<table>
<tr><td rowspan="2">基本信息</td><td colspan="2">姓名</td><td colspan="2">学号</td><td colspan="2">班级</td><td colspan="2">组别</td></tr>
<tr><td colspan="2">规定时间</td><td colspan="2">完成时间</td><td colspan="2">考核日期</td><td colspan="2">总评成绩</td></tr>
<tr><td rowspan="11">任务工单</td><td rowspan="2">序号</td><td rowspan="2" colspan="2">步骤</td><td colspan="2">完成情况</td><td rowspan="2">标准分</td><td rowspan="2">评分</td></tr>
<tr><td>完成</td><td>未完成</td></tr>
<tr><td>1</td><td colspan="2">考核准备：
车辆、诊断设备、工具及维修资料；</td><td></td><td></td><td>5</td><td></td></tr>
<tr><td>2</td><td colspan="2">诊断仪连接及正确使用</td><td></td><td></td><td>5</td><td></td></tr>
<tr><td>3</td><td colspan="2">读取故障码、数据流及数据定格</td><td></td><td></td><td>10</td><td></td></tr>
<tr><td>4</td><td colspan="2">蓄电池、线路及插接器等电器件外观检查</td><td></td><td></td><td>15</td><td></td></tr>
<tr><td>5</td><td colspan="2">ST继电器（电源）检查</td><td></td><td></td><td>15</td><td></td></tr>
<tr><td>6</td><td colspan="2">继电器与ECM线束的断路、短路检查</td><td></td><td></td><td>15</td><td></td></tr>
<tr><td>7</td><td colspan="2">点火开关总成检查</td><td></td><td></td><td>15</td><td></td></tr>
<tr><td>8</td><td colspan="2">故障点确认（重新读取故障码）</td><td></td><td></td><td>5</td><td></td></tr>
<tr><td>9</td><td colspan="2">清洁及整理</td><td></td><td></td><td>5</td><td></td></tr>
<tr><td colspan="4">安全</td><td colspan="2"></td><td>5</td><td></td></tr>
<tr><td colspan="4">5S</td><td colspan="2"></td><td>5</td><td></td></tr>
<tr><td colspan="4">沟通表达</td><td colspan="2"></td><td>5</td><td></td></tr>
<tr><td colspan="4">工单填写</td><td colspan="2"></td><td>5</td><td></td></tr>
<tr><td colspan="8">评语：</td></tr>
</table>

发电机指示灯常亮项目评分表见表6-24。

发电机指示灯常亮项目评分表　　　　表6-24

基本信息	姓名		学号		班级		组别	
	规定时间		完成时间		考核日期		总评成绩	
任务工单	序号	步骤			完成情况		标准分	评分
					完成	未完成		
	1	车辆、设备、技术资料的准备					5	
	2	发电机端子插接器、线束、熔断丝外观检查					5	
	3	发电机输出电压检查					10	
	4	发电机B1-1端子电压检查					8	
	5	发电机内部、调节器检查					20	
	6	IG2继电器检查					12	
	7	发电机B14-4端子与组合仪表E46-CHG+的39号端子的断路、短路检查					15	
	8	故障点确认					5	
安全							5	
5S							5	
沟通表达							5	
工单填写							5	
评语:								

四、拓展学习

案例1　途观1.8T熄火后无法起动

1. 故障车辆信息

车型:途观1.8T SVW6451SED。

行驶里程:6082km。

生产日期:2013年8月。

发动机号:CEAN72207。

车架号:LSVXL65N5D2136080。

2. 故障现象描述

用户反映汽车在行驶过程中突然熄火后,重新起动车辆发不着车。

故障数据:使用诊断仪,进入01发动机系统存在故障代码00135——燃油导轨/系统压力过低。

3. 故障原因分析

相关系统/部件原理如下。

途观汽车是高压燃油系统:汽油由低压燃油泵经过汽油滤芯到达高压油泵,再由高压油泵增压,进入喷油嘴直接喷入燃烧室燃烧。

可能的故障原因:

(1)高压油泵问题。

(2)低压油泵压力不够。

(3)汽油滤芯堵塞。

(4)高压油泵线路故障。

(5)燃油泵控制单元故障。

4.诊断排查思路

因为该车故障是无法起动,而高压油泵出现问题车辆是可以起动的,所以应把诊断思路放在燃油低压端。首先连接燃油压力表,起动车辆发现燃油泵工作,而燃油无压力,拆开燃油泵发现原来油箱里没有燃油了,但是车辆燃油表显示指针在红线上面一些,如图6-82所示,说明车辆还是有燃油的,如图6-83所示。想到途观汽车是有主、副油箱的,拆开副油泵发现里面还有燃油,说明燃油泵无法将副油箱里的燃油吸过来,因为主油泵可以工作而副油泵无法检测,所以先更换主油泵来判断是哪个油泵问题,换好主油泵后发现副油箱里的汽油还是吸不过来,而在两个油泵连接管处有吸力,所以断定是副油泵止回阀由于汽油中的杂质而堵塞。

图6-82　仪表检查

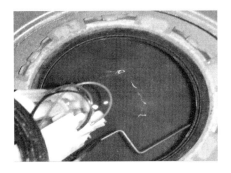

图6-83　主油泵检查

5.故障原因确定

燃油里面有杂质导致副油泵堵塞,引起燃油系统压力下降,发动机报出00135故障码,如图6-84所示。

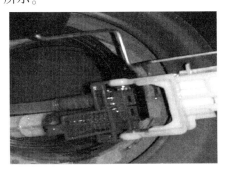

图6-84　副油泵堵塞

6.维修方案与过程

根据检查结果,更换副油泵。车辆更换副油泵后,发动机起动正常,电脑检测无故障。

7.思路总结与经验分享

从这次案例中我们可以发现,车辆初步的检测和最后的故障点不一定是一致的,该案例中由于副油泵的堵塞导致主油泵吸不进燃油,再次影响到高压油泵的工作不良而报出故障码,所以在今后的维修过程中要多注意关联部件问题,找准关键点。

8.案例点评

分析一下油轨压力过低的原因,途观汽车燃油供给系统,以高压油泵为分界,划分为高压端和低压端。

(1)高压端的汽油压力由高压泵产生,发动机排气凸轮轴驱动高压泵内的油泵柱塞,油泵柱塞下行,泵腔内进油,油泵柱塞上行,泵腔内容积急剧变小,油压急速增加,怠速时由 0.7MPa 增加到 4MPa 左右,加速后压力还要提高,但在 N276 调节阀门控制下,高压压力不会无限制上升。

(2)低压端的汽油压力在 0.5~0.6MPa,由燃油泵保证供油。本案例故障是低压端供油故障即燃油泵的供油故障。途观汽车的燃油箱是马鞍型结构,分左右两部分。右侧(加油口一侧)是主油箱,内部安装一个完整的主汽油泵,左侧是副油箱,内部安装的是副油泵,主要包括油位传感器和射流泵,油箱两侧上部是互通的,主油箱的燃油经过油泵下部滤网过滤后,吸入泵芯,分为两路,一路经泵芯出油口供给发动机;另一路经泵芯旁油口驱动副油泵的射流泵,射流泵将副油箱中的燃油吸到主油箱。也就是说,副油箱内部的汽油是通过虹吸原理(射流泵结构)进入主油箱一侧的。

本案例是途观汽车副油箱中汽油输送管路射流泵(或者止回阀)堵塞,副油箱的油吸不到主油泵中,供不上油了,于是供油低压端出现故障码 00135。副油箱中油表工作正常,只要有汽油,故油表显示还有汽油。

案例 2　手动变速器异响

1.故障车辆信息

东风雪铁龙世嘉车型,1.6EC5 发动机,BE4 手动变速器。

行驶里程:2314km。

生产日期:2014 年 8 月。

2.故障现象描述

用户反映汽车在怠速状态下挂入 1 挡时,车底部有"咔嚓 咔嚓"响。响声比较大。

3.故障原因分析

(1)1、2 挡同步器异常磨损。

(2)离合器分离不彻底。

4.诊断排查思路

若离合器分离不彻底时,起步发动机动力不能及时切断,离合器会处于接合状态,导致不能加入一挡,会出现异响。若离合器没问题,应重点拆检变速器检查 1、2 挡齿轮和同步器。

5.故障原因确定

将车辆举起检查离合器分离状态,经检查发现其他挡位挂挡时离合器分离状态正常,问题有可能出现在 1、2 挡齿轮或同步器。将手动变速器拆下,分解手动变速器,检查 1、2 挡齿轮没有发现异常,拆下同步器与新的同步器比较外观也没有发现不同之处,如图 6-85 所示。此时故障诊断处于困境,专家经过反复讨论怀疑问题仍然处在同步器。

图 6-85 齿轮、同步器检查

6. 维修方案与过程

更换 1、2 挡同步器,试车发现故障消除。

7. 思路总结与经验分享

对于运动部件检查不能只看外观,因为动态工作过程和工作状态不容易显现。

8. 案例点评

此类故障属于综合性故障,需要用排除法逐个检查排除,专家没有直接拆检离合器,而是通过将变速手柄加入其他挡位的办法判断离合器不是分离不彻底故障,将故障缩小范围,简短而有效。当对 1、2 挡齿轮、同步器检测发现没有明显外伤时,专家采用换件试验法是很有效的,因为运动部件的工作状态较隐蔽,不容易发觉。

案例 3 制动灯常亮

1. 故障车辆信息

车型:东风标致 508 轿车,发动机排量为 2.3L,AT6 自动变速器。

VIN:LDCB13R49H2078148。

备件组号:13260UW。

行驶里程:2314km。

生产日期:2015 年 8 月。

2. 故障现象描述

打开点火开关制动灯常亮,踩制动踏板或不踩制动踏板制动灯都点亮。

3. 故障原因分析

(1)制动灯开关安装错位或内部有故障。

(2)制动灯控制线路故障。

(3)变速器 ECU 故障。

(4)BSI 故障。

4. 诊断排查思路

根据故障诊断由外到内、先简后繁以及故障码优先的原则,首先用诊断仪对制动灯控制线路故障参数测量,以测量的参数为依据分析是否线路故障;在检查制动开关及控制线路无故障的情况下,再考虑主要控制元件 BSI,因为制动灯控制是由 BSI 进行管理。

5. 故障原因确定

(1)使用故障诊断仪读取故障码,如图 6-86 所示。

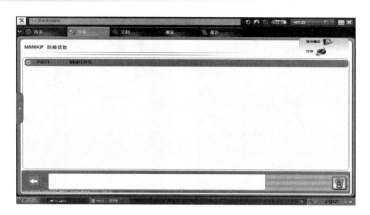

图6-86 读取故障码

（2）更换新的制动开关，故障没有呈现，此时怀疑新的制动开关存在质量问题，把新的开关对换到其他相同车型车辆上，发现制动开关工作正常，说明不是制动开关的问题。检查制动灯的控制线路没有短路，尾灯灯座也正常。

（3）连接诊断仪进入 BSI 管理系统，查看制动灯控制状态，如图6-87所示。观察参数应该是电脑已供给 BSI 启用制动灯的信号，或者 BSI 的配置不对引起的。重新配置一次 BSI，无作用。对调一个变速器 ECU，故障仍然存在。又对换了 BSI，故障还是没排除。

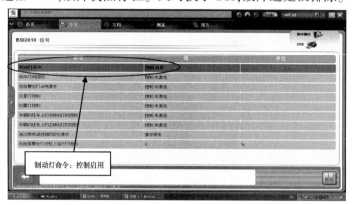

图6-87 制动灯控制命令状态

（4）制动灯控制电路如图6-88所示，从电路图不难发现，制动灯开关(2120)4V VE 4 脚直接连接到发动机 ECU 48V NR G3 脚。后来，对换发动机 ECU，制动灯真的不亮了，不可能是发动机 ECU 的问题吧，把原车的发动机 ECU 装回来，也好了！由此看来，故障还是在线路或插接器，对插接器插头进行清洁，此时用手轻轻晃动插接器插头时，发现制动灯时好时坏，看来问题出在插接器接触不良，如图6-89所示。

6.维修方案与过程

更换主线束，故障不再重现。

7.思路总结与经验分享

同一品牌不同车型控制电路可能存在差异，识读、分析电路是汽车故障诊断不可缺少的环节。

8.案例点评

该故障诊断过程中，技师凭借自己多年的诊断经验，前后采用了仪器诊断法、换件法等诊断方法。由此看来,仅仅凭借经验是不可行的。对不同车型的电路分析是一个非常重要的环节,思路开阔,精心分析才是找到故障根源的秘诀。

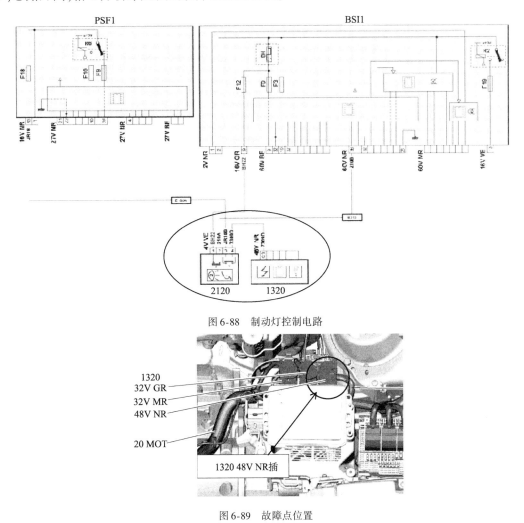

图 6-88　制动灯控制电路

图 6-89　故障点位置

学习任务 7　汽车维护实训

工作情境描述

李师傅的丰田卡罗拉轿车行驶 7500km,到 4S 店进行维护。请参照国家标准《汽车维护、检测、诊断技术规范》(GB/T 18344—2016),并结合丰田卡罗拉 GL 1.6LAT 轿车维护作业标准,制订合理的汽车维护方法和工艺流程。

学习目标

通过本任务学习,应能:
1. 正确使用常用工具、专用工具及量具和设备;
2. 制订正确维护计划;
3. 编制一级维护、二级维护作业的工艺流程;
4. 正确实施汽车一级维护作业;
5. 正确实施汽车二级维护作业;
6. 进行汽车一级维护、二级维护作业的质量检查;
7. 执行工作安全 5S 要求、劳动与环境保护的规定;
8. 学会成本核算和控制;
9. 培养团结协作意识。

学习时间

90 学时。

学习引导

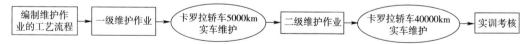

一、知识准备

(一)汽车定期维护的主要检查项目

(1)工作检查:车灯、发动机、刮水器、转向机构等。
(2)目视检查:轮胎、外观等。
(3)定期更换零件:机油、机油滤清器等。
(4)紧固检查:悬架、排气管等。

(5)机油和液位检查:机油、动力转向液、防冻冷却液、制动液等。

(二)汽车维护操作工艺安排原则

(1)将尽可能多的工作集中于同一地点并一次做完。

(2)车辆周围的运动路线应该始于驾驶员的座位,终于操作人员围绕车辆工作一次结束的地点。

(3)工具、仪器和更换部件应该提前准备好并置于方便拿取的地方。

(4)站立的姿势是操作的基础,所以要努力尽可能地减少蹲式或弯腰。

(5)限制空闲时间,把事情组合起来做,比如油的排放和发动机加热。

(三)汽车维护作业项目流程

1. 顶起位置

两个维修技师相互配合,在九个顶起位置上完成全部操作。通过减少抬升操作的次数来完成高效的检查工作,如图7-1所示。

2. 作业路径及主要作业任务

(1)顶起位置1(举升器未升起):在检查内部和外部时,以检查驾驶员座椅开始,然后将车辆四周彻底检查一遍,如图7-2所示。

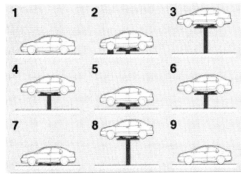

图7-1 顶起位置

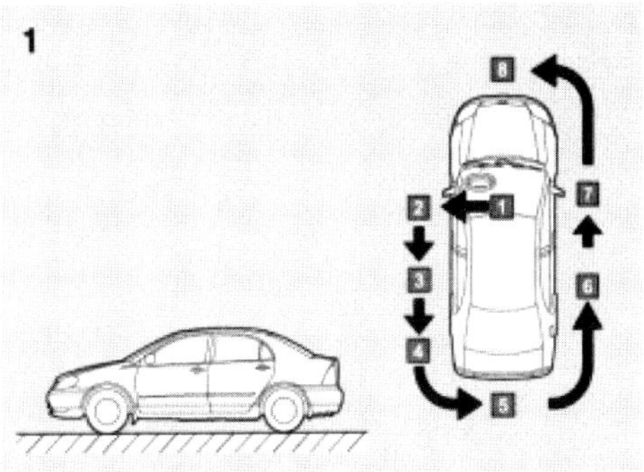

图7-2 顶起位置1

(2)顶起位置2(举升器升至低位):检查悬架球节,如图7-3所示。

(3)顶起位置3(举升器升至高位):检查车辆的底架。为了缩短空闲时间,在排放机油时,从车辆前方移动至后方,然后再从后方回至前方来检查车辆,如图7-4所示。

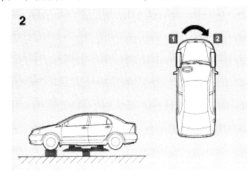

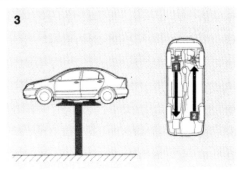

图7-3 顶起位置2

图7-4 顶起位置3

(4)顶起位置4(举升器升至中位):绕车辆进行一次,主要是检查车轮和制动器,如图7-5所示。

(5)顶起位置5(举升器升至低位):检查制动的阻滞,将制动液从制动主缸排放出,如图7-6所示。

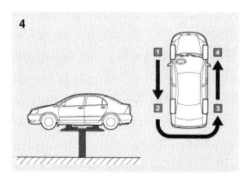

图7-5 顶起位置4

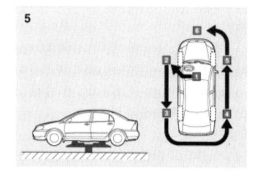

图7-6 顶起位置5

(6)顶起位置6(举升器升至中位):更换制动液和安装车轮,如图7-7所示。

(7)顶起位置7(举升器降至低位,轮胎触及地面):检查主要在发动机舱内进行。但是,因为对其他部分的检查也要进行,所以必须以有效的方式组合起来进行。为缩短空闲时间,应该组织这些操作,在发动机起动前预热时和预热后有效地进行,如图7-8所示。

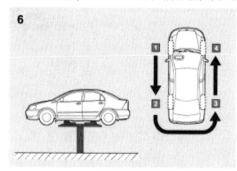

图7-7 顶起位置6

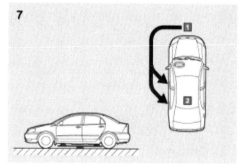

图7-8 顶起位置7

(8)顶起位置8(举升器升起较高):对检查过的部位、更换过的零件以及机油和油液泄漏进行最后一次检查,如图7-9所示。

(9)顶起位置9(举升器未升起):清洗车辆的各个部分,然后进行其他车辆的维护工作,如图7-10所示。

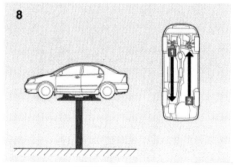

图7-9 顶起位置8

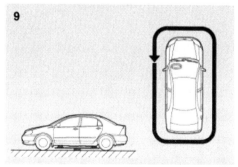

图7-10 顶起位置9

(10)道路测试:检查制动系统、传动系统、转向系统、自动变速器状况、振动和异响等。

二、任务实施

项目1 汽车一级维护作业

1．项目说明

客户的丰田卡罗拉轿车到4S店做一级维护,按照丰田汽车公司的维护计划对车辆进行维护,要求按国家标准《汽车维护、检测、诊断技术规范》(GB/T 18344—2016),结合丰田卡罗拉GL 1.6LAT轿车维护作业标准进行操作。

2．技术标准与要求

(1)两个学员配合60min完成此项目。

(2)技术标准:按照丰田卡罗拉GL 1.6LAT轿车维护作业标准进行操作。

3．设备器材

(1)一汽丰田卡罗拉GL 1.6LAT轿车。

(2)两柱举升机。

(3)常用工具。

(4)常用量具。

4．作业准备

(1)清洁场地。

(2)常用工具、车辆、机油及机油滤清器等物品的准备。

(3)准备作业单。

5．操作步骤

1)在顶起位置1的检查

(1)预检操作。

①驾驶员座椅:安装室内三件套,通过拉动发动机罩释放柄打开发动机罩,如图7-11所示。

②车辆的前部:打开发动机罩,放上翼子板布,放上前格栅布,用车轮挡块挡住车轮,如图7-12所示。

图7-11 车辆内部防护

图7-12 车辆外部防护

③发动机舱:
a. 检查机油和油液、拆卸机油加注口盖,如图7-13所示。
b. 冷却液:确认散热器储液罐内有冷却液。
c. 机油:用油尺检查机油液位。
d. 制动液:检查制动主缸的储液箱内确有制动液。
e. 洗涤液:用液位尺检查洗涤液的液位。
(2)灯光的检查:将点火开关旋至ON后,检查车灯是否正常发光和闪烁,如图7-14所示。
①将灯光控制开关旋转一挡后,检查示宽灯、牌照灯、尾灯、仪表板灯是否亮起。

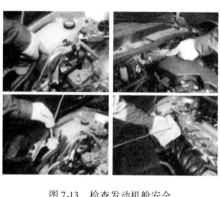

图7-13 检查发动机舱安全　　图7-14 检查灯光

②将灯光控制开关旋转两挡后,检查前照灯(近光灯)是否发光。然后,将变光器开关推开,检查前照灯(远光灯)是否发光。
③当把变光器开关向前拉,或上下移动信号转换开关时,检查前照灯闪光器和指示灯、左右信号灯和指示灯是否亮起或闪烁。
④当每一个开关工作时,检查危险警告灯、停车灯、倒车灯、顶灯是否正常亮起或闪烁。
⑤检查转向灯开关的复位情况。
⑥将点火开关转到ON,检查发动机故障灯、发电机指示灯、油压警告灯等是否点亮。
(3)风窗玻璃洗涤器的检查,如图7-15所示。
①起动发动机。
②检查风窗玻璃洗涤器喷洒压力是否足够,检查刮水器是否协同工作。
③检查喷洒区是否集中在刮水器工作范围内,必要时进行调整。
(4)风窗玻璃刮水器的检查,如图7-16所示。
①打开刮水器开关,检查每一只刮水器是否正常工作,每一挡位是否工作正常。
②当刮水器开关关闭时检查刮水器能否自动停止在其停止位置。
③喷洒洗涤液,检查刮水器刮水效果。
(5)喇叭的检查,如图7-17所示。
①在转向盘转动一周的同时按喇叭垫,检查喇叭是否发声。
②检查音量和音调是否稳定。
(6)驻车制动器的检查,如图7-18所示。

学习任务 7　汽车维护实训

图 7-15　检查风窗玻璃洗涤器

图 7-16　检查风窗玻璃刮水器

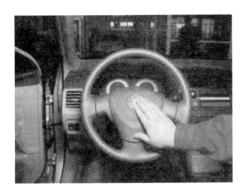

图 7-17　检查喇叭

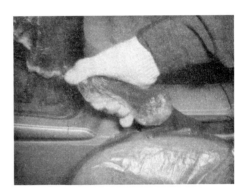

图 7-18　检查驻车制动器

①检查驻车制动器操纵杆行程在预定的槽数内，如果不符合标准，调整驻车制动器操纵杆的行程。

②在点火开关位于 ON 时，确保当驻车制动器操纵杆拉到第一个槽口前，指示灯就已经发光。

（7）制动踏板的检查，如图 7-19 所示。

①通过检查，确保制动踏板没有下述任何故障：反应灵敏度低、踏板不完全落下、异常噪声、过度松动。

②使用一把直尺测量制动踏板高度，如果超出规定范围，调整踏板高度。

③发动机停止后，踩下制动踏板几次，以便解除制动助力器，然后，用手指轻轻按压制动踏板并且使用直尺测量制动踏板自由行程。

④发动机运转和驻车制动器操纵杆松开时，使用 490N 踩下制动踏板，然后使用标尺测量踏板行程余量。

⑤踩下制动踏板并起动发动机，检查制动助力器是否正常工作。

（8）转向盘的检查，如图 7-20 所示。

①起动发动机，使车辆笔直向前。轻轻移动转向盘，在车轮就要开始移动时，使用直尺测量转向盘的移动量。

②两手握住转向盘，轴向、垂直或者向两侧移动转向盘，确保其没有松动或者摆动。

③通过将点火开关转动到 ACC,保持转向盘不锁定和可自由移动。

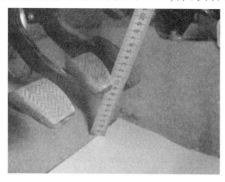

图 7-19　制动踏板的检查

图 7-20　转向盘的检查

（9）门控灯开关的检查,如图 7-21 所示。

通过检查,确保打开一扇车门时顶灯变亮,而所有车门关闭时顶灯熄灭。如果汽车配备了照明进入系统,顶灯在所有车门关闭的几秒钟以后才会熄灭。

（10）车灯的检查,如图 7-22 所示。

图 7-21　门控灯开关的检查

图 7-22　车灯的检查

①用手检查车灯是否松动。

②通过检查,确保各灯的灯罩和反光镜没有褪色或者因为碰撞而损坏。同时,检查灯内是否有污物或者有水进入。

（11）备胎的检查,如图 7-23 所示。

图 7-23　备胎的检查

①检查轮胎胎面和胎壁是否有裂纹、割痕或其他损坏。
②检查轮胎的胎面和胎壁是否嵌入金属颗粒、石子或者其他外物。
③使用轮胎深度规测量轮胎的胎面沟槽的深度。
④检查车胎的整个外围是否有均匀磨损或者阶段磨损。
⑤检查轮胎气压。
⑥检查气压后,通过在气门周围涂肥皂水检查是否漏气。
⑦检查轮辋和轮辐是否损坏、腐蚀、变形和跳动。
2)在顶起位置3的检查
(1)排放机油,如图7-24所示。
①检查发动机的下述区域是否漏油:发动机各种区域的接触面、油封、排放塞。
②拆卸排放塞和垫片,排放机油。
(2)转向器的检查,如图7-25所示。
转动轮胎以便转向盘向左和向右转,检查齿条护套是否有裂纹或者破损。

图7-24　排放机油

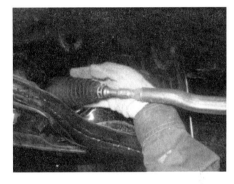

图7-25　转向器的检查

(3)制动管路的检查,如图7-26所示。
①检查制动管路连接部分是否有液体渗漏。
②检查制动管路是否有凹痕或者其他损坏。
③检查制动管路软管是否扭曲、磨损、开裂、隆起等。
④检查制动管道和软管,确保车辆运动时,或者转向盘完全转动到任何一侧时,管路不会因为振动而与车轮或者车身接触。
(4)机油滤清器的更换,如图7-27所示。
①使用专用维修工具拆卸机油滤清器。
②检查和清洁机油滤清器安装表面。
③在新的机油滤清器垫片上涂清洁的机油。
④轻缓地拧动机油滤清器使其就位,然后上紧直到垫片接触底座。
⑤使用专用维修工具再次旋紧3/4圈。
(5)机油排放塞的安装,如图7-28所示。
安装一个新的垫片和排放塞,按规定力矩拧紧。

图 7-26　制动管路的检查

图 7-27　机油滤清器的更换

3）在顶起位置 4 的检查

（1）拆卸车轮，如图 7-29 所示。使用一把冲击扳手，按照交叉顺序拆卸四个车轮螺母，然后拆卸车轮。

（2）轮胎的检查（与备胎检查方法一致）。

图 7-28　安装机油排放塞

图 7-29　拆卸车辆

（3）盘式制动器的检查，如图 7-30 所示。

①使用直尺测量外制动器摩擦块的厚度。

②通过制动钳内的检查孔目测检查内制动器摩擦块的厚度，确保其与外制动器摩擦块没有明显的偏差。

③确保制动摩擦块没有不均匀磨损。

4）在顶起位置 5 的检查

制动拖滞的检查：

①操作驻车制动器操纵杆几次，并且踩下制动踏板几次。

②手动转动制动盘或者制动鼓，检查是否有拖滞现象。

5）在顶起位置 6 的检查

车轮的安装：临时上紧车轮。

6）在顶起位置 7 的检查

（1）拉紧驻车制动器操纵杆，用车轮挡块挡住车轮。

（2）通过注油孔注入规定数量的机油，如图 7-31 所示。

（3）传动带的检查，如图 7-32 所示。

①用手指按压传动带，检查其松紧程度。

②检查传动带的整个外围是否有磨损、裂纹、层离或者其他损坏。

③检查传动带以确保其已正确地安装在带轮槽内。

图 7-30　盘式制动器的检查

图 7-31　机油的加注

（4）蓄电池的检查，如图 7-33 所示。

①检查蓄电池各个单元的液位是否处于上线和下线之间。

②检查蓄电池盖是否有裂纹或者渗漏。

③检查蓄电池端子是否腐蚀。

④检查蓄电池端子导线是否松动。

⑤检查蓄电池的通风孔塞是否损坏或者通风孔是否阻塞。

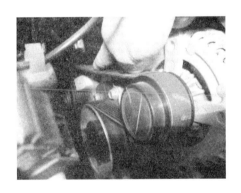

图 7-32　传动带的检查

图 7-33　蓄电池的检查

（5）制动液的检查，如图 7-34 所示。

①检查制动主缸的储液罐中的液位是否在最高线和最低线之间。

②检查制动主缸是否有渗漏。

（6）制动管路的检查。

①检查制动管路是否有制动液渗漏。

②检查制动软管和管道是否有裂纹和老化。
③检查制动软管和管道的安装是否正确。
(7)离合器液的检查(对于装备手动变速器的车辆)。
①检查制动主缸储液罐中的液位是否在最高刻度和最低刻度之间。
②检查离合器的各部分是否有液体渗漏。
(8)空气滤清器滤芯的检查,如图7-35所示。
①从空气滤清器滤芯的发动机侧吹入压缩空气,同时清除空气滤清器盖内污物。
②检查空气滤清器滤芯中是否有灰尘、积聚微粒或者破裂。
③检查空气滤清器滤芯上的橡胶密封圈是否良好并且确保其没有裂纹或者其他损坏。

图7-34 制动管路的检查

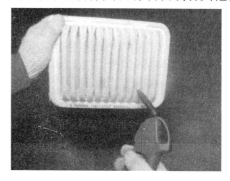

图7-35 空气滤芯的检查

(9)玻璃洗涤液的检查。使用液位尺检查洗涤器罐中的洗涤液是否充分注满。
(10)轮毂螺母重新拧紧,如图7-36所示。
按照交叉顺序拧紧4个轮毂螺母。最后,使用扭力扳手将螺母拧紧至规定的力矩。
(11)发动机冷却液的检查,如图7-37所示。
①检查是冷却液是否从散热器、橡胶软管、散热器盖和软管夹周围渗漏。
②检查属于冷却系统的橡胶软管是否有裂纹、隆起或者硬化。
③检查软管连接和管箍的安装是否松动。

图7-36 轮毂螺母重新拧紧

图7-37 发动机冷却液的检查

(12)自动变速器液位的检查,如图7-38所示。
①发动机怠速。
②按照从P位到L位的顺序转换换挡杆,然后再从L位到P位拉回。

③自动变速器油温75℃。
④检查液位尺是否在"热"范围内。
（13）空调的检查，如图7-39所示。
①发动机转速为1500r/min，鼓风机速度控制开关处于"高"位，A/C开关ON，温度控制设为"最凉"，完全打开所有车门。通过观察窗观察制冷剂的流量，并检查制冷剂的量。
②将点火开关关闭后，使用气体泄漏测试仪检查制冷剂是否渗漏。

图7-38　自动变速器液位的检查

图7-39　空调的检查

（14）机油液位的检查。预热发动机后停止发动机，过去5min或者更多时间以后，用机油尺检查机油液位，以确保油位处于规定的范围内。

7）在顶起位置8的检查（图7-40）
（1）确认部件检查、部件更换的操作。
（2）检查机油、制动液等油液是否有泄漏。

8）在顶起位置9的检查（图7-41）
（1）拆卸翼子板布和前罩。
（2）调整收音机、时钟和座椅位置。
（3）清洁车辆。
（4）道路测试后，拆卸座椅套、脚垫和转向盘套。

图7-40　检查是否有泄漏

图7-41　收音机的调整

6. 记录与分析
丰田定期维护作业记录表见表7-1。

丰田定期维护作业记录表

表 7-1

工单号　　　　检查日期　　　年　　月　　日

发动机舱	车内检查	底盘部分检查	
■ 蓄电池	■ 驻车制动器	■ 制动管和软管	■ 变速器、差速器
蓄电池固定状态　□	"咔哒"声、指示灯灭　□	损伤及泄漏　□	油液是否泄漏　□
液量及端子腐蚀、松动　□	制动功能　□	■ 驱动轴防护套	连接部是否松动　□
负荷测试　□	■ 制动踏板	是否有割伤、损害　□	差速器油更换　□
■ 传动带	自由行程　□	■ 车轮轴承	放油螺塞垫片更换　□
传动带有无松弛损伤　□	踏下踏板后与地板的间隙　□	摆动、损伤检查　□	■ 底盘螺栓
■ 空气滤清器更换　□	制动功能　□	■ 悬架检查	是否有损伤、松动　□
■ 冷却装置	■ 离合器踏板	减振器安装状态、泄漏　□	■ 转向器是否泄漏　□
风扇传动带是否松弛、损伤　□	踏下踏板后与地板的间隙　□	上下球节检查　□	■ 发动机机油更换
散热器和冷凝器　□	行程　□	松动及摆动、防尘套损伤　□	机油更换　□
冷却液是否泄漏　□	■ 加速踏板	■ 排气管、消声器	放油螺塞垫片更换　□
■ 进气、排气歧管	踏下踏板后与地板的间隙　□	是否松动、损伤、腐蚀　□	■ 机油滤清器更换　□
是否有泄漏　□	行程　□	隔热板是否松动损伤、腐蚀　□	
■ 空调制冷剂　□	■ 仪表等检查	车体检查	各油液检查
制动系统	是否正常点灭　□	■ 车辆外部各种灯光	制动液　□
■ 制动主缸、轮缸、卡钳	■ 喇叭检查　□	前后部灯光检查　□	冷却液　□
	■ 转向盘检查	行李舱灯光　□	玻璃清洗液　□
主缸制动液是否泄漏　□	直进性、左右转动 90°　□	■ 后视镜　□	发动机机油　□
轮缸制动液是否泄漏　□	自由行程　□	■ 刮水片、喷水器	空调制冷剂量　□
卡钳制动液是否泄漏　□	松动及摆动　□	刮水片功效　□	※M/T 和 A/T 油　□
制动液更换　□	转向锁　□	喷水器喷射角度　□	※离合器液　□
■ 鼓式制动器	■ 空调	■ 车门	※动力转向液　□
制动鼓与制动蹄片的间隙　□	空调滤清器　□	合页、铰链润滑　□	更换零件 | 数量
制动蹄滑动部分　□	※后空调滤清器　□	儿童安全锁锁止　□	机油　|
制动蹄片的磨损　□	车轮	车门锁　□	放油螺塞垫片　|
■ 盘式制动器	■ 四轮换位　□	■ 安全带　□	机油滤清器　|
制动盘与制动衬块的间隙　□	■ 轮胎/螺栓（含备胎）	■ 车窗　□	制动液　|
制动衬块的磨损　□	裂纹、损伤、异物　□	燃油和排放控制系统检查	差速器油　|
制动蹄/衬块剩余厚度	异常磨损、胎纹的深度　□	■ 燃油系统	差速器油螺栓垫片　|
左前轮　　　　mm	气压检查、调整　□	燃油滤清器更换（8 万 km）　□	燃油滤清器　|
右前轮　　　　mm	螺栓螺母紧固　□	垫圈组件更换　□	空气滤清器　|
左后轮　　　　mm	胎纹深度	加油口盖　□	维护提示
右后轮　　　　mm	左前轮　　　　mm	燃油管　□	
	右前轮　　　　mm	接头和燃油蒸气控制阀　□	
	左后轮　　　　mm	■ 活性炭罐　□	
	右后轮　　　　mm	其他追加检查项目/零件	
			下次检查日期　年　月　日

表格中的符号注解					
检查良好 ✓	更换 R	修理 X	紧固 T	调整 A	清洁 C	加液 L	无此设备 /

班组负责人　　　　　　维修技师　　　　　　顾客确认

※表示根据车型配置进行的选择性追加项目。

项目 2 汽车二级维护作业

1. 项目说明

客户的丰田卡罗拉轿车到网点做二级维护,按照丰田汽车公司的维护计划对车辆进行维护,因此要求此维护作业按国家标准《汽车维护、检测、诊断技术规范》(GB/T 18344—2016),结合丰田卡罗拉 GL 1.6LAT 轿车维护作业标准进行操作。

2. 技术标准与要求

(1)两个学员配合 120min 完成此项目。

(2)技术标准:按照丰田卡罗拉 GL 1.6LAT 轿车维护作业标准进行操作。

3. 设备器材

(1)一汽丰田卡罗拉 GL 1.6LAT 轿车。

(2)两柱举升机。

(3)世达常用工具。

(4)常用量具。

4. 作业准备

(1)清洁场地。

(2)常用工具、车辆、机油及机油滤清器等物品的准备。

(3)准备作业单。

5. 操作步骤

汽车的二级维护作业项目包含汽车一级维护的所有作业项目,在此只介绍二级维护增加的作业内容。

1)在顶起位置 1 的检查

(1)预检操作。

(2)灯光的检查。

(3)风窗玻璃洗涤器的检查。

(4)风窗玻璃刮水器的检查。

(5)喇叭的检查。

(6)驻车制动器的检查。

(7)行车制动器的检查。

(8)离合器的检查(装备手动变速器的汽车),如图 7-42 所示。

①检查离合器主缸,确认液体没有渗漏到主缸中。

②踩下离合器踏板时,检查应该不存在下述故障:离合器踏板的回弹无力、异常噪声、过度松动、感觉离合器踏板重。

③使用测量标尺检查离合器踏板高度是否处于标准值以内。如果超出标准范围,调整离合器踏板高度。

④使用手指按压离合器踏板并使用测量标尺测量离

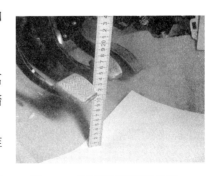

图 7-42 离合器踏板高度的检查

合器踏板的自由行程量。检查离合器踏板自由行程是否处于标准范围内。如果超出标准范围,调整离合器踏板高度。

(9) 转向盘的检查。

(10) 门控灯开关的检查。

(11) 车身的螺母和螺栓的检查。

检查下述区域的螺栓和螺母是否松动:座椅安全带(在各门位置)、座椅(在各门位置)、门(在各门位置)、发动机罩(在前面)、行李舱门(在后面)。

(12) 加油口盖的检查,如图7-43所示。

①通过检查确保加油口盖或者垫片都没有变形或者损坏。同时检查真空阀是否锈蚀或者粘住。

②通过检查确保加油口盖能够被正确上紧。

③安装加油口盖。进一步上紧加油口盖,确保加油口盖发出"咔嗒"声而且能够自由转动。

(13) 悬架的检查,如图7-44所示。

①通过上下摇动车身确定减振器的缓冲力大小,并且检查车身停止摇动需要用多长时间。

②目测检查车辆是否倾斜。

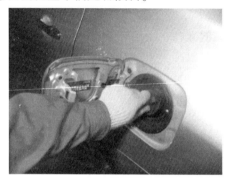
图7-43 加油口盖的检查

图7-44 悬架的检查

(14) 车灯的检查。

(15) 备胎的检查。

2) 在顶起位置2的检查

(1) 球节间隙的检查,如图7-45所示。

图7-45 球节间隙的检查

①使用制动踏板压力器保持制动踏板被踩下。

②前轮垂直向前,举起车辆并且在一个前轮下放一个高度为180~200cm的木块。

③放低举升器直到前螺旋弹簧承载一半的负荷。

④再次确认前轮笔直向前。

⑤在下臂的末端使用工具检查球节过余的上下滑动间隙。

(2) 球节防尘罩的检查。

3）在顶起位置3的检查
（1）排放机油
（2）自动变速器油的检查,如图7-46所示。
①确保没有为油液从传动桥的任何部分渗漏。
②检查油冷却软管是否有裂纹、隆起或者损坏。
（3）驱动轴护套的检查。检查是否有任何油脂渗漏。
（4）转向连接机构的检查,如图7-47所示。
①用手摇晃转向连接机构,检查是否松动或者摆动。
②检查转向连接机构是否弯曲或者损坏。
③检查防尘罩是否有裂纹或者破损。

图7-46　自动变速器油的检查

图7-47　转向连接机构的检查

（5）转向器的检查。
（6）制动管路的检查。
（7）燃油管路的检查,如图7-48所示。
①检查燃油管路是否渗漏。
②检查燃油管路是否损坏。
（8）排气管路的检查,如图7-49所示。

图7-48　燃油管路的检查

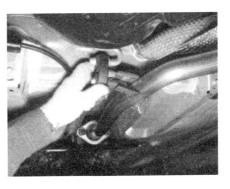

图7-49　排气管路的检查

①检查排气管及消声器是否损坏。
②检查排气管支架上的O形密封圈是否损坏或者脱离。
③检查垫片是否损坏。
④通过观察接头周围是否存在任何炭黑,检查排气管连接部分是否泄漏废气。

(9)车辆下面螺母和螺栓的检查,如图7-50所示。

检查下述底盘连接的螺栓和螺母是否松动:下臂—横梁、球节—下臂、横梁—车身、下臂—横梁、中间梁—横梁、中间梁—车身、盘式制动器力矩板—转向节、球节—转向节、减振器—转向节、稳定杆连接杆—减振器、稳定杆—稳定杆连接杆、转向机外壳—横梁、稳定杆—车身、横拉杆端头锁止螺母、横拉杆端头—转向节、拖臂和桥梁—车身、拖臂和桥梁—后轮毂、制动轮缸—背板、稳定杆—拖臂和桥梁、减振器—拖臂和桥梁、减振器—车身、排气管、燃油箱。

(10)悬架的检查,如图7-51所示。

①检查下述各悬架组件是否损坏:转向节、减振器、螺旋弹簧、稳定杆、下臂、拖臂和桥梁。
②检查减振器上是否有凹痕。另外,检查防尘罩上是否有裂纹、裂缝或者其他损坏。
③检查减振器应该没有油泄漏。
④通过用手摇晃悬架接头上的连接件,检查衬套是否磨损或者有裂纹,并且检查是否摆动。同时检查连接件是否损坏。

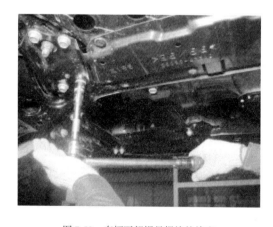

图7-50 车辆下部螺母螺栓的检查

图7-51 悬架的检查

(11)机油滤清器的更换。
(12)机油排放塞的安装。

4)在顶起位置4的检查

(1)车轮轴承的检查,如图7-52所示。

①将一只手放在轮胎上面,而另一只手放在轮胎下面,紧紧地推拉轮胎,以便检查是否有任何摆动。
②用手转动轮胎,以便检查其是否能够无任何噪声地平稳转动。

（2）拆卸车轮。
（3）轮胎的检查。
（4）盘式制动器的检查，如图7-53所示。
①检查制动摩擦块的磨损情况。
②检查制动盘上是否有刻痕、不均匀或者异常磨损以及裂纹和其他损坏。
③测量制动盘厚度及端面圆跳动量。
④检查制动钳中是否有液体渗漏。

图7-52　车轮轴承的检查

图7-53　盘式制动器的检查

5）在顶起位置5的检查
（1）制动拖滞的检查。
（2）安装制动液排放工具。
①从制动主缸的储液罐中排放制动液。
②安装制动液更换工具。
6）在顶起位置6的检查
（1）制动液的更换，如图7-54所示。使用制动液更换工具，按照下述顺序更换制动液：左前→左后→右后→右前。
（2）车轮的安装：临时上紧车轮。
7）在顶起位置7的检查
（1）拉紧驻车制动器操纵杆，用车轮挡块挡住车轮。

图7-54　制动液的更换

（2）通过注油孔注入规定数量的机油。
（3）更换发动机冷却液。
①通过散热器和发动机以及储液罐的排放塞排放发动机冷却液。
②将发动机冷却液加注到散热器和储液罐中。
③发动机预热后，让发动机冷却下来。然后，拆卸散热器盖并检查冷却液液位是否合适。
④检查储液罐中的冷却液是否处于规定的范围内。

(4)检查散热器盖,如图 7-55 所示。

图 7-55　散热器盖的检查

①使用散热器盖测试仪测量阀门开启压力,并检查其是否在规定的范围以内。
②检查真空阀能够平稳操作。
③检查橡胶密封圈是否有裂纹或者破损。
(5)传动带的检查。
(6)火花塞的更换。更换全部火花塞。
(7)蓄电池的检查。
(8)制动液的检查。
(9)制动管路的检查。
(10)离合器液的检查(装备手动变速器的汽车)。
①检查主缸储液罐中的液位是否在最高刻度和最低刻度之间。
②检查离合器的各部分是否有液体渗漏。
(11)空气滤清器滤芯的更换,如图 7-56 所示。清除空气滤清器盖内污物,更换空气滤清器滤芯。
(12)前减振器上支撑的检查(图 7-57)。检查前减振器的上支撑是否松动。

图 7-56　空气滤清器滤芯的更换

图 7-57　前减振器上支撑的检查

(13)玻璃洗涤液的检查。
(14)轮毂螺母重新上紧。
(15)曲轴箱通风系统的检查。
①发动机怠速时,通过手指夹紧PVC阀软管检查工作噪声。
②检查软管是否有裂纹或者损坏。
(16)发动机冷却液的检查。
(17)自动变速器液位的检查。
(18)空调的检查。
(19)机油液位的检查。
(20)炭罐的检查,如图7-58所示。
①检查炭罐是否损坏。
②检查炭罐的止回阀的工作情况。
(21)燃油滤清器的更换,如图7-59所示。
①断开燃油泵的电气插接器,运行发动机,并且在更换燃油滤清器以前放空燃油管线中的燃油。
②更换燃油滤清器。

图7-58 炭罐的检查

图7-59 燃油滤清器的更换

8)在顶起位置8的检查
(1)确认部件检查、部件更换的操作。
(2)检查机油、制动液等油液是否有泄漏。
9)在顶起位置9的检查
(1)拆卸翼子板布和前罩。
(2)调整收音机、时钟和座椅位置。
(3)清洁车辆。
(4)道路测试后,拆卸座椅套、脚垫和转向盘套。
6.记录与分析
丰田定期维护作业记录表见表7-2。

丰田定期维护作业记录表

表 7-2

工单号　　　　　　检查日期　　　　　　年　　月　　日

发动机舱	车内检查	底盘部分检查	
■ 蓄电池	■ 驻车制动器	■ 制动管和软管	■ 变速器、差速器
蓄电池固定状态 □	"咔哒"声、指示灯灭 □	损伤及泄漏 □	油液是否泄漏 □
液量及端子腐蚀、松动 □	制动功能 □	■ 驱动轴防护套	连接部是否松动 □
负荷测试 □	■ 制动踏板	是否有割伤、损害 □	差速器油更换 □
■ 传动带	自由行程 □	■ 车轮轴承	放油螺塞垫片更换 □
传动带有无松弛损伤 □	踏下踏板后与地板的间隙 □	摆动、损伤检查 □	■ 底盘螺栓
■ 空气滤清器更换 □	制动功能 □	■ 悬架检查	是否有损伤、松动 □
■ 冷却装置	■ 离合器踏板	减振器安装状态、泄漏 □	转向器是否泄漏 □
风扇传动带是否松弛、损伤 □	踏下踏板后与地板的间隙 行程 □	上下球节检查 □	■ 发动机机油更换
散热器和冷凝器 □	■ 加速踏板	松动及摆动、防尘套损伤 □	机油更换 □
冷却液是否泄漏 □	踏下踏板后与地板的间隙 行程 □	■ 排气管、消声器	放油螺塞垫片更换 □
■ 进气、排气歧管	■ 仪表等检查	是否松动、损伤、腐蚀 □	■ 机油滤清器更换 □
是否有泄漏 □	是否正常点灭 □	隔热板是否松动损伤、腐蚀 □	
■ 空调制冷剂 □	■ 喇叭检查 □	车体检查	各油液检查
制动系统	■ 转向盘检查	■ 车辆外部各种灯光	制动液 □
■ 制动主缸、轮缸、卡钳	直进性、左右转动90° □	前后部灯光检查 □	冷却液 □
主缸制动液是否泄漏 □	自由行程 □	行李舱灯光 □	玻璃清洗液 □
轮缸制动液是否泄漏 □	松动及摆动 □	■ 后视镜 □	发动机机油 □
卡钳制动液是否泄漏 □	转向锁 □	■ 刮水片、喷水器	空调制冷剂量 □
制动液更换 □	■ 空调	刮水片功效 □	※M/T 和 A/T 油 □
■ 鼓式制动器	空调滤清器 □	喷水器喷射角度 □	※离合器液 □
制动鼓与制动蹄片的间隙 □	※后空调滤清器 □	■ 车门	※动力转向液 □
制动蹄滑动部分 □	车轮	合页、铰链润滑 □	更换零件 / 数量
制动蹄片的磨损 □	■ 四轮换位 □	儿童安全锁锁止 □	机油
■ 盘式制动器	■ 轮胎/螺栓（含备胎）	车门锁 □	放油螺塞垫片
制动盘与制动衬块的间隙 □	裂纹、损伤、异物 □	■ 安全带 □	机油滤清器
制动衬块的磨损 □	异常磨损、胎纹的深度 □	■ 车窗 □	制动液
制动蹄/衬块剩余厚度	气压检查、调整 □	燃油和排放控制系统检查	差速器油
左前轮　　　　　mm	螺栓螺母紧固 □	■ 燃油系统	差速器油螺栓垫片
右前轮　　　　　mm	胎纹深度	燃油滤清器更换（8万km）□	燃油滤清器
左后轮　　　　　mm	左前轮　　　　　mm	垫圈组件更换 □	空气滤清器
右后轮　　　　　mm	右前轮　　　　　mm	加油口盖 □	维护提示
	左后轮　　　　　mm	燃油管 □	
	右后轮　　　　　mm	接头和燃油蒸气控制阀 □	
		■ 活性炭罐 □	
		其他追加检查项目/零件	
			下次检查日期　年　月　日

表格中的符号注解									
检查良好 √	更换	R	修理	X	紧固	T	调整	A	清洁	C	加液	L	无此设备	/

班组负责人　　　　　　　　　维修技师　　　　　　　　　顾客确认

※表示根据车型配置进行的选择性追加项目。

三、学习评价

（1）汽车一级维护作业项目评分表见表7-3。

汽车一级维护作业项目评分表　　　　　　　　表7-3

基本信息	姓名		学号		班级		组别	
	规定时间		完成时间		考核日期		总评成绩	

	序号	步骤	完成情况		标准分	评分
			完成	未完成		
任务工单	1	考核准备： 车辆： 工具、量具及维修资料：			4	
	2	预检			6	
	3	灯光喇叭的检查			4	
	4	刮水器及风窗玻璃洗涤器的检查			4	
	5	驻车制动器的检查			2	
	6	行车制动器的检查			4	
	7	转向盘的检查			2	
	8	车门及门控灯的检查			4	
	9	机油的排放			2	
	10	转向器的检查			4	
	11	制动管路的检查			4	
	12	机油滤清器的更换			4	
	13	车轮的拆卸			4	
	14	轮胎的检查			4	
	15	制动摩擦块的检查			4	
	16	机油的加注			2	
	17	传动带的检查			2	
	18	蓄电池的检查			4	
	19	制动管路的再检查			2	
	20	空气滤清器的检查			2	
	21	空调的检查			4	
	22	变速器油液位的检查			4	
	23	复检			4	
安全					4	
5S					4	
沟通表达					4	
工单填写					4	

（2）汽车二级维护作业项目评分表见表7-4。

汽车二级维护作业项目评分表　　　　　　表7-4

基本信息	姓名		学号		班级		组别	
	规定时间		完成时间		考核日期		总评成绩	
任务工单	序号	步骤		完成情况		标准分	评分
				完成	未完成		
	1	考核准备： 车辆： 工具、量具及维修资料：				3	
	2	预检				3	
	3	灯光与喇叭的检查				3	
	4	刮水器与风窗玻璃洗涤器的检查				2	
	5	驻车制动器与制动踏板的检查				3	
	6	转向盘的检查				2	
	7	车身螺母螺栓的检查				3	
	8	加油口盖的检查				2	
	9	悬架的检查				3	
	10	备胎的检查				3	
	11	球节间隙及防尘罩的检查				3	
	12	机油的排放				2	
	13	自动变速器泄漏及传动轴的检查				3	
	14	机油滤清器的更换				2	
	15	转向机构的检查				3	
	16	制动、燃油、排气管路的检查				3	
	17	车底螺母及螺栓的检查				5	
	18	车轮轴承的检查				2	
	19	车轮的拆装				2	
	20	制动液的更换				3	
	21	制动器的检查				3	
	22	发动机冷却液的更换				3	
	23	传动带的检查				2	
	24	火花塞的更换				3	
	25	蓄电池的检查				3	
	26	空气滤清器的更换				2	
	27	机油滤清器的更换及炭罐的检查				5	
	28	自动变速器油液位的检查				3	
	29	空调的检查				3	
安全						3	
5S						3	
沟通表达						3	
工单填写						3	

参 考 文 献

[1] 刘建伟.汽车营销实务[M].北京:北京理工大学出版社,2013.
[2] 吴常红.汽车营销基础与实务[M].北京:北京邮电大学出版社,2013.
[3] 王福忠.机动车保险与理赔[M].北京:北京大学出版社,2012.
[4] 戴汝泉.汽车运行材料[M].北京:机械工业出版社,2016.
[5] 朱军,汪胜国,王瑞君.汽车维护实训教材[M].2版.北京:人民交通出版社股份有限公司,2017.
[6] 韩超,张健.汽车维护与保养[M].合肥:中国科学技术大学出版社,2015.
[7] 郭远辉.汽车维护[M].北京:人民交通出版社,2012.
[8] 赵宏,刘新宇.汽车发动机故障诊断与修复[M].北京:人民交通出版社股份有限公司,2017.
[9] 孔庆荣.汽车故障诊断与综合检测[M].北京:北京理工大学出版社,2018.

人民交通出版社汽车类高职教材部分书目

书号	书名	作者	定价	出版时间	课件
一、全国交通运输职业教育教学指导委员会规划教材　新能源汽车运用与维修专业					
978-7-114-14405-9	新能源汽车储能装置与管理系统	钱锦武	23.00	2018.02	有
978-7-114-14402-8	新能源汽车高压安全及防护	官海兵	19.00	2018.02	有
978-7-114-14499-8	新能源汽车电子电力辅助系统	李丕毅	15.00	2018.03	有
978-7-114-14490-5	新能源汽车驱动电机与控制技术	张利、缑庆伟	28.00	2018.03	有
978-7-114-14465-3	新能源汽车维护与检测诊断	夏令伟	28.00	2018.03	有
978-7-114-14442-4	纯电动汽车结构与检修	侯涛	30.00	2018.03	有
978-7-114-14487-5	混合动力汽车结构与检修	朱学军	26.00	2018.03	有
二、高职汽车检测与维修技术专业立体化教材					
978-7-114-14826-2	汽车文化	贾东明、梅丽鸽	39.00	2018.08	有
978-7-114-14744-9	汽车维修服务实务	杨朝、李洪亮	22.00	2018.07	有
978-7-114-14808-8	汽车检测技术	李军、黄志永	29.00	2018.07	有
978-7-114-14777-7	旧机动车鉴定与评估	吴丹、吴飞	33.00	2018.07	有
978-7-114-14792-0	汽车底盘故障诊断与修复	侯红宾、缑庆伟	43.00	2018.07	有
978-7-114-13154-7	汽车保险与理赔	吴冬梅	32.00	2018.05	有
978-7-114-13155-4	汽车维护技术	蔺宏良、黄晓鹏	33.00	2018.05	有
978-7-114-14731-9	汽车电气故障诊断与修复	张光磊、周羽皓	45.00	2018.07	有
978-7-114-14765-4	汽车发动机故障诊断与修复	赵宏、刘新宇	45.00	2018.07	有
三、新能源汽车技术专业职业教育创新规划教材					
978-7-114-13806-5	新能源汽车概论	吴晓斌、刘海峰	28.00	2018.08	有
978-7-114-13778-5	新能源汽车高压安全与防护	赵金国、李治国	30.00	2018.03	有
978-7-114-13813-3	新能源汽车动力电池与驱动电机	曾鑫、刘涛	39.00	2018.05	有
978-7-114-13822-5	新能源汽车电气技术	唐勇、王亮	35.00	2017.06	有
978-7-114-13814-0	新能源汽车维护与故障诊断	包科杰、徐利强	33.00	2018.05	有
四、高职汽车检测与维修专业资源库合作建设教材					
978-7-114-13176-9	汽车维护技术	蔺宏良	20.00	2016.12	有
978-7-114-13185-1	汽车保险与理赔	吴冬梅、杜晶	20.00	2016.12	有
978-7-114-13253-7	汽车发动机故障诊断与修复	赵宏、刘新宇	35.00	2016.12	有
978-7-114-13433-3	汽车电气故障诊断与修复	官海兵、张光磊	42.00	2016.12	有
五、职业院校潍柴博世校企合作项目教材					
978-7-114-14700-5	柴油机构造与维修	李清民、栾玉俊	39.00	2018.07	
978-7-114-14682-4	商用车底盘构造与维修	王林超、刘海峰	43.00	2018.07	
978-7-114-14709-8	商用车电气系统构造与维修	王林超、王玉刚	45.00	2018.07	
978-7-114-14852-1	柴油机电控管理系统	王文山、李秀峰	22.00	2018.08	
978-7-114-14761-6	商用车营销与服务	李景芝、王桂凤	40.00	2018.08	
六、高等职业教育汽车车身维修技术专业教材					
978-7-114-14720-3	汽车板件加工与结合工艺	王选、赵昌涛	20.00	2018.07	有
978-7-114-14711-1	轿车车身构造与维修	李金文、高寞平	21.00	2018.07	有
978-7-114-14726-5	汽车修补涂装技术	王成贵、贺利涛	22.00	2018.07	有
978-7-114-14727-2	汽车修补涂装调色与抛光技术	肖林、廖辉湘	32.00	2018.07	有

咨询电话：010-85285962、85285977；咨询QQ：616507284、99735898。